高等职业教育"十二五"规划教材

汽车专业工作过程导向职业核心课程双证系列教材

人力资源和社会保障部职业技能鉴定中心组编

汽车制动系统检修一体化项目教程

主　编　孙乃谦

副主编　毛金贵　钟志坚　朱德乾　莫振发

主　审　王秀贞

上海交通大学出版社

内 容 提 要

本书以项目教学为引领,以工作任务为主线,以实践为导向,由易到难,图文并茂,通俗易懂地讲述汽车制动系统检修基础、检修方法及步骤。全书共选取了汽车制动系统维护、汽车常规液压制动系统工作不良、汽车常规气压制动系统工作不良、防抱死制动系统维护、防抱死制动系统工作不良、牵引力与稳定控制系统工作不良六个项目,主要包括常规制动系统维护、车轮制动器结构与检修、液压制动传动装置结构与检修、气压制动传动装置结构与检修、驻车制动器结构与检修、轮速传感器结构与检修、电子控制单元、制动压力调节器、ABS系统故障诊断、牵引力控制系统结构与检修、稳定性控制系统结构与检修等内容。

本书可作为高职高专、技工院校、普通高校、远程教育和培训机构的汽车制动系统检修教材,也可供广大汽车检修从业人员学习参考和职业鉴定前应试辅导。

为了方便老师教学及学生自学,本书配有多媒体课件,欢迎读者来函来电索取。联系电话:(021)61675263;电子邮箱:shujun2008@gmail.com。

图书在版编目(CIP)数据

汽车制动系统检修一体化项目教程/孙乃谦主编. —上海:上海交通大学出版社,2011
汽车专业工作过程导向职业核心课程双证系列教材
ISBN 978 - 7 - 313 - 07652 - 6

Ⅰ.①汽… Ⅱ.①孙… Ⅲ.①汽车—制动装置—车辆—检修—职业教育—教材 Ⅳ.①U472.41

中国版本图书馆CIP数据核字(2011)第153928号

汽车制动系统检修一体化项目教程

孙乃谦 主编

上海交通大学 出版社出版发行
(上海市番禺路951号 邮政编码200030)
电话:64071208 出版人:韩建民
常熟市梅李印刷有限公司印刷 全国新华书店经销
开本:787mm×1092mm 1/16 印张:14.5 字数:337千字
2011年9月第1版 2011年9月第1次印刷
ISBN 978 - 7 - 313 - 07652 - 6/U 定价:33.00元

序

随着社会经济的高速发展和现代制造业的不断升级,我国对技能人才地位和作用的认识得到了空前的提高,技能人才的价值越来越得到认可。如何培养符合未来中国经济社会发展需要的技能人才也得到社会的广泛关注。

人力资源和社会保障部职业技能鉴定中心、中国就业培训技术指导中心担负着为我国就业和职业技能培训领域提供技术支持和技术服务的重要任务。在新的形势下,为各类技工院校、职业院校和培训机构提供技能人才培训、培养模式及方法等方面的技术指导尤为重要。在党中央国务院就业培训政策方针指引下,中心结合国情,开拓创新思路,探索培训方式,研究扩大就业,提供技术支持,为国家就业服务和职业培训鉴定事业的发展,提供了强有力的支撑。与此同时,中心不断深化理论研究,注重将理论转化为实践,成果也十分明显,由中心组编的"汽车专业工作过程导向职业核心课程双证系列教材"便是这种实践成果之一。

我国作为世界汽车生产和消费大国,汽车产业的快速发展和汽车消费的持续增长,为国民经济的增长产生了巨大拉动作用。近年来,我国汽车专业职业教育事业取得了长足发展,为汽车行业输送了大量的人才。随着汽车产业的迅猛发展,社会对汽车专业人才提出了更高的要求。进一步深化人才培养模式、课程体系和教学内容的改革,不断提高办学质量和教学水平,培养更多的适应新时代需要的具有创新能力的高技能、高素质人才,是汽车专业教育的当务之急。

作为汽车专业教育的重要环节,教材建设肩负着重要使命,新的形势要求教材建设适应新的教学要求。职业教育教材应针对学生自身特点,按照技能人才培养模式和培养目标,以应用性职业岗位需求为中心,以素质教育、创新教育为基础,以学生能力培养、技能实训为本位,使职业资格认证培训内容和教材内容有机衔接,全面构建适应 21 世纪人才培养需求的汽车类专业教材体系。

　　我热切地期待,本系列教材的出版将对职业教育汽车类专业人才的培养和教育教学改革工作起到积极的推动作用。

人力资源和社会保障部职业技能鉴定中心主任

中国就业培训技术指导中心主任

2011 年 5 月

目　录

第一部分

课程整体设计

本教程以项目教学为引领，以工作任务为主线，以实践为导向，由易到难，图文并茂，通俗易懂地讲述汽车制动系统检修基础、检修方法及步骤。全书共选取了汽车制动系统维护、汽车常规液压制动系统工作不良、汽车常规气压制动系统工作不良、防抱死制动系统维护、防抱死制动系统工作不良、牵引力与稳定控制系统工作不良六个项目，主要包括常规制动系统维护、车轮制动器结构与检修、液压制动传动装置结构与检修、气压制动传动装置结构与检修、驻车制动器结构与检修、轮速传感器的结构与检修、电子控制单元、制动压力调节器、ABS系统故障诊断、牵引力控制系统结构与检修、稳定性控制系统结构与检修等内容。全书理论紧扣实际，以工作任务（故障案例）、基础理论（结构与原理）、基本技能（维修技术与工艺）、提高加深（典型车系检修）四个环节贯穿主线，通过本书，既能掌握现代轿车制动系统的结构、原理，又能学习维修工艺和维修技能，并能通过维修案例，将其有机地结合起来。

1. 课程目标设计

1）能力目标

（1）能拆装各种类型汽车制动系统。

（2）能够检测与解决汽车制动系统故障。

（3）能够运用技术资料解决不同车系制动系统典型故障。

（4）具备阅读本专业技术资料能力并能处理技术资料。

（5）能识别汽车制动系统相关配件。

（6）能对汽车制动系统进行售后服务。

（7）能按维修企业工艺与流程对汽车制动系统进行维护。

2）知识目标

（1）掌握本专业所必需的汽车制动系统结构和基本原理，主要包括液压制动系、气压制动系统、ABS系统、ESP与ASR系统等专业基础知识。

（2）熟练掌握本专业必需的汽车制动系统检修和拆装技能、汽车制动系统故障诊断与维修技术、汽车制动系统维护基本知识。

（3）熟悉现代企业管理、现代汽车新技术等方面的专业知识。

3）素质目标

（1）能够用职业岗位规范指导自己的工作和行为。

（2）具有合理的知识结构和爱岗敬业的工作态度。

（3）具有适应未来教育的各种能力。

（4）有现代观念和奉献精神，具有未来社会发展所要求的开放意识、竞争意识、创新意识、合作意识。

（5）具有正确的世界观和人生观。

2. 课程内容设计

课程内容	项目一	项目二				项目三	
	任务一	任务一	任务二	任务三	任务四	任务一	任务二
常规制动系统维护	✓						
常规液压制动系统故障诊断		✓	✓	✓	✓		
常规气压制动系统故障诊断						✓	✓

课程内容	项目四	项目五			项目六	
	任务一	任务一	任务二	任务三	任务一	任务二
ABS 维护	✓					
ABS 故障诊断		✓	✓	✓		
ASR 故障诊断					✓	
ESP 故障诊断						✓

3. 课程教学资源设计

1）教学条件

（1）多媒体一体化教室。

（2）各种汽车制动机构、零部件实物、教具、多媒体课件等。

（3）合作企业实际工作环境。

（4）各类汽车维修手册。

（5）开放式汽车制动系实训室。

（6）汽车技术应用资料网站。

（7）可供训练的汽车修理厂。

2）师资条件

（1）具有 4 年以上企业工作经历。

（2）大学本科以上学历毕业。

笔记

4. 项目设置与项目能力培养目标分解

编号	项目名称	能力训练任务名称	能力目标	支撑知识	训练手段与步骤（任务训练）	结果（可展示）
1	汽车制动系统维护	汽车制动系统维护	1. 能布置维修现场 2. 会使用各种常用工量具及设备 3. 通过小组配合提高与人合作能力 4. 会查阅和收集汽车资料 5. 会进行一、二级维护中的制动系统维护 6. 能识读汽车制动系统各元件	1. 企业和车间的管理模式、安全规范及岗位职责 2. 各种工量具的使用方法 3. 检测设备的使用方法 4. 熟练典型汽车制动系统基本维护流程 5. 制动系统的作用及分类 6. 制动系统的类型 7. 制动系统工作原理	1. 教师布置任务 2. 对车间的工具、量具、检测设备进行检查 3. 对所修理车辆的资料进行收集完备 4. 将一体化教室按维修车间进行布置 5. 客户送来的威驰轿车及桑塔纳轿车，进行修车前的制动系统检查 6. 本检查按照修车前要求和一、二级维护中制动系统维护的企业标准进行 7. 填写检查记录 8. 每个维修小组设计拆装以及维修方案	1. 检录单 2. 能熟练使用各种工量具及设备 3. 维修设备摆放到位 4. 每组交纳填写的检测记录表 5. 部分小组设计的拆装和维修方案 6. 检查记录填写完整
2	汽车液压制动不良故障诊断	汽车制动失效故障诊断	1. 能制订常规液压制动系统诊断方案 2. 能熟练拆卸液压制动系统控制机构 3. 通过小组配合提高与人合作能力 4. 通过查阅维修手册提升自我学习能力 5. 能运用制动系的结构及专业术语规范拆卸方案 6. 运用常规制动系统的工作原理解决拆卸过程遇到的问题	1. 常规液压制动系统各部件的作用 2. 常规液压制动系统控制工作原理 3. 常规液压制动系统拆卸方法与步骤 4. 拆卸工具的结构与使用方法 5. 对汽车制动失效进行故障诊断	1. 各维修小组查阅维修手册，根据维修手册设计拆卸与诊断方案 2. 本方案交技术主管审核后进行修改 3. 修改后由技术主管安排各维修小组任务并介绍拆卸及诊断应注意的要领和安全注意事项 4. 准备拆卸设备 5. 由维修一、二、三组实施拆卸，维修四、五组进行督察和测评记录	1. 制订的制动系统拆卸及诊断方案 2. 拆卸下来的制动系统各部件

笔 记

续　表

编号	项目名称	能力训练任务名称	能力目标	支撑知识	训练手段与步骤（任务训练）	结果（可展示）
3	汽车液压制动不良故障诊断	汽车制动不灵故障诊断	1. 能根据要求，列出诊断方案，并独立完成汽车制动器分解方案 2. 能利用汽车维修手册，完成下列具体工作： 第一，拆卸制动系统各附件； 第二，拆卸制动器； 第三，分解制动器； 第四，检修制动器各部件； 第五，装配制动器 3. 会调整制动器间隙	1. 制动器的基本组成 2. 制动器的工作原理 3. 制动器的分解注意事项 4. 盘、鼓制动器的异同点 5. 汽车制动不灵及制动拖滞故障诊断	1. 将制动器安置在工作台上 2. 各维修小组查阅维修资料，制订分解方案 3. 各小组将分解方案上缴技术主管审核，并确定最佳分解方案 4. 由制订最佳分解方案的维修小组进行操作。其他小组进行检查并修改自己的分解方案 5. 分解后按分解顺序在工作台放置	1. 独立完成汽车制动器分解方案 2. 分解的制动器
4	汽车液压制动不良故障诊断	汽车制动跑偏故障诊断	1. 能列出诊断方案 2. 能解释各系统控制阀的形式及结构特点 3. 正确进行各系统控制阀的组装 4. 会进行系统控制阀检测 5. 会正确检测系统控制阀 6. 查找维修手册，了解系统控制阀的控制原理	1. 制动跑偏故障的原因及诊断 2. 各系统控制阀的功用、形式及结构特点 3. 各系统控制阀修复方法 4. 各系统控制阀的检验与选配 5. 各系统控制阀的组装	1. 各小组对汽车制动跑偏故障进行诊断 2. 列出诊断方案，并进行维修方案设计 3. 将各系统控制阀分别由各小组分别循环检测，并制订维修方案 4. 各小组通过维修手册确定检测标准 5. 维修方案缴给技术主管审核后进行	完成的各系统控制阀检测任务书

续　表

编号	项目名称	能力训练任务名称	能力目标	支撑知识	训练手段与步骤（任务训练）	结果（可展示）
5	汽车液压制动不良故障诊断	汽车驻车制动不良	1. 能解释汽车驻车制动装置的功用、形式及结构特点 2. 正确汽车驻车制动装置的组装 3. 会调整汽车驻车制动 4. 会测量汽车驻车制动的磨损和弯曲 5. 会排除汽车制动不良故障	1. 驻车制动不良的原因及诊断 2. 汽车驻车制动的功用、型式 3. 制动间隙调整 4. 主要零件的构造及结构特点 5. 汽车驻车制动的基本理论知识	1. 针对驻车制动不良故障由各小组列出诊断方案 2. 将汽车驻车制动的各部件分别由各小组分别循环检测，并制订维修方案 3. 各小组通过维修手册确定检测标准 4. 维修方案缴给技术主管审核后进行	完成的汽车驻车制动检测任务书
6	汽车气压制动不良故障诊断	诊断与排除汽车气压制动失效故障	1. 能制订常规气压制动系统拆卸方案 2. 能熟练拆卸气压制动系统控制机构 3. 通过小组配合提高与人合作能力 4. 通过查阅维修手册提升自我学习能力 5. 能运用气制动系统的结构及专业术语规范拆卸方案 6. 运用常规制动系统的工作原理解决拆卸过程遇到的问题 7. 会排除制动失效故障	1. 汽车气压制动失效的原因及诊断 2. 常规气压制动系统各部件的作用 3. 常规气压制动系统控制工作原理 4. 常规气压制动系统拆卸方法与步骤 5. 拆卸工具的结构与使用方法	1. 各维修小组查阅维修手册，根据维修手册设计拆卸与诊断方案 2. 本方案交技术主管审核后进行修改 3. 修改后由技术主管安排各维修小组任务并介绍拆卸及诊断应注意的要领和安全注意事项 4. 准备拆卸设备 5. 由维修一、二、三组实施拆卸，维修四、五组进行督察和测评记录	1. 制订的制动系统拆卸及诊断方案 2. 拆卸下来的制动系统各部件

续　表

编号	项目名称	能力训练任务名称	能力目标	支撑知识	训练手段与步骤（任务训练）	结果（可展示）
7	汽车气压制动不良故障诊断	诊断与排除汽车气压制动拖滞故障	1. 能根据要求，独立完成汽车制动器分解方案 2. 能利用汽车维修手册，完成下列具体工作： ① 拆卸制动系统各附件； ② 拆卸凸轮式制动器； ③ 分解凸轮式制动器； ④ 检修凸轮式制动器各部件； ⑤ 装配凸轮式制动器 3. 会调整凸轮式制动器间隙	1. 气压制动拖滞故障的原因及诊断 2. 凸轮制动器的基本组成 3. 凸轮制动器的工作原理 4. 凸轮制动器的分解注意事项	1. 各小组检测汽车气压制动拖滞故障完毕，撰写检测维修记录，并制订装配方案 2. 装配方案参考维修手册制订 3. 各小组制订的装配方案缴由技术主管审核批准 4. 技术主管择其优并进行修改执行，分配制订最优方案的维修小组进行装配任务。其他小组进行检查和修改	1. 独立完成的凸轮制动器装配方案 2. 装配合格的凸轮制动器
8	汽车ABS的维护	汽车ABS的维护	1. 能熟练装配汽车ABS各附件，并对其进行相应的检查及维护 2. 能说出汽车ABS有关的工作原理，能识读汽车ABS电路图 3. 能根据电路图连接ABS控制电路电路，并能判断其故障	1. 汽车ABS的组成及功能 2. 了解汽车ABS的基本工作原理 3. 掌握汽车ABS的分类、组成和工作原理 4. 掌握汽车ABS的日常维护作业范围	1. 一辆桑塔纳2000GSi型轿车ABS系统一直正常工作，但当行驶6 000 km时，ABS故障警报灯常亮不灭。现进行测试 2. 查阅维修手册进行ABS故障诊断排除 3. 各小组分别制订诊断方案，分析故障原因 4. 诊断方案经技术主管审核后实施	1. 能运用电路图连接汽车ABS电路，并能判断其故障 2. 装配完整的汽车ABS 3. 诊断方案

笔记

编号	项目名称	能力训练任务名称	能力目标	支撑知识	训练手段与步骤（任务训练）	结果（可展示）
9	汽车ABS系统的故障诊断与排除	诊断与排除车轮转速传感器的故障	1. 能够描述车轮转速传感器的功用、组成及工作原理 2. 能够对车轮转速传感器常见故障进行检修	1. 汽车车轮转速传感器的功用、组成及工作原理 2. 掌握车轮转速传感器常见故障的检修方法和步骤	1. 一辆上海大众桑塔纳2000汽车在正常行驶过程中仪表板上的ABS灯常亮不灭，现进行维修 2. 查阅维修手册进行ABS故障诊断排除 3. 各小组分别制订诊断方案，分析故障原因 4. 诊断方案经技术主管审核后实施	1. 能运用维修资料诊断ABS故障 2. 制订的诊断方案 3. 能够排除故障，系统恢复正常
10		诊断与排除ABS控制组件故障	1. 能够描述ABS控制组件各部分的功用、组成及工作原理 2. 能够对ABS控制组件各部分常见故障进行检修	1. 理解汽车ABS控制组件各部分结构及工作原理 2. 理会汽车ABS控制组件中主要部件的结构原理和检修规范，会进行相关检修作业 3. 会排除汽车ABS控制组件故障，并按规范进行维修质量检验	1. 一辆上海大众桑塔纳2000汽车在正常行驶过程中仪表板上的ABS灯常亮不灭，现进行维修 2. 查阅维修手册进行ABS故障诊断排除 3. 各小组分别制订诊断方案，分析故障原因 4. 诊断方案经技术主管审核后实施	1. 能运用维修资料诊断ABS故障 2. 制订的诊断方案 3. 能够排除故障，系统恢复正常
11		故障阅读仪功能简介及操作	1. 能够熟练操作汽车故障阅读仪 2. 会用汽车故障阅读仪诊断故障	理解汽车故障阅读仪功能及操作方法，会诊断ABS中的某些故障。通过对故障代码的阅读，可以对故障范围进行检测并予以排除	通过任务5.1、5.2可以排除ABS中传感器，控制组件的故障。本任务通过对汽车故障阅读仪功能及操作方法介绍，可以诊断出ABS中的某些故障代码。通过对故障代码的阅读，可以对故障范围进行检测并予以排除	1. 制订的诊断方案 2. 能够排除故障，系统恢复正常

笔记

续　表

编号	项目名称	能力训练任务名称	能力目标	支撑知识	训练手段与步骤（任务训练）	结果（可展示）
12	诊断与排除牵引力和稳定控制系统故障	诊断与排除 ASR 系统故障	1. 能够描述汽车牵引力控制系统的功用、组成及工作原理 2. 能够对 ASR 常见故障进行检修	1. 汽车牵引力控制系统的功用、组成及工作原理 2. 掌握 ASR 常见故障的检修方法和步骤	1. 一辆上海大众帕萨特汽车在正常行驶过程中仪表板上的 ASR 灯突然亮起（按 ASR 开关无效，只有关闭点火开关重新起动发动机后，ASR 灯才能恢复正常），现进行维修 2. 查阅维修手册进行 ASR 故障诊断排除 3. 各小组分别制订诊断方案，分析故障原因 4. 诊断方案经技术主管审核后实施	1. 能运用维修资料诊断 ASR 故障 2. 制订的诊断方案 3. 能够排除故障，系统恢复正常
13		诊断与排除 ESP 系统故障	1. 能够描述汽车稳定程序控制系统的功用、组成及工作原理 2. 能够对 ESP 常见故障进行检修	1. 汽车稳定程序控制系统的功用、组成及工作原理 2. 掌握 ESP 常见故障的检修方法和步骤	1. 一辆奥迪 A4 汽车在正常行驶过程中车身突然出现抖动，车速减慢，仪表板上的 ESP 灯突然亮起（按 ESP 开关无效，只有关闭点火开关重新起动发动机后，ESP 灯才能恢复正常），现进行维修 2. 查阅维修手册进行 ASR 故障诊断排除 3. 各小组分别制订诊断方案，分析故障原因 4. 诊断方案经技术主管审核后实施	1. 能运用维修资料诊断 ESP 故障 2. 制订的诊断方案 3. 能够排除故障，系统恢复正常

5. 课程考核方案设计

　　本课程由六个项目组成，共分 13 个完整训练任务（单元）进行训练，每个完整任务都进行独立考核,每个完整任务均按"项目任务训练考评表"的内容进行过程考核。项目化课程采取"项目过程考核＋任务成果考核＋基础理论考核"的方式,突出过程考核。项目过程考核分平时成绩考核和一体化项目过程考核。

1) 平时成绩考核

考核项目	考核方式	考核重点	成绩权重/%
准备工作	指导教师检查与小组成员互评	专业能力	15
制订计划情况	指导教师检查	专业能力和关键能力	15
遵守纪律	指导教师检查	自我约束能力和关键能力	20
安全性	指导教师检查与小组成员互评	专业能力和关键能力	40
沟通和协调能力	小组成员互评	关键能力	10

2) 一体化项目过程考核(例)

课程:汽车制动系统检修　一体化项目名称:常规制动系统维护

序号	考核内容	配分	评分标准	考核记录	扣分	得分
1	维修接待	10	熟悉维修接待流程(4分)			
			能正确填写流程单(6分)			
2	工量具认识和使用	10	能正确认识工量具(4分)			
			能正确使用工量具(3分)			
			能对量具进行必要的校正(3分)			
3	添加制动液	20	会检测制动液的正常平面(4分)			
			能正确的加注制动液(12分)			
			能根据要求选择制动液(4分)			
4	制动踏板调整	20	能正确检查踏板自由行程(4分)			
			能正确调整的检测踏板自由行程(12分)			
			能根据检测数据确定踏板高度(4分)			
5	制动系统放气	10	能正确对制动系统进行放气(10分)			
6	制动管路检查	10	能正确的检测制动管路情况(10分)			
7	驻车制动器检查	10	能正确检查驻车制动系统(10分)			
8	职业素养(6S标准)	10	整理、整顿、清扫、清洁、安全、素养,视情节轻重扣5~10分			
9	合计	100				

笔 记

3）项目成果考核表（例）

《_____检修》项目任务训练考评表

班级_____   组号_____   姓名_____   学号_____

项目（任务）名_____   考评日期_____

考核项目	考核内容	考核要求及评分标准	配分	小组互评	教师评价
方案制订（30）	合理性		12 分		
	经济性		12 分		
	分工		6 分		
工作记录（30）	操作步骤		12 分		
	情况描述		12 分		
	技术资料		6 分		
成果展示（40）	实物成果		20 分		
	分析讲解		10 分		
	答辩		10 分		
汇总	小组互评分×30％＝	教师评价分×70％＝	100 分		
总分	小组互评分×30％＋教师评价分×70％＝ 总附加分：		考评员 签名		
备注					

注：每项扣分最多扣完该项配分为止；附加分由学生填写，教师确认，另外计算。

4）考核汇总表

《_____检修》项目训练成绩汇总表

班级_____   组号_____   姓名_____   学号_____

序号	项目	训练任务（单元）考核	权重/％	原得分	加权实得分
1	项目一	任务一　常规制动系统维护	10		
2	项目二	任务一　汽车液压制动失效故障诊断	5		
3		任务二　汽车液压制动不灵故障诊断	5		
4		任务三　汽车液压制动跑偏故障诊断	5		
5		任务四　汽车驻车制动不良故障诊断	5		
6	项目三	任务一　汽车气压制动失效故障诊断	5		
7		任务二　汽车气压制动拖滞故障诊断	5		
8	项目四	任务一　汽车 ABS 维护	5		

续 表

序号	项目	训练任务（单元）考核	权重/%	原得分	加权实得分
9	项目五	任务一 诊断与排除 ASR 系统故障	5		
10		任务二 诊断与排除 ESP 系统故障	5		
11		任务三 故障阅读仪功能简介及操作	5		
12	项目六	任务一 诊断与排除 ASR 系统故障	5		
13		任务二 诊断与排除 ESP 系统故障	5		
14		期末考核（理论）	30		
15		课程总分	100		

注:加权实得分＝原得分×权重。

5）基础理论考核设计

基础理论考核是期末对全部学习领域知识与能力的综合测试,由教研室出题,学生独立完成理论知识答辩。下表为学生课程成绩权重比例分配。

考核项目	形成性考核		成果考核	基础理论考核
	平时表现	一体化过程项目	实训项目	知识竞赛
权重/%	10	40	20	30

6. 教学建议

本课程是汽车专业必修的技术课程,是基于汽车维修工岗位工作任务分析而编写的,因此课程顺序是按照工作流程排序,建议教学中以解决汽车制动系统的典型故障入手,按照维修接待—收集信息—制订维修方案—实施检修作业—维修质量检验等流程进行教学,要求体现教师引导、学生训练为主的现代职业教学理念,全面培养学生职业核心能力、专业能力以及自学能力,并在训练中掌握所需要的相关知识。

本书适合于模块化、项目化以及任务驱动式教学模式进行教学,在实施中建议建立与之相适应的一体化学习站。

第二部分

教 学 内 容

项目一　汽车制动系统的维护

Description 项目描述	本项目是初学者对汽车制动系统的认识,并进行相关操作及维护。通过本项目的学习,使学生掌握各类汽车维护工量具的使用,理解汽车制动系统的工作原理,认识汽车制动系统的结构,具备维护汽车制动系统的相关技能,能对汽车制动系统进行维护
Objects 项目目标	1. 收集汽车制动相关信息,准备汽车维护工量具,制订汽车制动系统操作计划 2. 掌握制动系统的功用、组成和分类,熟悉其结构和工作原理 3. 能根据汽车制动系统维护作业规范,实施维护作业
Tasks 项目任务	任务:汽车制动系统维护
Implementation 项目实施	

一、维修接待

王先生买了一辆天津威驰轿车,跑了40 000多公里后,接到4S店通知进行维护,现进入维修厂进行维护。按照表1-1完成接车问诊表。

表1-1 维修接待与接车问诊表

1. 通过询问客户了解制动系统使用情况,填写接车问诊表 2. 车间检测初步确认结果:需进行制动系统维护

接 车 问 诊 表

车牌号:_____ 车架号:_____ 行驶里程:_____(km)

用户名:_____ 电 话:_____ 来店时间:____/____

用户陈述及故障发生时的状况:**一辆天津威驰汽车已行驶40 000公里,目前进入维修厂进行制动系统维护**

故障发生状况提示:**行驶速度、发动机状态、发生频度、发生时间、部位、天气、路面状况、声音描述**

接车员检测确认建议:**需进行制动系统二级维护**

车间检测确认结果及主要故障零部件:**需进行制动系统维护**

车间检查确认者:_____

外观确认:

（请在有缺陷部位作标识）

功能确认:(工作正常√ 不正常×)
□音响系统 □门锁(防盗器) □全车灯光
□工具 □后视镜 □天窗 □座椅
□点烟器 □玻璃升降器 □玻璃

物品确认:(有√ 无×)
□贵重物品提示
□工具 □备胎 □灭火器
□其他( )
旧件是否交还用户 □是 □否
用户是否需要洗车 □是 □否

● 检测费说明:本次检测的故障如用户在本店维修,检测费包含在修理费用内;如用户不在本店维修,请您支付检测费。本次检测费:¥____元。
● 贵重物品:在将车辆交给我店检查修理前,已提示将车内贵重物品自行收起并保存好,如有遗失恕不负责。

接车员:_____ 用户确认:_____

笔记

二、信息收集与处理

(一) 汽车维护工量具

1. 工具、仪器使用要求

1) 了解正确的用法和功能

学习每件工具和测量仪器的功能和正确用法。如果用于规定之外的用途,工具或测量仪器会损坏,而且零件也会损坏或者导致工作质量降低。

2) 了解使用仪表的正确方法

每件工具和测量仪器都有规定的操作程序。要确保在工作部件上正确使用工具,用在工具上的力要恰当,工作姿势也要正确。

3) 正确地选择工具

根据尺寸,位置和其他条件不同,有不同的工具可用于松开螺栓。要根据零件形状和工作场地选择适合的工具。

4) 力争保持安排有序

工具和测量仪器要放在容易拿到的位置,使用后要放回原来的正确位置。

5) 严格坚持工具的维护和管理

工具要在使用后立即清洗并在需要的位置涂油。如需要修理就要立即进行,这样工具就可以永远处于完好状态。

2. 工具选择

1) 根据工作的类型选择工具

为拆装螺栓、螺母或拆下零件,汽车修理中使用成套套筒扳手比较普遍。如果由于工作空间限制不能使用成套套筒扳手,可按其顺序选用梅花扳手或开口扳手。如图 1 - 1 所示。

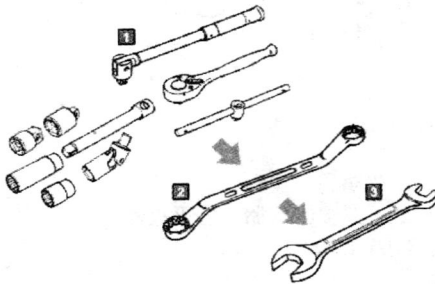

图 1 - 1　扳手的选择　　　　　图 1 - 2　手柄的选择

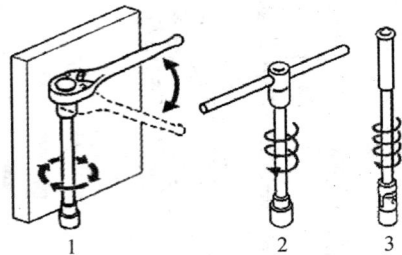

2) 为提高工作速度选择工具

套筒扳手的用途在于它能旋转螺栓、螺母而不需要重新调整。这就可以迅速转动螺栓、螺母。套筒扳手可以根据所装的手柄以各种方式工作,如图 1 - 2 所示。

操作时注意以下几点:

(1) 棘轮手柄适合在狭窄空间中使用。然而,由于棘轮的结构,它不可能获得很高的扭矩。

（2）滑动手柄要求极大的工作空间，但它能提供最快的工作速度。

（3）旋转手柄在调整好手柄后可以迅速工作。但此手柄很长，很难在狭窄空间使用。

3）根据旋转扭矩的大小选用工具

如果最后拧紧或开始拧松螺栓、螺母需要大扭矩，就要使用允许施加大力的扳手。

注意：可以施加的力的大小取决于扳手柄的长度。手柄越长，用较小的力得到的扭矩越大。如果使用了超长手柄，就有扭矩过大的危险，螺栓有可能折断，如图 1-3 所示。

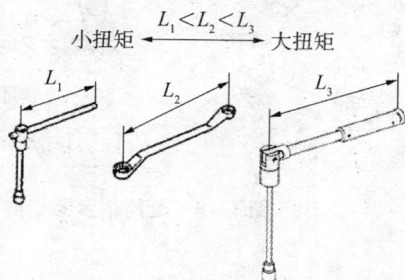

图 1-3　扳手柄长度的选择　　　　图 1-4　工具的大小及应用

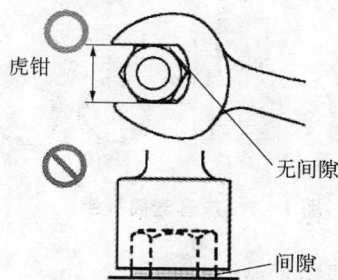

3. 操作时的注意事项

1）工具的大小和应用

确保工具的直径与螺栓、螺母的头部大小合适。使工具与螺栓、螺母完全配合。如图 1-4 所示。

2）用力强度

顺时针转动工具，以便拉动它。如果由于空间限制无法拉动工具，用手掌推动工具。如图 1-5 所示。

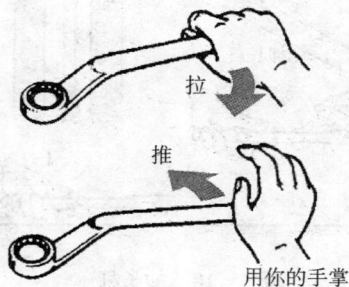

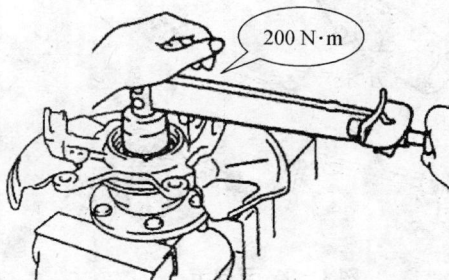

图 1-5　用力强度　　　　图 1-6　扭力扳手的使用

3）使用扭力扳手

最后的拧紧始终用扭力扳手来完成，以便将其拧紧到标准值。如图 1-6 所示。

4. 套筒扳手

1）成套套筒扳手

这种工具根据工作状态装上不同手柄和套筒后可以很轻松地拆下并更换螺栓、螺母。套筒扳手有大和小两种尺寸。大的一种可以获得较大的扭矩。套筒深度有两种类型，即标准和深的。后者比标准的深2～3倍。较深的套筒可用于螺栓突出的螺帽,而不适用于标准型套筒。钳口有两种类型,即双六角形和六角形的。六角部分与螺栓、螺母的表面有很大的接触面,这样就不容易损坏螺栓、螺母的表面。如图1-7所示。

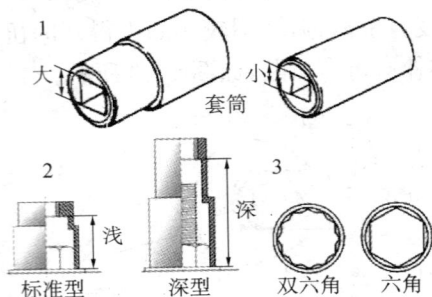

图1-7　成套套筒扳手

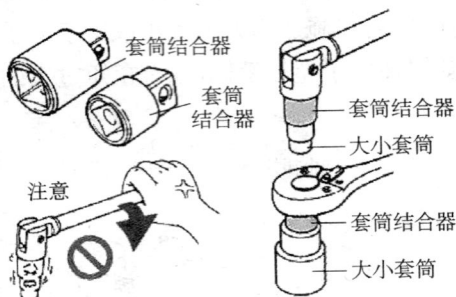

图1-8　套筒结合器

2）套筒结合器

套筒结合器用作一个改变套筒方形套头尺寸的连接器。应该注意的是超大力矩会将负载施加在套筒本身或小螺栓上。力矩要根据规定的拧紧力矩施加,如图1-8所示。

3）万向节

套筒的方形套头部分可以前后或左右移动,手柄和套筒扳手之间的角度可以自由变化,使其成为在有限空间内工作的有用工具。注意不要使手柄倾斜较大角度来施加扭矩,勿用风动工具。因为球节不能吸收旋转摆动而脱开,并造成工具、零件或车辆损坏。如图1-9所示。

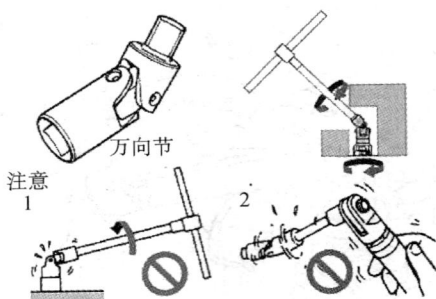

图1-9　万向节

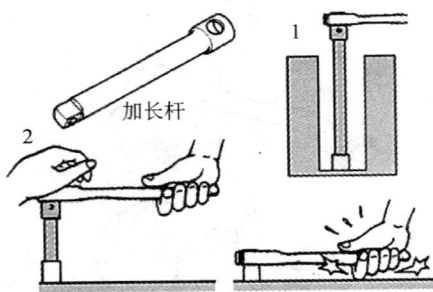

图1-10　加长杆

4）加长杆

可用拆下和更换装得太深不易接触的螺栓、螺母。加长杆也用于将工具抬离平面一定高度,更方便于使用。具体操作如图1-10所示。

5）旋转手柄

此手柄用于拆下和更换要求用大力矩的螺栓、螺母。套筒扳手头部可作铰式移动,这样可以调整手柄的角度使与套筒扳手相配合。手柄滑动,允许改变手柄长度。滑移手柄直到其碰到使用前的锁紧位置。如果不在锁紧位置上,手柄在工作时可以滑进滑出,这样会影响操作者的工作姿势并造成人身伤害。如图1-11所示。

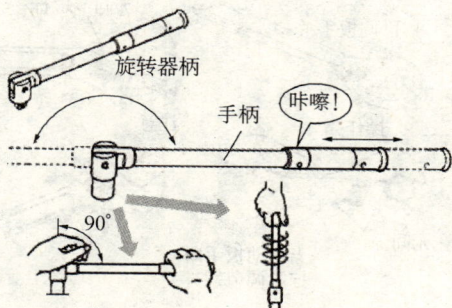

图1-11　旋转手柄

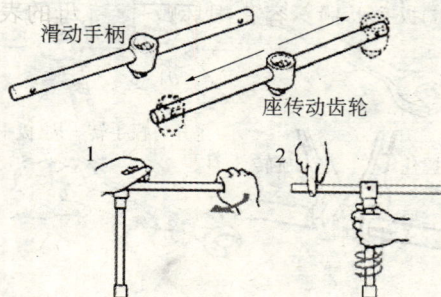

图1-12　滑动手柄

6）滑动手柄

通过滑动套筒的套头部分，手柄可以有两种使用方法：L形改变扭矩、T形增加速度，如图1-12所示。

5. 棘轮扳手

将此手柄的锁止手柄往右转可以拧紧螺栓、螺母，往左转可以松开它们。套筒扳手可以以小的回转角锁住，可以在有限的空间中工作，不要施加过大扭矩。过大扭矩可能损坏棘爪的结构，如图1-13所示。

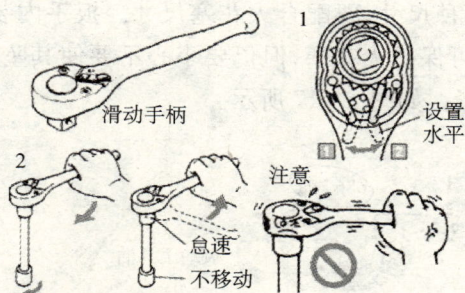

图1-13　棘轮扳手

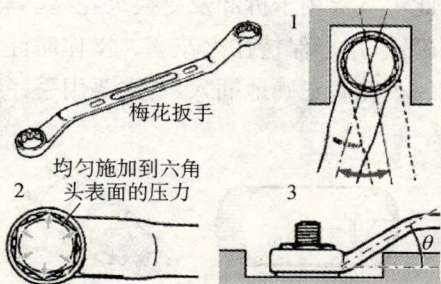

图1-14　梅花扳手

6. 梅花扳手

梅花扳手用在补充拧紧和类似操作中，因其可以对螺栓、螺母施加大扭矩。因为扳手钳口是双六角形的，可以容易地拆装螺栓、螺母。并可以在一个有限空间内操作。由于螺栓、螺母的六角形表面被包住，因此没有损坏螺栓角的危险，并可施力加大扭矩。由于扳手手柄是有角度的，因此可用于在凹进空间里或在平面上旋转螺栓、螺母。如图1-14所示。

7. 开口扳手

开口扳手用在不能用成套套筒扳手或梅花扳手拆除或更换螺栓、螺母的位置。扳手钳口以一定角度与手柄相连，可在有限空间中旋转螺栓、螺母。为防止相对的零件转动，如在拧松一根燃油管时，用两个开口扳手去拧松一个螺母。扳手不能提供较大扭矩，由此不能用于最终拧紧。不能在扳手手柄上接套管。这会造成超大扭矩，损坏螺栓或开口扳手，如图1-15所示。

笔记

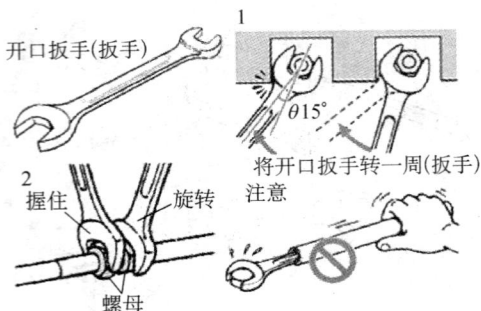

图 1 - 15 开口扳手

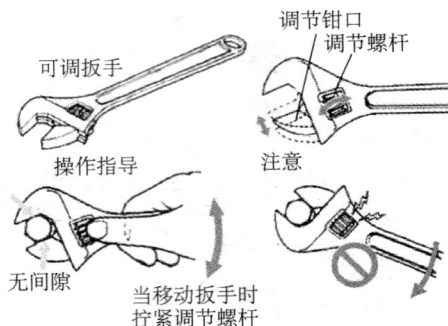

图 1 - 16 可调扳手

8. 可调扳手

可调扳手适用于尺寸不规则的螺栓、螺母或压紧专用维修工具。旋转调节螺丝改变口径,一个可调扳手可用来代替多个开口扳手。它不适于施加大扭矩。操作时转动调节螺杆,使孔径与螺栓、螺母头部配合完好。转动扳手时应使调节钳口在旋转方向上来转动扳手。如果不用这种方法转动扳手,压力将作用在调节螺杆上,会导致其损坏。如图 1 - 16 所示。

9. 火花塞扳手

此工具专用于拆卸及更换火花塞。有大小两种尺寸,要配合火花塞尺寸。扳手内装有一块磁铁,用以保持住火花塞。操作时注意磁性可保护火花塞,但仍要小心不要使其坠落。为确保火花塞正确地插入,首先要用手仔细地扭紧。如图 1 - 17 所示。

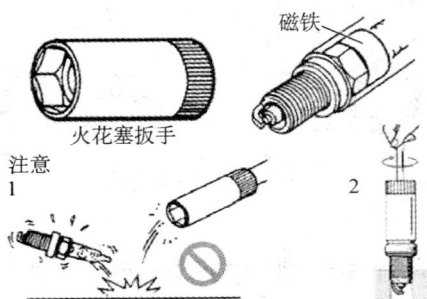

图 1 - 17 火花塞扳手

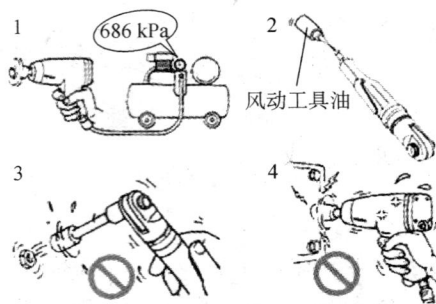

图 1 - 18 风动工具

10. 风动工具

风动工具使用压缩空气,并用于拆卸和更换螺栓、螺帽。

操作注意:要永远在正确的气压下是使用。定期检查风动工具并用风动工具油润滑和防锈。如果用风动工具从螺丝上完全取下螺母,则旋转力可使螺母飞出。往往先用手将螺母对准螺钉。如果一开始就打开风动工具,则螺纹会被损坏。注意不要拧得过紧。使用较小的力拧紧。最后,使用扭矩扳手检查紧固扭矩。如图 1 - 18 所示。

11. 冲击式风动扳手

用于要求较大扭矩的螺栓、螺母。扭矩可调到 4～6 级。旋转方向可以改变。与专用的套筒扳手结合使用。专用的套筒扳手经过专门加工，其特点是能防止零件从传动装置上飞出。切勿使用专用套筒扳手以外的其他套筒扳手。在操作时必须用两只手握住工具。因为按按钮释放大的扭矩，可能引起振动。如图 1-19 所示。

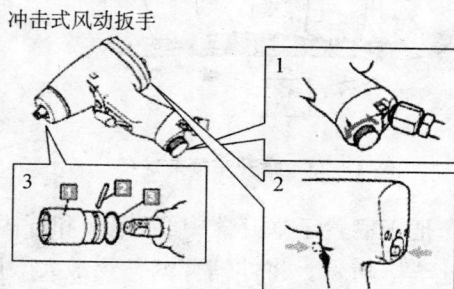

图 1-19　冲击式风动扳手

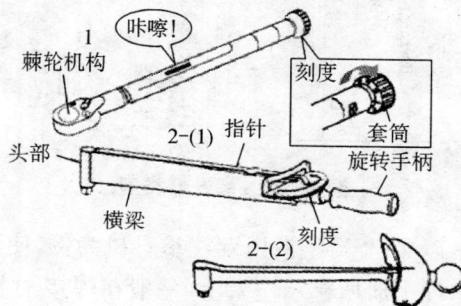

图 1-20　扭力扳手类型

12. 扭力扳手

用以拧紧螺栓、螺母达到规定的转矩。用其他扳手在扭矩扳手拧紧前预先拧紧，这样工作效率好。如果从一开始就用扭矩扳手拧紧，则工作效率较差。如图 1-20 所示。

1）类型

（1）预置型：通过旋转套筒可预设所要求的扭矩。当螺栓在这些条件拧紧时，会听到咔嗒声，表明已达到规定的扭矩。

（2）板簧式：转矩扳手通过弯曲梁板，借助作用到旋转手柄上的力进行操作，此梁板由钢板弹簧制成。作用力可通过指针和刻度读出，以便取得规定的扭矩。

2）具体操作

（1）如果拧紧几个螺栓，在每个螺栓上均匀施加扭力，重复 2 或 3 次。

（2）如果专用维修工具与转矩扳手一起使用，则要按照修理手册中的说明计算扭矩。如图 1-21 所示。

3）钢板弹簧型的注意事项

（1）使用到扭矩扳手上刻度的 50%～70% 量程，以便施加均匀的力。

（2）不要用力太大使手柄接触到杆。如果压力不是作用在销上，则不能获得精确的扭矩测量值。

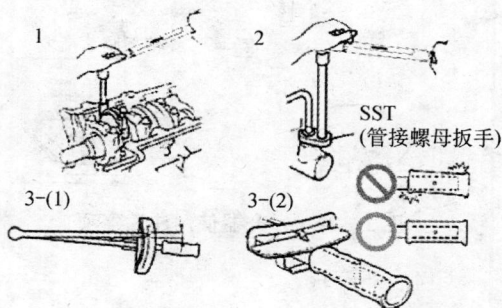

图 1-21　扭力扳手操作

13. 举升器

举升器用于将车辆抬高，以便使维修技师能在车下方便作业。

有三种类型的举升器,具有不同的升降功能,支撑柱和支撑方法如图 1-22 所示。

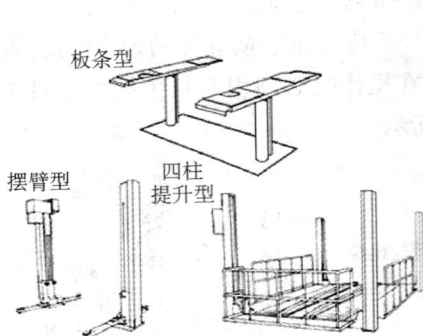

图 1-22 举升器类型

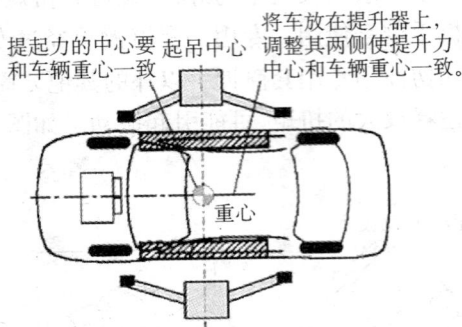

图 1-23 举升车辆前准备

以 ZWSY 型液压双柱举升机为例,使用时,首先把车辆置于举升器中心,把板和臂固定到修理手册所标示位置上(一般在焊接梁上),如图 1-23 所示。将伸缩臂调整到最大限度,适当调整橡胶支垫的高度以使汽车保持水平状态,将伸缩臂锁紧,并向其他人发出举升器即将启动的信号。按启动键提升,在上升高度约 300 mm 时,应检查 4 个橡胶支垫是否稳固支撑,检查汽车是否水平。在举升过程,安全制动爪始终处于待制动状态;下降时,先拉动制动器脱开拉线,若拉不动,可上升一点再拉,使之脱开。

使用时应注意:在提升车辆时切勿移动车辆;上升与下降过程中,禁止有人员乘坐被举起的汽车里和进入被举升物下面,在拆除和更换大部件时要小心,因为汽车中心可能改变;切勿将车门打开提升车辆;如果在一段时间未完成作业,则要把车放低一些。使用时的注意事项如图 1-24 所示。

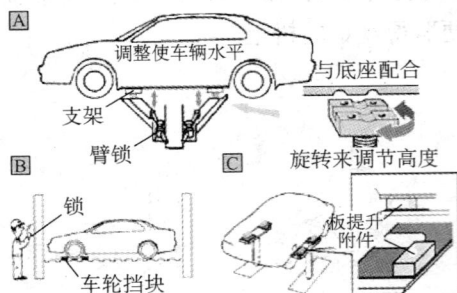

图 1-24 举升器使用注意事项

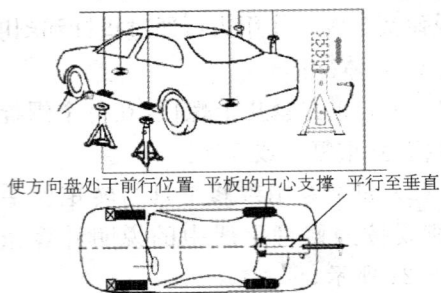

图 1-25 千斤顶顶升车辆前

14. 千斤顶

千斤顶用于提升车辆的一端,在顶升前,要检查维修手册中说明的车辆举升点和马凳的支架支撑点,确保马凳调到相同高度,将其放在车辆附近,将车轮挡块放在左前轮胎和右前轮胎的前面(如果车辆从后面顶升的话)。准备工作如图 1-25 所示。

举升时,将释放把手拧紧,把修车千斤顶放在规定位置再提升车辆。注意它所面对的方向,通常从尾部顶起车辆,但是顶起顺序会因车型而异。千斤顶适配器用于带有偏置差动齿轮的 4WD 车辆。切勿将千斤顶放在扭矩梁车桥上顶升,一次切勿使用多个修车千斤顶,如图 1-26 所示。

图 1-26　千斤顶的使用(举升车辆)

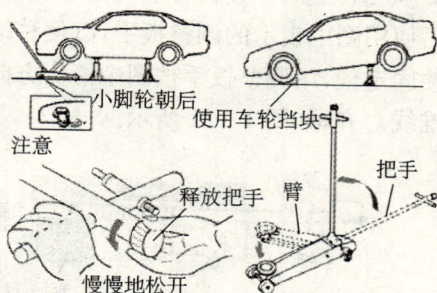

图 1-27　千斤顶的使用(降下车辆)

降下时,缓慢松开释放把手并轻轻地放下手柄。当轮胎已完全落地时,使用车轮挡块。在升降车辆前须进行安全检查,并告知其他人即将开始作业。在降下车辆前须检查车下应该没有东西,如图 1-27 所示。

15. 游标卡尺

(1) 游标卡尺可测量长度、外径、内径和深度;量程 0~150 mm, 0~200 mm, 0~300 mm;测量精度 0.10 mm, 0.05 mm, 0.02 mm。其构造如图 1-28 所示。

使用要求:在测量前,完全合上量爪,并检查卡尺间是否有足够的间隙可看到光;在测量时,轻轻地移动卡尺,使零件刚好放在量爪间;一旦零件刚好放在量爪之间,用止动螺钉固定游标尺,以更方便地读取测量值。

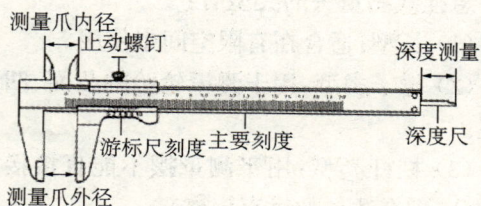

图 1-28　游标卡尺

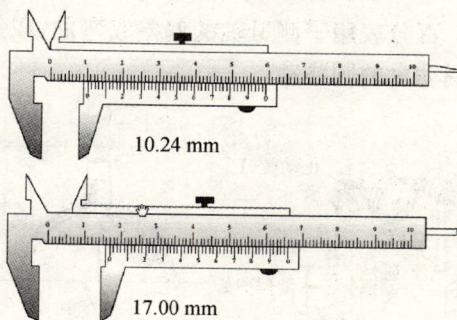

10.24 mm

17.00 mm

图 1-29　游标卡尺读数

(2) 数值的读取及计算

读取达到 1.0 mm(整数位)的值,读取主测量刻度的数值,其位于游标"零"的左边。如图 1-29 所示为 10 mm 和 17 mm。再读取小数位的数值。读取游标上的刻度与主测量刻度相对齐的最近点。例如 0.24 mm。

计算测量值 $A+B$。如:$45+0.25=45.25$(mm) 和 $17+0=17$(mm)。

16. 外径千分尺

1) 外径千分尺的结构及使用

千分尺可测量零件的外径和厚度。量程 0~25 mm, 25~50 mm, 50~75 mm, 75~100 mm;测量精度 0.01 mm。使用千分尺前,检查并确保零刻度已对准。如图 1-30 所示,

笔记

例如 50～75 mm 千分尺,在开口内放置一个标准的 50 mm 标注杆,并让棘轮定位器自由转动 2～3 圈,然后检查套管上的基准线与套筒的零刻度线是否对齐,使锁销啮合以便固定轴,然后使用图中表示的调整扳手,以便移动和调整套管。如果误差大于 0.02 mm,使锁销啮合以便固定轴,用调整扳手按图中箭头方向松开棘轮定位器,然后将套筒的零刻度线与套管的基准线对齐,如图 1-31 所示。

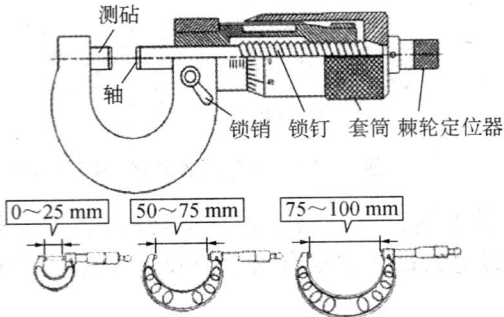

图 1-30　外径千分尺的使用

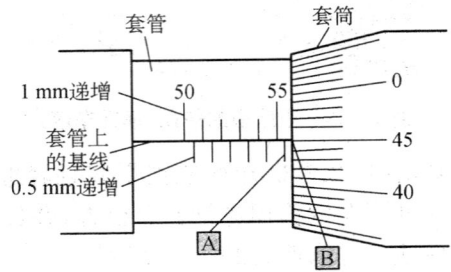

图 1-31　外径千分尺读数

2) 数值的读取及计算

读出在套筒刻度上可以看见的最大值,例如 A 为 55.5(mm),读取套筒上的刻度与套筒上的刻度对齐点的数值,例如 B 为 0.45(mm)。最后计算测量值 A+B,例如 55.5+0.45＝55.95(mm),如图 1-31 所示。

17. 百分表

百分表用于测量轴的偏差或弯曲,以及法兰的表面跳动等。在汽车维护中主要用来检测制动盘的圆跳动。

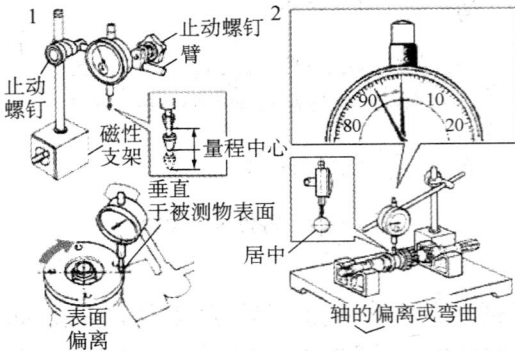

图 1-32　百分表的使用

悬挂式测量头的类型有:

(1) 长型:适合在有限空间中使用。

(2) 辊子类型:用于测量轮胎的凸面、凹面图案。

(3) 杠杆类型:用于测量摆不能直接接触的部分(配套法兰的垂直偏离)。

(4) 平板类型:用于测量活塞突出部分等。

(5) 测量精度 0.01 mm。

使用时将百分表固定在磁性支架上,调整百分表位置和被测物体,并设置指针,使其位移至量程的中心位置,转动被测物体并读出指针偏离值,如图 1-32 所示。

(二) 汽车制动系统概述

1. 制动系统的作用

汽车上用以使外界(主要是路面)对汽车某些部分(主要是车轮)施加一定的力,从而对其进行一定程度的强制制动的一系列专门装置统称为制动系统。其作用是:使行驶中的汽车按照驾驶员的要求进行强制减速甚至停车;使已停驶的汽车在各种道路条件下(包括在坡道上)稳定驻车;使下坡行驶的汽车速度保持稳定。如图 1-33 所示。

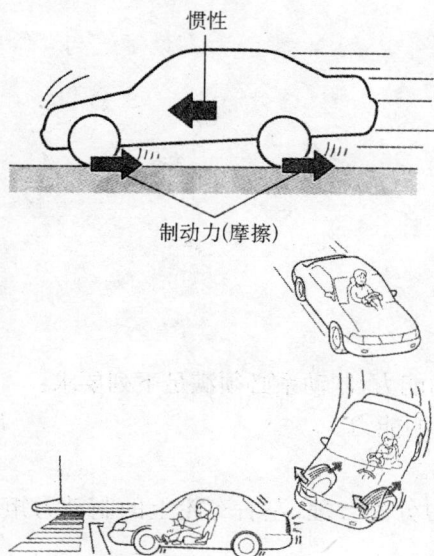

图 1-33　制动系的作用

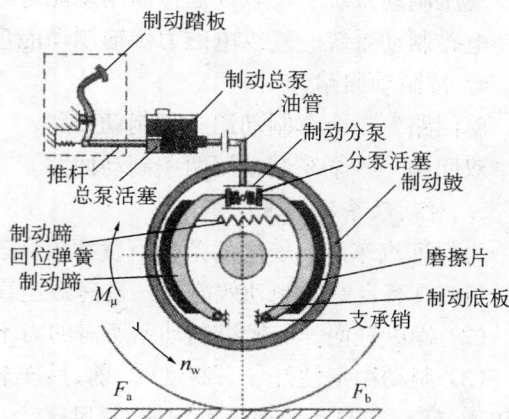

图 1-34　典型制动系统工作原理及组成

2. 制动系统的一般工作原理

制动系统的一般工作原理是,利用与车身(或车架)相连的非旋转元件和与车轮(或传动轴)相连的旋转元件之间的相互摩擦来阻止车轮的转动或转动的趋势。

3. 典型制动系统的组成

如图 1-34 所示给出了一种轿车典型制动系统的组成图,可以看出,制动系统一般由制动操纵机构和制动器两个主要部分组成。

1) 制动操纵机构

产生制动动作、控制制动效果并将制动能量传输到制动器的各个部件。

2) 制动器

产生阻碍车辆的运动或运动趋势的力(制动力)的部件。汽车上常用的制动器都是利用固定元件与旋转元件工作表面的摩擦而产生制动力矩,称为摩擦制动器。它有鼓式制动器和盘式制动器两种结构形式。

4. 制动系统的分类

1) 按功能分

行车制动系统——使行驶中的汽车减速或停车。

驻车制动系统——使汽车停在各种路面驻留原地不动。

应急制动系统——在行车制动系统失效后使用的制动系统。

辅助制动系统——增设的制动装置,以适应山区形势及特殊用途汽车需要。

2) 按制动能源分

人力制动系统——以人力为唯一能源。

笔记

动力制动系统——以发动机动力转化为液压或气压制动。

伺服制动系统——兼用人力和发动机动力制动。

3）按制动能量传输方式分

机械制动系统——以机械传输制动能量。

液压制动系统——以液压传输制动能量。

气压制动系统——以气压传输制动能量。

电磁制动系统——以电磁力传输制动能量。

4）按制动回路分

单回路——全车制动用一条制动回路。

双回路——全车制动用两条制动回路。

5. 对制动系的要求

为保证汽车能在安全的条件下发挥出高速行驶的能力，制动系必须满足下列要求：

（1）具有良好的制动效能——迅速减速直至停车的能力。

（2）操纵轻便——操纵制动系所需的力不应过大。

（3）制动稳定性好——制动时，前、后车轮制动力分配合理，左右车轮上的制动力矩基本相等，使汽车制动过程中不跑偏、不甩尾。

（4）制动平顺性好——制动力矩能迅速而平稳的增加，也能迅速而彻底的解除。

（5）散热性好——连续制动时，制动鼓和制动蹄上的摩擦片因高温引起的摩擦系数下降要小，水湿后恢复要快。

（6）对挂车的制动系，还要求挂车的制动作用略早于主车，挂车自行脱挂时能自动进行应急制动。

（三）制动液

1. 对制动液的要求

（1）高温下不易汽化，否则，将在管路中产生气阻现象，使制动系失效。

（2）低温下有良好的流动性。

（3）不会使与之经常接触的金属（铸铁、钢、铝或铜）件腐蚀，橡胶件发生膨胀、变硬和损坏。

（4）能对液压系统的运动件起良好的润滑作用。

（5）吸水性差而溶水性良好，即能使渗入其中的水汽形成微粒而与之均匀混合；否则，将在制动液中形成水泡而大大降低汽化温度。

2. 制动液分类

1）植物制动液

用 50% 左右的蓖麻油和 50% 左右的溶剂（丁醇、酒精或甘油等）配成。用酒精作溶剂的制动液粘度小，但汽化温度只有 70% 左右；用丁醇作溶剂时，汽化温度可达 100%。

植物制动液的汽化温度都不够高，而且在 70℃ 的低温下都易凝结，蓖麻油又是贵重的化工原料，故现在已逐步被合成制动液和矿物制动液所取代。

2）合成制动液

我国生产合成制动液的汽化温度已超过 190%，在 −35℃ 的低温下流动性良好，适用于高速汽车制动器,特别是盘式制动器。此外合成制动液对金属件(铝件除外)和橡胶件都无伤害,溶水性也很好,目前成本还较高。

3) 矿物制动液

矿物制动液在低温和高温下性能都很好,对金属也无腐蚀作用,但溶水性较差,且易使普通橡胶膨胀,故用矿物制动液时,活塞皮碗及制动软管等都必须用耐油橡胶制成。

汽车制动液的选择应遵循使用合成型制动液;质量等级符合 FMSS NO. 116DOT 标准。各种汽车制动液主要使用特性和推荐使用范围见表 1-2。

表 1-2 汽车制动液主要使用特性和推荐使用范围

级别	制动液的主要特性	推荐使用范围
JG3	具有良好的高温抗气阻性能和优良的低温性能	相当于 ISO4926-78 和 DOT-3 的水平,我国广大地区使用
JG4	具有良好的高温抗气阻性能和优良的低温性能	相当于 DOT-4 的水平,我国广大地区使用
JG5	具有优异的高温抗气阻性能和优良的低温性能	相当于 DOT-5 的水平,特殊要求车辆使用

(四) 制动器概述

一般制动器都是通过其中的固定元件对旋转元件施加制动力矩,使后者的旋转角速度降低,同时依靠车轮与地面的附着作用,产生路面对车轮的制动力以使汽车减速。凡利用固定元件与旋转元件工作表面的摩擦而产生制动力矩的制动器都称为摩擦制动器。根据车轮制动器中旋转元件的不同,车轮制动器可分为盘式和鼓式制动器,如图 1-35 所示。

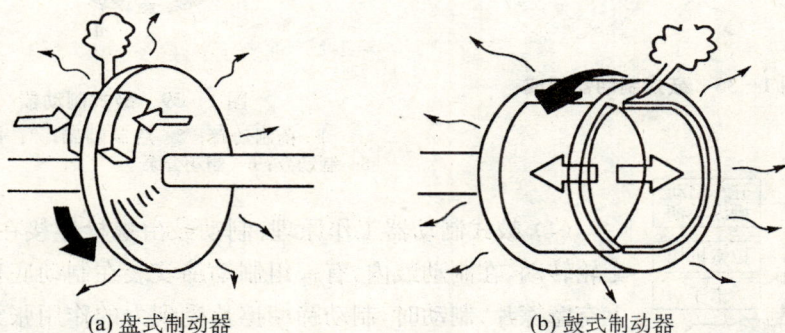

(a) 盘式制动器   (b) 鼓式制动器

图 1-35 盘式制动器和鼓式制动器

1. 行车制动器

(1) 盘式制动器:目前汽车上用的盘式制动器主要有两种:一种是固定钳盘式制动器;另一种是浮动钳盘式制动器,盘式制动器组成如图 1-36 所示。

(2) 盘式制动器工作原理:制动盘和车轮轮毂装在一起,和车轮一起转动,制动钳由支

笔记

架安装在转向节上。制动时,两侧制动块做相向移动压紧制动盘,产生摩擦力矩;解除制动时制动块依靠密封圈的弹力回位,如图1-37所示。

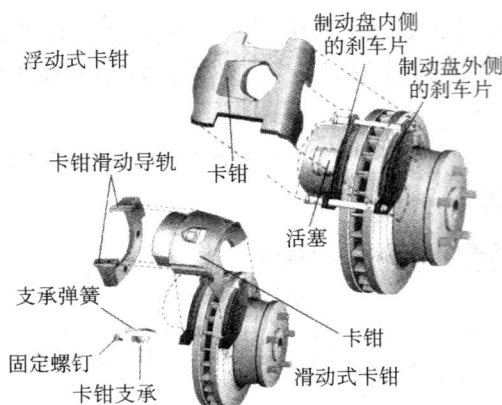

图1-36　盘式制动器组成

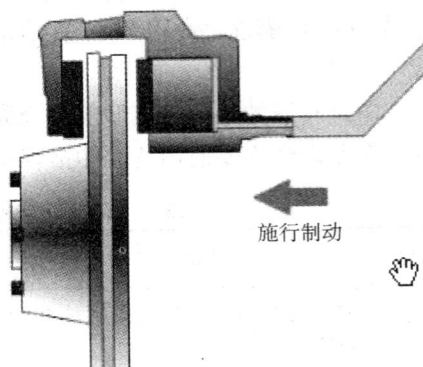

图1-37　盘式制动器工作原理

（3）鼓式制动器组成:主要由制动底板、制动分泵、制动蹄及制动鼓组成,如图1-38所示。

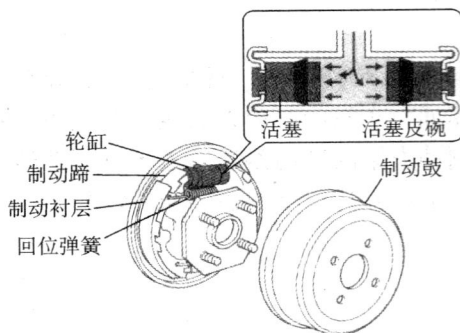

图1-38　鼓式制动器组成

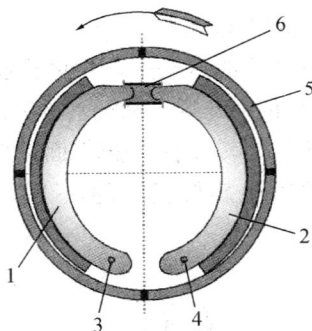

图1-39　鼓式制动器

1—前制动蹄；2—后制动蹄；3、4—支承销；
5—制动鼓；6—制动分泵

（4）鼓式制动器工作原理:制动鼓由螺栓连接在车轮上并随车轮转动,在制动鼓内,有一组制动蹄安装在制动底板上,制动蹄上有摩擦片;制动时,制动蹄摩擦片受到力的作用张开,与制动鼓的内表面发生摩擦,如图1-39所示。

2. 驻车制动器

（1）功用:驻车制动器俗称手制动器,主要用于保证汽车停止后的可靠停放。

（2）组成:如图1-40所示,它由驻车制动操纵杆、驻车制动拉索、调节拉索、调节压板等组成。

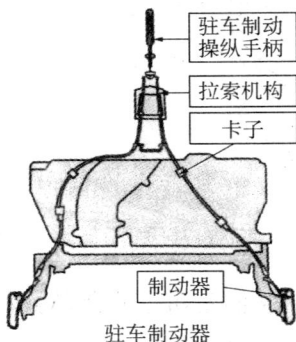

图1-40　驻车制动器

（3）分类：按驱动形式分机械式、液压式、气压式。按安装位置分中央驻车制动装置、车轮驻车制动装置。

3. 辅助制动装置

主要应用在大型客车和重型货车上，提供辅助制动力。常见的有排气制动、液力缓速器和电磁缓速器。排气制动原理如图 1-41 所示。

排气制动俗称缸盖制动，应用最广泛。基本原理是切断发动机供油，堵塞发动机排气门，利用发动机压缩空气的功率消耗来进行制动。

（五）制动控制装置概述

1. 液压系统组成

液压制动系主要零部件有：制动总泵（主缸）、制动分泵（轮缸）和制动力调节装置以及制动管道等，如图 1-42 所示。

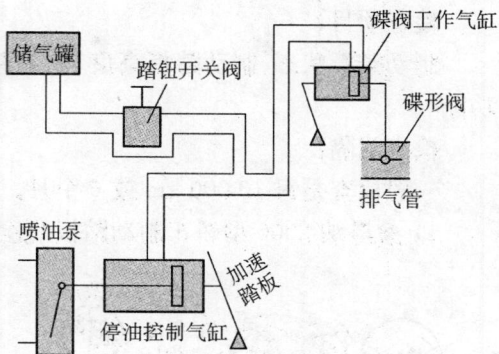

图 1-41 排气制动原理图

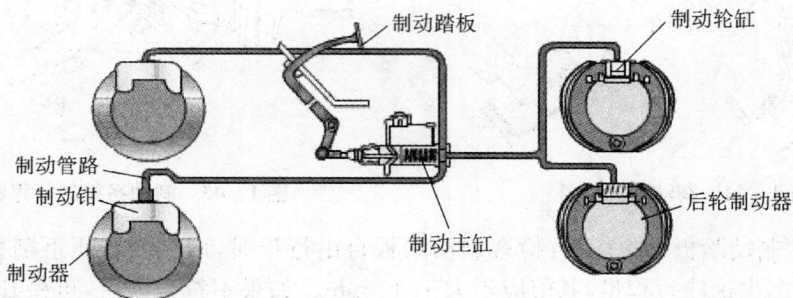

图 1-42 液压系统组成

2. 制动踏板与制动助力系统组成（如图 1-43）

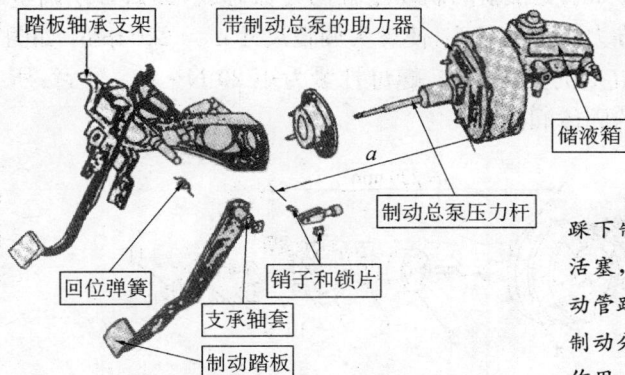

制动踏板作为制动系统的控制机构，是非常重要的一个组成部分。

工作过程：制动时，驾驶员踩下制动踏板，通过推杆和主缸活塞，使主缸内的制动液通过制动管路分别进入各车轮制动器的制动分泵（轮缸），从而实现制动作用。

图 1-43 制动踏板和制动助力系统组成

笔记

（六）制动系统的维护

1. 制动踏板的调整

检查项目：

制动踏板状态、制动踏板高度、制动踏板自由行程、制动踏板行程余量、制动助力器的功能。

检查间隔：

一般检查是每10 000 km或6个月。具体视车型，按照维修手册执行。

1）桑塔纳2000型轿车制动踏板的检查与调整（见图1-44）

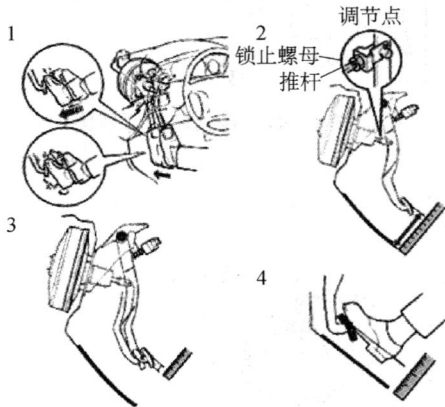

图1-44　制动踏板调整　　　　　　　　　图1-45　制动系统的行程调整

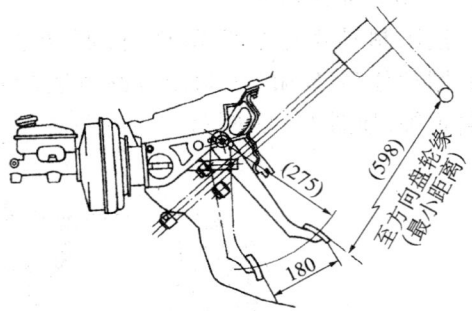

（1）调整制动踏板自由行程：检查制动踏板自由行程时，用手轻轻压下踏板，直到手感明显变重时，测出这段行程量，其值应不大于45 mm。如果不符合规定，可松开制动主缸助力器上推力杆上的螺母，通过旋动叉头来调整推力杆长度，从而调整制动踏板自由行程，且保证踏板有效行程为135 mm，总行程不小于180 mm。如图1-45所示为制动踏板行程的调整，注意制动器踏板的行程大小应不受附加的地毯厚度的影响。

（2）调整制动主缸推力杆：如果更换新的制动主缸助力器总成，那么必须调整制动主缸推力杆，旋动制动主缸助力器推力杆上的叉头，使叉头调整尺寸$a = 220$ mm，如图1-46所示。紧固防松螺母，再装上主缸上的安装罩盖，螺母拧紧力矩20 N·m。注意：所有的固定位置，在安装前都要涂上白色的固体润滑剂。

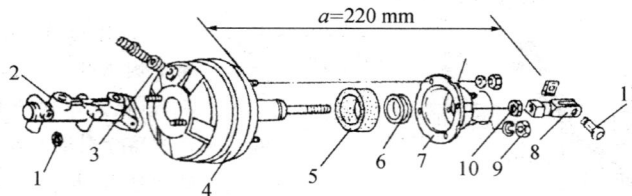

图1-46　制动主缸推力杆调整

2）天津威驰轿车制动踏板的调整

（1）检查并调整制动踏板高度（见图1-47）。

笔记

① 检查制动踏板高度。至地板的高度：124.3～134.3 mm。

② 调整制动踏板高度。

（a）拆下中控台盖板。（b）从制动灯开关上拆下连接器。（c）松开制动灯开关锁止螺母并拆下制动灯开关。（d）松开 U 形接头锁止螺母。（e）转动踏板推杆调整踏板高度。（f）拧紧推杆锁止螺母，拧紧力矩：26 N·m。（g）安装制动灯开关。（h）插上制动灯开关接头。（i）推下制动踏板 5～15 mm，然后转动制动灯开关直至制动灯熄灭，在这个位置将螺母锁止。（j）在安装后，踩下制动踏板 5～15 mm 后检查制动灯应亮起。

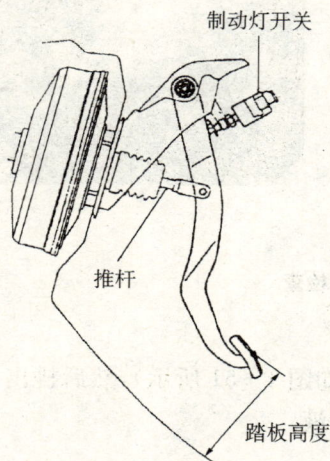

图 1-47　制动踏板高度检查

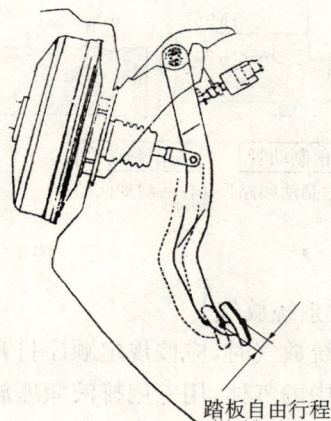

图 1-48　制动踏板自由行程检查

（2）检查制动踏板自由行程：

① 熄灭发动机，反复踩制动踏板直至助力器中无真空为止。

② 踩下制动踏板直至感到有阻力为止，测出如图 1-48 所示的距离。踏板自由行程：1～6 mm 如果间隙不合要求，检查制动灯开关的间隙。如果间隙正确，对制动系统进行诊断。制动灯开关间隙：0.5～2.4 mm。

（3）检查制动踏板保留距离：松开驻车制动拉杆，在发动机运转状态，踩下制动踏板，测量如图 1-49 所示制动踏板保留距离。用 490 N 的力踩下制动踏板时，从地板算起的保留距离，应大于 55 mm。如果距离不合要求，对制动系统进行诊断。

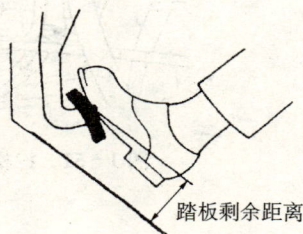

图 1-49　制动踏板剩余距离检查

2. 制动液的更换和制动系统放气

1）制动液的更换

更换制动液时，应使用车辆生产厂家规定的制动液。每隔两年应更换一次制动液，如果不到两年，但汽车行驶已超过 50 000 km 时，也应更换制动液。

制动液有毒性和强腐蚀性，不可与油漆接触。制动液具有吸湿性，即它能吸收周围空气中的水分，因此要将它存放在密封的容器里。

制动液储液罐位于发动机罩内制动主缸上方，制动液罐表面刻有"Max"和"Min"的标记,应注意检查液面高度。正常工作时,液面应始终保持在"Max"和"Min"标记之间,汽车制动摩擦片磨损而引起制动液面略有下降是完全正常的。若短时间内出现制动液面显著下降或低于"Min"标记,则可能是制动系统有渗漏故障,应立即检查,故障排除后方可使用。桑塔纳 2000 系列轿车配有制动液面过低报警信号灯,一旦储液罐内液面过低,会自动报警,提醒驾驶员注意,制动液检查如图 1-50 所示。

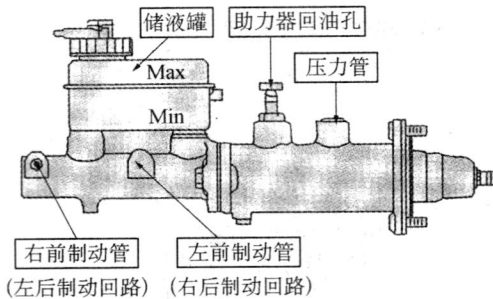

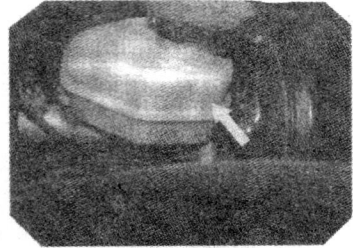

图 1-50　制动液的检查

2)制动系统放气

制动系统放气时,应按规定顺序打开放气螺栓(如图 1-51 所示),然后排出制动钳和车轮制动轮缸中的气体,用专用排液瓶盛放排出的制动液。

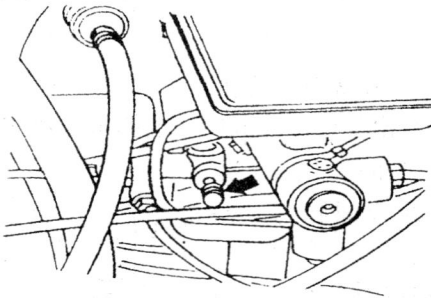

图 1-51　拧松制动系统放气螺栓

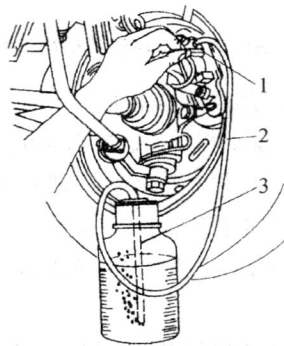

图 1-52　制动系统放气
1—放气螺钉;2—放气管;
3—排液瓶(透明容器)

制动系统放气顺序如下:①右后车轮制动轮缸;②左后车轮制动轮缸;③右前制动钳;④左前制动钳。

具体操作:

(1)将一根软管的一端接到放气螺钉上,一头插入排液瓶,如图 1-52 所示。

(2)一人用力迅速踩下并缓慢放松制动踏板,如此反复数次后踩下制动踏板,并保持一定高度使之不动。

(3)另一人拧松放气螺钉,管路中空气随制动液顺着胶管排出制动系统,排出空气后再将放气螺钉拧紧。

（4）重复上述步骤多次，直至容器中制动液里无气泡为止。

（5）观察储液罐制动液面高度，必要时添加制动液。

3. **制动管路检查**（见图 1-53）

1）检查项目

（1）液体渗漏：检查制动管线是否有制动液渗漏。

（2）损坏情况：检查制动管线是否有裂纹和老化。

（3）安装状况：检查制动软管和管道的安装是否正确。需要在各软管和管道上安装管箍。软管和管道不得干扰其他部件。

2）检查、更换的间隔

制动软管应当定期检查。发现任何问题，立即更换软管。

图 1-53　制动软管和管道检查

检查：每 20 000 km（12 000 mile）或 1 年，具体视车型，按照相应维修手册来执行。

4. **驻车制动器检查**

1）驻车制动杆行程

检查并确保驻车制动杆拉动时，驻车制动杆行程存预定的槽数内（拉动时可以听到咔嗒声）。如果不符合标准，调整驻车杆的行程。

提示：当驻车制动器杆行程超出规定值，则调整后制动蹄片或驻车制动蹄片的间隙，然后重复检查。必要时重复这个过程，然后调整驻车制动杆行程。

2）指示灯的工作情况

在点火开关位于 ON 时，检查以确保当驻车制动杆操作时，在拉动杆到达第一个槽口前，指示灯就已经发光。如图 1-54 所示。

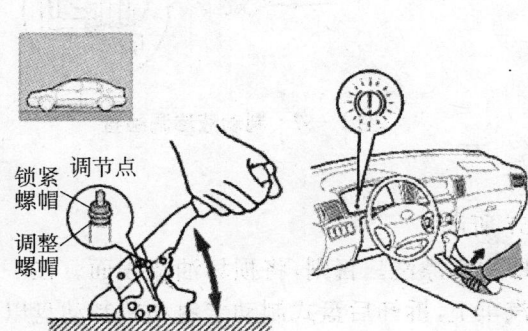

锁紧螺帽　调节点
调整螺帽

图 1-54　检查驻车制动

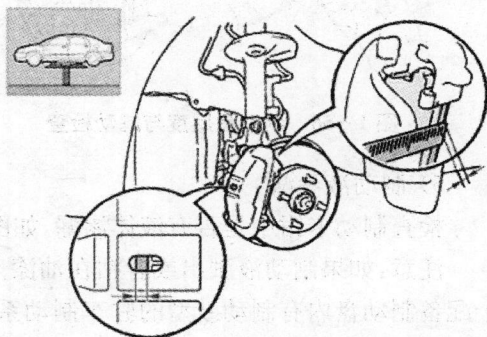

图 1-55　制动盘检查

5. **盘式制动器检查**

1）制动器摩擦片厚度

（1）使用一把直尺测量外制动器摩擦片的厚度，如图 1-55 所示。

（2）通过制动卡钳内的检查孔目测检查内制动器摩擦片的厚度，确保其与外制动器摩擦片没有明显的偏差。

笔记

　　（3）确保制动器摩擦片没有不均匀磨损。如果制动器摩擦片的厚度低于磨损极限，则更换制动器摩擦片。

　　提示：使用该次检查和上一次检查之间的行驶距离，估计到下一次检查前的行驶距离。通过检查自从上一次检查到现在的制动器摩擦片的磨损，来估计制动器摩擦片在下一次检查时的情况。在下一次计划检查时，如果估计制动器摩擦片的厚度将会小于可接受的磨损值时，建议车主更换制动器摩擦片。

　　2）盘式转子磨损和损坏

　　检查制动盘上是否有刻痕、不均匀或者异常磨损以及裂纹和其他损坏。

　　3）盘式转子厚度检查

　　如果盘式转子出现任何分段、不均匀或者异常磨损、裂纹或者其他损坏，拆卸制动卡钳。然后使用一个测微计测量制动盘厚度。

　　4）制动盘跳动

　　使用一个百分表测量制动盘跳动，如图1-56所示。

　　提示：

　　（1）使用轮螺母临时固定制动盘。

　　（2）测量制动盘跳动以前，检查前轮轴承的游隙是否在规定的范围以内。

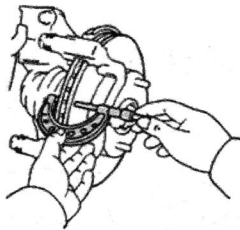

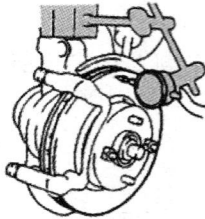

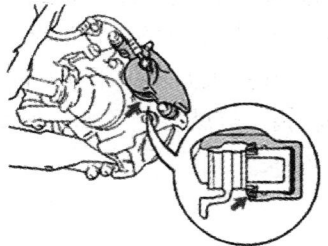

图1-56　制动盘厚度与跳动检查　　　　　图1-57　制动液渗漏检查

　　5）制动液渗漏

　　检查制动卡钳中是否有液体渗漏，如图1-57所示。

　　注意：如果制动液溅出或者粘在油漆上，立即用水漂洗。否则，将损坏油漆表面。在一个配备制动盘内有制动鼓型的驻车制动系统的汽车上，拆卸后盘式制动卡钳和后制动盘以便检查驻车制动器：

　　（1）拆卸后盘式制动卡钳和后制动盘。

　　（2）制动蹄片滑动区域的磨损检查：

　　ⓐ手动移动制动蹄片并检查制动蹄片移动是否顺利。ⓑ检查制动蹄片和背板的接触面是否磨损。ⓒ检查制动蹄片和背板的接触面是否生锈。

　　（3）制动衬片的厚度：使用一把直尺测量制动衬片的厚度。

　　（4）制动衬片的损坏：检查制动衬片是否有任何碎屑、层离或者其他损坏。

（5）后制动盘内径：使用一个制动鼓规或者类似器具测量后制动盘的内径，如图 1‑58 所示。

（6）磨损和损坏：检查后制动盘是否有任何磨损或者损坏。

（7）安装后制动盘和后制动盘制动卡钳。

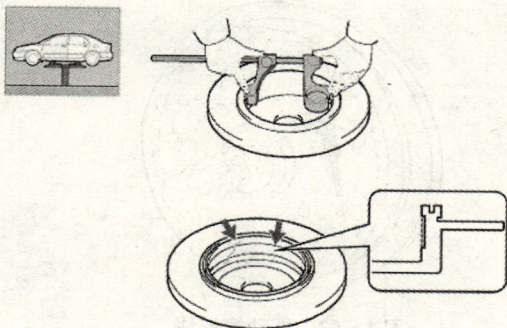

图 1‑58　后制动盘检查

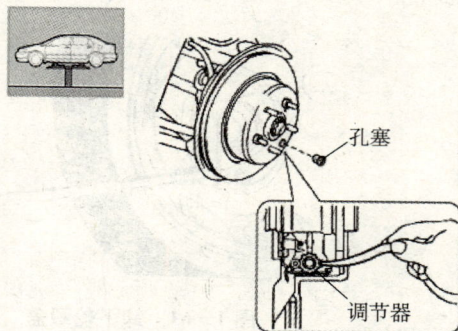

孔塞

调节器

图 1‑59　驻车制动蹄片间隙检查

（8）驻车制动蹄片间隙调整：如图 1‑59 所示。

ⓐ临时安装轮毂螺母。ⓑ拆卸孔塞，转动调节器并扩展制动蹄片直到制动盘锁定。ⓒ回退调节器 8 个槽口。ⓓ检查制动蹄片是否拖滞在制动器上。ⓔ安装调节孔塞。

6. 鼓式制动器检查

拆卸制动鼓以便检查鼓式制动器。

注意：制动鼓拆下后，不要踩下制动踏板。

1）制动鼓拆卸

后轮制动器的分解如图 1‑60 所示。

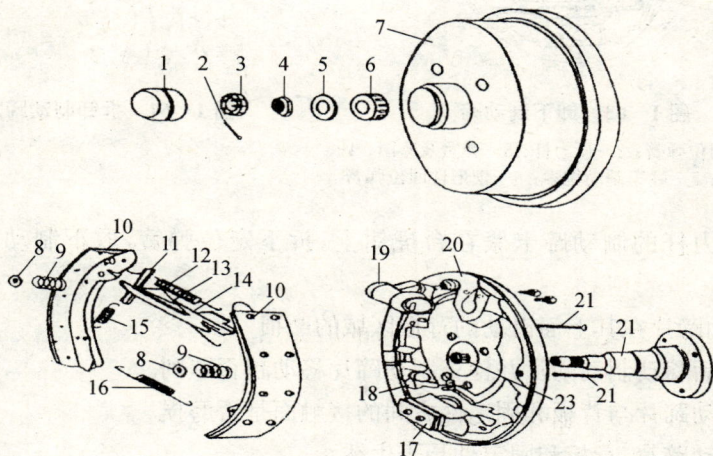

图 1‑60　后轮制动器分解图

1—轮毂盖；2—开口销；3—开槽垫圈；4—调整螺母；5—止推垫圈；6—轴承；7—制动鼓；8—弹簧座；9—弹簧；10—制动蹄；11—楔形件；12—回位弹簧；13—上回位弹簧；14—压力杆；15—楔形件回位弹簧；16—下回位弹簧；17—固定板；18—螺栓（拧紧力矩 60 N·m）；19—后制动轮缸；20—制动底板；21—定位销；22—后桥车轮支承短轴；23—观察孔橡胶塞

（1）拧松车轮螺栓螺母（拧紧力矩110 N·m），取下车轮。

（2）用专用工具卸下轮毂盖，如图1-61所示。

（3）取下开口销，旋下后车轮轴承上的六角螺母，取出止推垫圈。

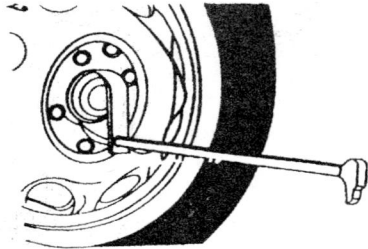

图1-61　卸下轮毂盖　　　　　　　　图1-62　拨动楔形块

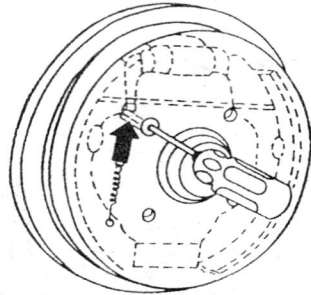

（4）用螺丝刀通过制动鼓螺孔向上拨动楔形块，如图1-62所示，使制动蹄与制动鼓放松。

（5）用鲤鱼钳拆下压簧座圈。用手从下面的支架上提起制动蹄，取出下回位弹簧。

（6）取下制动杆上的驻车制动拉索，用鲤鱼钳取下楔形件的回位弹簧和上回位弹簧。

（7）卸下制动蹄，如图1-63所示。

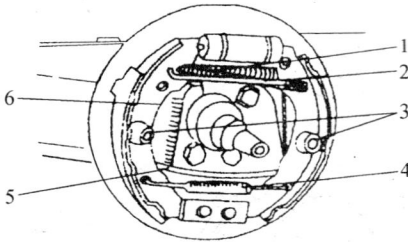

图1-63　卸下制动蹄　　　　　　　　图1-64　拆卸制动蹄定位弹簧

1—上回位弹簧；2—压力杆；3—弹簧及座圈；4—
下回位弹簧；5—驻车制动拉索；6—楔形件回位弹簧

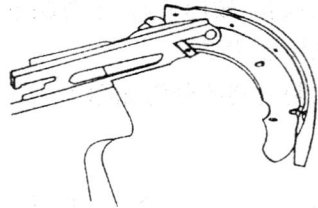

（8）把带压力杆的制动蹄卡紧在台虎钳上，拆下定位弹簧，取下制动蹄，如图1-64所示。

2）检查制动蹄片在其上面滑动的背板区域的磨损

（1）手动前后移动制动蹄片并检查制动蹄片移动越否顺利。

（2）检查制动蹄片与背板和固定件之间的接触面是否磨损。

（3）检查制动蹄片、背板和固定件是否生锈。

提示：检查期间，在背板和制动蹄片之间的接触面上涂高温润滑油脂，如图1-65所示。

3）制动衬片的厚度检查

使用一把直尺测量制动衬片的厚度，如图1-66所示。如果厚度低于磨损极限，则更换制动蹄片。

图 1 - 65 制动蹄片磨损检查

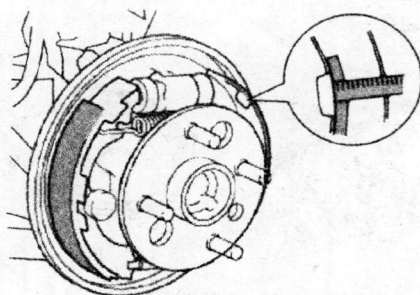

图 1 - 66 制动衬片厚度检查

提示:利用该次检查和上次检查之间的行驶距离,估计到下一次检查的行驶距离。通过检查自从上一次检查到现在的制动衬片的磨损,来估计制动衬片在下一次检查时的情况。在下一次计划检查时,如果估计衬片的厚度将会小于可接受的磨损值时,建议车主更换衬片。更换制动蹄片时,所有的制动蹄片都必须同时更换。

4)制动衬片的损坏

检查制动衬片是否有裂纹、蜕皮和损坏。

5)制动液渗漏

检查车轮制动分泵中是否有液体渗漏。

注意:如果制动液溅出或者粘在油漆上,立即用水漂洗,否则,制动液将损坏油漆表面,如图 1 - 67 所示。

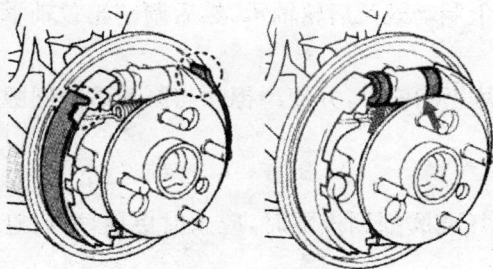

图 1 - 67 制动液渗漏检查

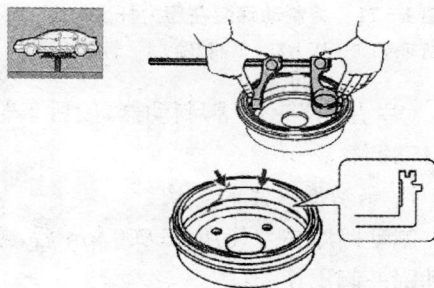

图 1 - 68 制动鼓内径测量及检查

6)制动鼓内径

使用一个制动鼓测量规或者类似器具测量制动鼓内径,如图 1 - 68 所示。

7)磨损和损坏

检查制动鼓是否有任何磨损和损坏。

8)清洁

使用砂纸清洁制动蹄衬片并清除油污。如果必要,应同时清洁制动鼓的内表面,如图 1 - 69 所示。

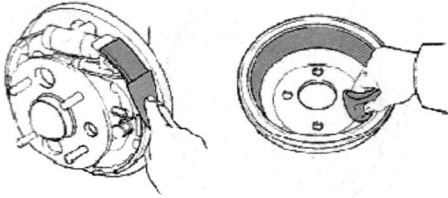

图 1-69　制动蹄片清洁

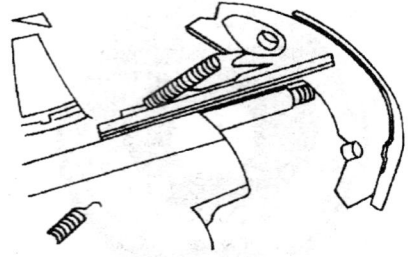

图 1-70　安装制动蹄回位弹簧

9）安装制动蹄片

调整制动蹄片间隙的方法，因制动蹄片间隙调节器的种类不同而有所变化。

（1）装上回位弹簧，将制动蹄装在压力杆上，如图 1-70 所示。

（2）装上楔形件，凸块朝向制动器底板。

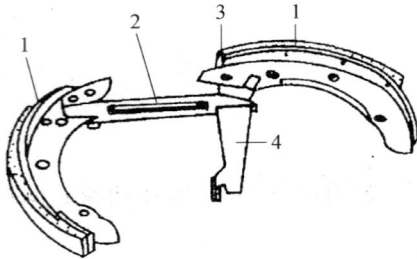

图 1-71　将制动蹄装在压力杆上

1—制动蹄；2—压力杆；3—销轴；4—制动杆

（3）将带有传动臂的制动蹄装在压力杆上，如图 1-71 所示。

（4）装入上回位弹簧；在传动臂上套上驻车制动拉索。

（5）把制动蹄装在车轮制动轮缸的活塞外槽上。

（6）装入下回位弹簧，并把制动蹄提起，装到下面的支座上。

（7）装楔形件的回位弹簧；装压簧和弹簧座圈。

（8）装上制动鼓及后轮轴承，然后调整轮毂轴承的间隙。

（9）用力踩一下脚制动器，使后车轮制动蹄片正确就位，并使摩擦片与制动毂的间隙得到自动调整。

7. 制动摩擦片的更换

制动蹄摩擦片使用 15 000 km 后，或出现损坏或磨损到极限时，应及时更换，可以连同制动蹄一起更换。

1）拆卸制动器摩擦片

（1）拆卸制动卡钳。

提示：不要将软管从制动卡钳上断开。

（2）拆卸两个带消音垫片的制动器摩擦片。

2）安装新的制动器摩擦片（如图 1-72）

注意：更换磨损的制动器摩擦片时，消音垫片和磨损指示板必须连同制动器摩擦片一起更换。如果仅更换制动蹄摩擦片，应先去掉制动摩擦片上的旧铆钉及孔中的毛刺。铆接新摩擦片时，应从中间向两端铆接。更换新制动摩擦片时，应使用相同

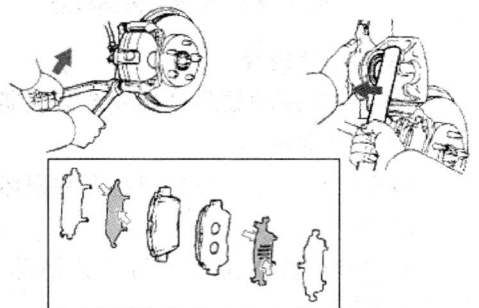

图 1-72　制动器摩擦片的更换

质量的摩擦片。

（1）在消音垫片上涂盘式制动器润滑脂并在制动器摩擦片上安装消音垫片。

（2）安装两个带消音垫片的制动器摩擦片。

注意：确保制动器摩擦片或者制动盘的摩擦表面没有机油或者润滑脂。

（3）为了防止制动液从制动储液罐中溢出，加注少量的制动液。

（4）使用一个锤柄或者一个类似的工具，将活塞推入。

提示：如果推入活塞困难，在推入活塞的同时松开放气塞以便排放一些制动液。

（5）安装制动卡钳。

（6）踩下制动踏板数次，并且检查制动液液位是否处于"满"刻度上。

8. 后制动器的检查

（1）检查制动摩擦片厚度。利用制动器底板上的观察孔检查制动摩擦片厚度和拖滞情况，如图 1-73 所示。摩擦片厚度为 5.0 mm，磨损极限值为 2.5 mm（不包括底板）。

（2）后制动鼓的检查。更换新摩擦片时，应检查后制动鼓尺寸，制动鼓内径为 200 mm，磨损极限值为 201 mm。摩擦表面径向圆跳动量为 0.05 mm，车轮端面圆跳动量为 0.20 mm。如果超过规定值时，应更换新件。

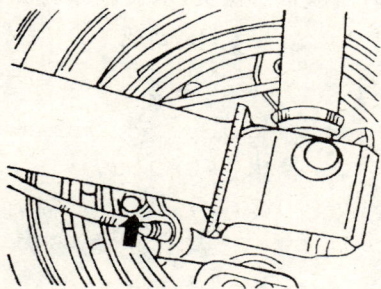

图 1-73　检查后制动摩擦片厚度

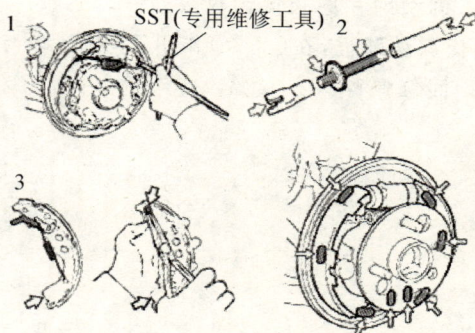

图 1-74　制动蹄片更换

9. 制动蹄片更换（如图 1-74）

1）拆卸制动蹄片

（1）拆卸回位弹簧、制动蹄片压紧弹簧，然后拆卸制动蹄片。注意：切勿损坏制动分泵胶套（活塞皮碗）。

（2）分离调节器。

（3）从制动蹄片上分离调节杆扭矩弹簧、自动调节杆和驻车制动蹄拉杆。

2）安装新的制动蹄片

新的制动蹄片的安装与拆卸相反。提示：使用一个新的 C 型圈重新安装驻车制动蹄拉杆。

练　习

一、填空题

1. 汽车制动系统的结构由_____、_____两部分组成。

笔记

2. 汽车制动系统按功能分主要有_____、_____、_____、_____四类。按制动能源分主要有_____、_____、_____三类。

3. 列举典型汽车，说明其制动系统的类型。

4. 汽车制动系统维护保养范围是哪些：_____

5. 汽车制冷系统有哪些部件组成：_____

二、判断题

（　　）**1.** 在汽车制动时，不旋转的制动蹄摩擦片对旋转着的制动鼓产生一摩擦力矩，其方向与车轮旋转方向相同。

（　　）**2.** 鼓式制动器的固定元件，多用带摩擦片锁定制动盘。

（　　）**3.** 汽车制动时，后轴抱死比前轴抱死更危险。

（　　）**4.** 修理时，制动鼓和制动蹄的曲率半径应相等。

（　　）**5.** 制动灯开关安装在制动踏板下方。

三、选择题

1. 发动机制动警告灯常亮，（　　）不可能有故障。

　　A. 发动机制动警告灯电路　　　　　　B. 制动液位低于"MIN"

　　C. 制动蹄片磨损低于极限　　　　　　D. ABS控制系统

2. 放松制动踏板，在（　　）作用下，制动蹄与制动鼓的间隙得以恢复，从而解除制动。

　　A. 回位弹簧　　　B. 支承销　　　C. 推杆　　　D. 凸轮

笔记

附录：

丰田 4 万 km 保养项目表（威驰、花冠）

编号	1	2	3	4	5	6	7
顶起位置							
检查	车灯（驾驶员座椅） 挡风玻璃喷洗器 挡风玻璃刮水器 喇叭 驻车制动器 制动器 离合器 方向盘 门控灯开关 车身的螺母和螺栓 燃油箱盖 悬架 车灯 备用轮胎	球节	发动机机油（排放） M/T油 A/T液 驱动轴护套 转向连接机构 手动转向机 动力转向液 制动管路 燃油管路 排气管和安装件 螺母和螺栓（车辆下） 悬架 发动机机油滤清器 发动机机油排放塞 润滑脂更换（参考）	车轮轴承 拆卸车轮 轮胎 盘式制动器 鼓式制动器	制动器拖滑 制动液更换工具安装	制动液的更换 车轮的安装	发动机机油（加注） 发动机冷却液 散热器盖 传动皮带 火花塞 蓄电池 制动液 制动管路 离合器液 空气滤清器 碳罐 前减振器上支撑 喷洗液 轮毂螺母重新上紧 PCV系统 发动机冷却液 怠速混合气 A/T液 空调 动力转向液 发动机机油 气门间隙 燃油滤清器

笔 记

续　表

编号	8	9	10
顶起位置 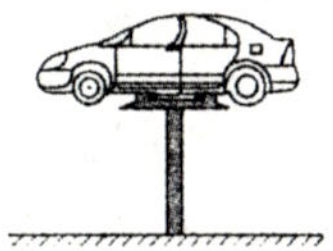 			
检查	复查检查	清洁每个部件 车辆保养	路上试验

三、制订维护计划

(1) 了解汽车制动系统正确的使用方法。

(2) 查阅相关维修手册与安全事项。

(3) 了解汽车制动系统的结构、功能等。

(4) 掌握维护作业规范。

制订汽车制动系统维护计划,如表1-3所示。

表1-3　制订汽车制动系统维护计划

一辆2006款天津威驰轿车40 000 km没进行制动系统维护,进入维修厂进行维护。查阅车辆制动系统类型信息描述、制动系统安全使用、制动系统功能、制动系统结构组成等,制订维护计划		
1. 车辆制动系统类型信息描述	车辆描述	丰田轿车40 000 km维护流程
	制动类型描述信息描述	丰田花冠、威驰等
2. 车辆维护作业注意事项	为有效地进行工作,日本丰田公司消除"muri"(无理性),"muda"(浪费)和"mura"(不均匀性)即通过缩短行程距离,减少走动次数,减少不合理的工作地点,减少吊升操作的次数,限制空闲时间来做到。本节的操作是以"每个工作台一个技师"为基础,将二级维护要求检测的项目编排成一整套科学合理、实际、高效的流程。具体表现在: 1. 缩短车辆周围的工作路径 　(1) 将尽可能多的工作集中在同一地点,并一次做完 　(2) 车辆周围的运动路线应该始于驾驶员的座位,终于技师围绕车辆工作一 　　　次的结束地点 　(3) 工具、仪器和更换部件应该提前准备好并置于易于拿取的地方 2. 改善工作时的姿式 　站式的姿式是操作的基础,所以要尽可能地减少蹲式或弯腰 3. 限制空闲时间,把事情组合起来做,比如油的排放和发动机加热 4. 减少举升次数 通过提高工作时的位置和集中工作来把工作项目分类,这样能在相同位置做的所有工作就可以在相同的时间内做 下面是一份各个顶起位置上工作活动路线图的说明。作为一条规律,这里说明的四个顶起位置已可使技师完成其全部制动系统操作。所以,通过减少抬升操作的次数来完成高效的检查工作		
3. 车辆维护作业工作流程描述	1 举升器未升起 	1. 进行预检工作 2. 检查制动液管路是否泄露,检查制动液液面,必要时补充 3. 检查驻车制动器制动杆行程和指示灯的工作情况 4. 检查踏板工作情况和踏板高度 5. 检查踏板自由行程和踏板行程余量 6. 检查制动助力器
	2 举升器升至低位 	1. 制动拖滞检查 2. 制动液更换工具安装

笔记

3. 车辆维护作业工作流程描述	 举升器升至高位	检查制动管路（渗漏、损坏、安装状况等）
	4 举升器升至中位 	1. 检查盘式制动器（制动器摩擦片厚度、盘式转子厚度、制动盘跳动、蹄片间隙调整等） 2. 鼓式制动器检查（制动蹄片磨损、制动衬片的厚度、制动鼓内径、制动摩擦片更换、制动蹄片更换） 3. 制动液更换
4. 汽车制动系统维护计划	➢ 制动液检查与维护 ➢ 制动踏板检查与维护 ➢ 驻车制动器检查与维护 ➢ 盘式制动器检查与维护 ➢ 鼓式制动器检查与维护 ➢ 制动主缸和真空助力器检查与维护 ➢ 其他装置检查与维护	

四、实施维护作业

根据汽车制动系统维护作业计划实施维护作业。如表 1-4 所示。

表 1-4　汽车制动系统维护作业任务书

1. 了解汽车制动系统维护安全事项 2. 能正确对汽车制动系统进行维护保养				
1. 车辆信息描述	车辆描述			
	车辆制动系统类型描述			
2. 汽车制动系统维护描述				
		检查项目	作业要领	技术标准	检查记录
3. 汽车制动系统维护	制动液	1. 检查制动总泵的储液罐中的液位 2. 检查制动总泵是否泄漏 3. 检查制动管路是否有气体，如有，则进行排气操作 4. 制动液更换工具安装及更换制动液	液位：在 MAX 与 MIN 之间	1. 液位：＿＿＿＿ 2. 是否有泄漏：＿＿＿＿ 3. 是否有气：＿＿＿＿

续 表

	检查项目	作业要领	技术标准	检查记录
3. 汽车制动系统维护	制动踏板	1. 检查制动踏板高度:使用一把直尺测量制动踏板高度,可测量从地面到制动踏板的距离;如超出规定范围,可进行调整 2. 检查制动踏板自由行程:关闭发动机,用手推动制动踏板,直到手感明显沉重来检查制动踏板自由行程量。如果不符合规定,可松开制动主缸助力器上推力杆上的螺母,通过旋动叉头来调整推力杆长度,从而调整制动踏板自由行程	查阅维修手册 制动踏板高度 制动踏板自由行程	1. 制动踏板高度:_____ 2. 制动踏板自由行程:_____
	驻车制动器检查与维护	1. 检查并确保驻车制动杆拉动时,驻车制动杆在预定的槽数内(拉动时可以听到咔嗒声);如果不符合标准,调整驻车杆的行程 2. 驻车制动器间隙检查,不符合要求进行调整 3. 指示灯的工作情况检查:在点火开关位于 OK 时,检查以确保当驻车制动杆操作时,在拉动杆到达第一个槽口前,指示灯就已经发光	查阅维修手册	1. 槽数:_____ 2. 驻车制动器间隙:_____ 3. 指示灯工作情况:_____
	盘式制动器检查与维护	1. 检查制动器摩擦片厚度,不符合要求则更换 2. 检查盘式转子是否磨损和损坏 3. 检查制动盘厚度是否符合要求 4. 检查制动盘跳动量	查阅维修手册	1. 摩擦片厚度:_____ 2. 制动盘厚度:_____ 3. 制动盘跳动量:_____
	鼓式制动器检查与维护	1. 制动鼓的拆卸 2. 检查制动蹄片在其上面滑动的背板区域的磨损 3. 制动衬片的厚度检查 4. 制动分泵中是否有制动液渗漏 5. 检查制动鼓内径 6. 检查制动鼓与制动衬片是否损坏 7. 摩擦片的检查与更换 8. 制动蹄片的检查与更换 9. 制动蹄片间隙调整 10. 装配	查阅维修手册	1. 制动衬片厚度:_____ 2. 制动鼓内径:_____ 3. 制动鼓是否损坏:_____ 4. 制动衬片是否损坏:_____ 5. 摩擦片是否损坏:_____ 6. 制动蹄片间隙:_____

笔记

	检查项目	作业要领	技术标准	检查记录
3. 汽车制动系统维护	制动主缸和真空助力器检查与维护	1. 制动主缸和助力器的拆卸 2. 制动助力器的检查 3. 助力器单向阀的检查	查阅维修手册	1. 制动助力器：_____ 2. 助力器单向阀：_____
	其他	1. 制动拖滞检查 2. 制动管路泄漏检查 3. 制动距离检查	查阅维修手册	1. 是否拖滞：_____ 2. 制动距离：_____
检查与维护结论				

五、检验评估

（1）检查训练任务：真实、完整、有效。

（2）按各学习活动进行自评或互评。

检验评估内容如表1-5所示。

表1-5　检验评估

评价指标	检验说明	检验记录
维护检查项目	➤ 制动液检查与维护 ➤ 制动踏板检查与维护 ➤ 驻车制动器检查与维护 ➤ 盘式制动器检查与维护 ➤ 鼓式制动器检查与维护 ➤ 制动主缸和真空助力器检查与维护 ➤ 其他装置检查与维护	
汽车制动系统工作情况		

评价内容	检验指标	权重	自评	互评	总评
检查任务完成情况	1. 完成任务过程情况				
	2. 任务完成质量				
	3. 在小组完成任务过程中所起作用				
专业知识	1. 能描述汽车制动系统的组成				
	2. 能描述汽车制动系统的应用情况				
	3. 能描述汽车制动系统的功能				
	4. 会描述汽车制动系统维护作业范围				
	5. 会描述汽车制动系统维护作业安全事项				

续 表

职业素养	1. 学习态度:积极主动参与学习				
	2. 团队合作:与小组成员一起分工合作,不影响学习进度				
	3. 现场管理:服从工位安排、执行实训室"5S"管理规定				
综合评议与建议					

项目拓展

想一想:

1. 汽车气压制动的操作与液压制动的操作是否相同?

2. 汽车气压制动系统维护作业有哪些,规范如何?

项目二　诊断与排除汽车制动系统工作不良故障

Description 项目描述	一辆 2006 款上海大众桑塔纳汽车停驶很长时间,发现制动不良等,进入维修厂进行维修。根据维修接待和车间检测结果,确认是一个综合故障。为了诊断与排除汽车制动系统综合故障,对汽车制动系统"制动失效、制动不灵、制动跑偏、驻车制动器失效"四个方面进行诊断与排除,直到彻底排除故障
Objects 项目目标	1. 能理解汽车制动系统的结构原理,会诊断与排除汽车制动系统工作不良故障。 2. 掌握车轮制动器的构造和工作情况,掌握机械式、液压式、空气液压式制动传动装置的结构和工作原理,了解辅助制动装置的类型 3. 能理解汽车制动系统控制原理,会检修主要零部件 4. 掌握限压阀、感载比例阀、惯性阀的构造和工作情况 5. 掌握驻车制动系统的结构及工作原理,并会排除其故障
Tasks 项目任务	任务 2.1:诊断与排除汽车制动失效故障:通过汽车制动液检查—制动管路检查,机械传动装置检查—汽车制动主缸检查等,诊断与排除汽车制动失效故障,并检验维修质量 任务 2.2:诊断与排除汽车制动不灵故障:通过检测制动踏板自由行程、管路内有空气或渗漏—检修主缸—检修轮缸—检修制动蹄摩擦片—检查制动器蹄鼓间隙等来排除汽车制动不灵故障,并检验维修质量 任务 2.3:诊断与排除汽车制动跑偏故障:通过检查左右轮胎气压、花纹磨损—检查左右轮制动鼓、制动蹄回位弹簧、摩擦片—检修左右制动管路—检修个别轮缸—检查车架车桥、钢板弹簧等,排除汽车制动跑偏故障,并检验其维修质量 任务 2.4:诊断与排除汽车驻车制动不良故障:检查制动间隙—制动拉杆行程是否正常—轴销检查—检修车轮制动器—检查制动蹄摩擦片—检查制动鼓磨损—排除汽车驻车制动不良故障,并检验其维修质量
Implementation 项目实施	任务 2.1:诊断与排除汽车制动失效故障 任务 2.2:诊断与排除汽车制动不灵故障 任务 2.3:诊断与排除汽车制动跑偏故障 任务 2.4:诊断与排除汽车驻车制动不良故障

任务 2.1　诊断与排除汽车制动失效故障

任务描述	针对维修接待和车间确认意见,本任务首先要通过对汽车制动系统进行外部检查、汽车制动液检查、制动管路检查、机械传动装置检查、汽车制动主缸检查等系列工作,排除汽车制动系统失效故障
任务目标	1. 理解汽车制动系统的结构及工作原理,能分析汽车制动系统失效的原因 2. 领会汽车制动系统制动失效故障排除规范 3. 掌握双腔液压总泵的构造及拆装工艺

一、维修接待

按表2-1进行维修接待,准确填写接车问诊表。

表2-1　维修接待与接车问诊表

1. 通过询问客户了解制动系统发生故障情况,填写接车问诊表
2. 车间检测初步确认结果及主要故障零部件

接 车 问 诊 表

车牌号:＿＿＿＿＿＿　　车架号:＿＿＿＿＿＿＿＿　　行驶里程:＿＿＿＿＿＿(km)

用户名:＿＿＿＿＿＿　　电话:＿＿＿＿＿＿＿＿＿　　来店时间:＿＿＿/＿＿＿

用户陈述及故障发生时的状况:

故障发生状况提示:**行驶速度、发动机状态、发生频度、发生时间、部位、天气、路面状况、声音描述**

接车员检测确认建议:**需进行综合维修**

车间检测确认结果及主要故障零部件:**需进行综合故障诊断与排除,必要时还需更换相应部件**

车间检查确认者:＿＿＿＿＿＿＿＿＿＿

外观确认:

(请在有缺陷部位作标识)

功能确认:(工作正常√　不正常×)
- □音响系统　□门锁(防盗器)　□全车灯光
- □工具　　　□后视镜　　　　□天窗　□座椅
- □点烟器　　□玻璃升降器　　□玻璃

物品确认:(有√　无×)

- □贵重物品提示
- □工具　　□备胎　　□灭火器
- □其他(　　　　　　)

旧件是否交还用户　□是　□否

用户是否需要洗车　□是　□否

● 检测费说明:本次检测的故障如用户在本店维修,检测费包含在修理费用内;如用户不在本店维修,请您支付检测费。本次检测费:￥＿＿＿＿＿元。

● 贵重物品:在将车辆交给我店检查修理前,已提示将车内贵重物品自行收起并保存好,如有遗失恕不负责。

接车员:＿＿＿＿＿＿＿＿＿　　用户确认:＿＿＿＿＿＿＿＿＿

笔记

二、信息收集与处理

（一）液压原理

帕斯卡液压原理："加在密闭液体任何一部分上的压强，必然按照其原来的大小由液体向各个方向传递。"压强乘以作用面积就是该面积上所受的压力。据此以及液体的不可压缩性我们可以知道，液压系统可以用来增大或减小力或运动。

液压制动系统是一个利用液体在部件之间传递力或运动的系统。液压制动系统使用制动液作为介质，使总泵中产生的液力通过制动路管路传送给各个轮缸，从而将制动踏板的力经过放大传给各车轮制动器总成，作用在制动蹄片上产生制动力。

为了更好地理解液压制动系统，我们先了解液压基本原理。

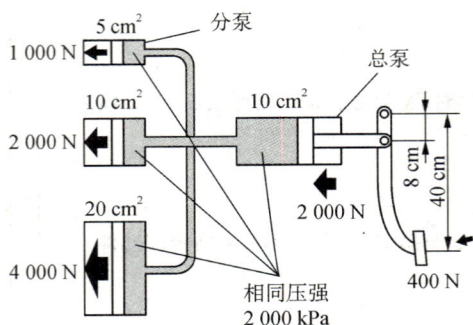

图 2 - 1　液压基本原理示意图

如果将两个同样直径的油缸用一个管子连通并充满油液，当踩压其中一个活塞时，油液会将力和运动传给另一个活塞，使它以同样的力移过相等的距离（见图 2 - 1 中间分泵）。这是由于液体不能压缩并且油缸直径相同，等量的油液从一个缸移到另一缸。

如果使用的活塞尺寸不同，传送的运动和力就可以增大或减小。小活塞推动大活塞时，大活塞上的力会增大，但移动距离会减小（见图 2 - 1 下面分泵）。相反，大活塞推动小活塞时，则刚好相反（见图 2 - 1 上面分泵），小活塞上的力将会减小，但移动的距离增加。同其他型式的制动系统相比，液压系统有以下优点：

（1）可以通过小小的软管和钢管（有些也有柔性）将高压油送到制动系统的各处。

（2）在液压系统的制动踏板处，驾驶员只需使用比较小的力就可以产生足够的停车制动力。

注意：如液压系统中有气体，受到压力时气体会压缩。这将降低系统传递力和运动的能力。如果空气较多，系统甚至会无法工作，因此必须排除系统中的空气。

（二）液压式制动传动装置的结构与原理

液压式制动传动装置利用制动液作为传力介质，将驾驶员施于踏板上的力放大后传到制动器，推动制动蹄产生制动。目前，轿车的行车制动系统都采用了液压传动装置，主要由制动主缸（制动总泵）、液压管路、后轮鼓式制动器中的制动轮缸（制动分泵）、前轮钳盘式制动器中的液压缸等组成，如图 2 - 2 所示。

主缸（总泵）与轮缸（分泵）间的连接油管除用金属管（铜管）外，还采用特制的橡胶制动软管。各液压元件之间及各段油管之间还有各种管接头。制动前，液压系统中充满专门配制的制动液。踩下制动踏板 4，制动主缸 5 将制动液压入制动轮缸 6 和制动钳 2，将制动块推向制动鼓和制动盘。在制动器间隙消失并开始产生制动力矩时，液压与踏板力方能继续增长直到完全制动。此过程中，由于在液压作用下，油管的弹性膨胀变形和摩擦元件的弹性压缩变形，踏板和轮缸活塞都可以继续移动一段距离。放开踏板，制动蹄和轮缸活塞在回位

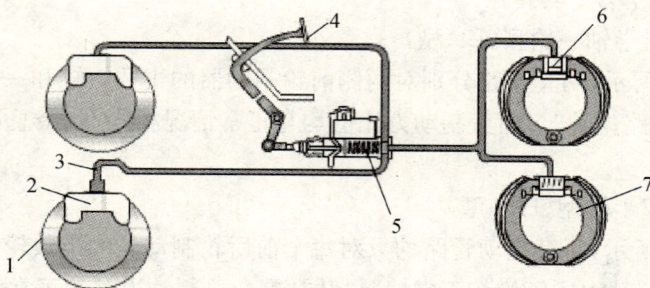

图 2-2 液压传动装置组成示意图

1—前轮制动器；2—制动钳；3—制动管路；4—制动踏板机构；
5—制动主缸(总泵)；6—制动轮缸(分泵)；7—后轮制动器

弹簧作用下回位,将制动液压回主缸。

1. 液压制动传动装置的管路布置形式

目前,由于交通法规的要求,所有汽车的行车制动系均采用双管路制动系统。双管路液压制动传动装置利用彼此独立的双腔制动主缸,通过两套独立管路,分别控制两桥或三桥的车轮制动器。其特点是若其中一套管路发生故障而失效时,另一套管路仍能继续起制动作用,从而提高了汽车制动的可靠性和行车安全性。

双管路液压制动传动装置的布置形式有如下几种:

1) 一轴对一轴型(Ⅱ型)

如图 2-3(a)所示,前轴制动器与后轴制动器各有一套管路,这种布置形式最为简单,可与单轮缸鼓式制动器配合使用。这种形式是发动机前置,后轮驱动汽车广泛采用的一种布置形式,如南京依维柯等,但缺点是某一管路失效时,前后轴制动力分配的比值被破坏。

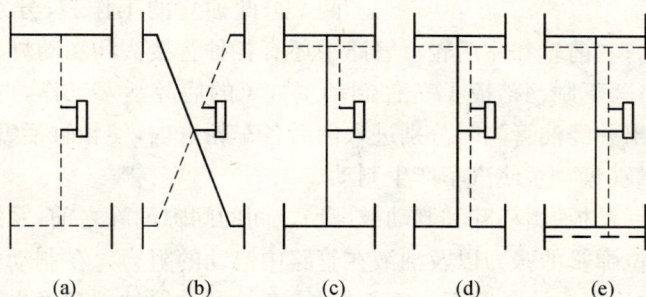

(a)　　　　(b)　　　　(c)　　　　(d)　　　　(e)

图 2-3 双管路液压制动传动装置布置形式

2) 交叉型(x 型)

如图 2-3(b)所示,前后轴对角线方向上的两个车轮共用一套管路,在任一管路失效时,剩余总制动力都能保持在正常值的 50%,且前后轴制动力分配比值保持不变,有利于提高制动稳定性。这种布置形式多用于发动机前置,前轮驱动的轿车上,如桑塔纳、广州本田、天津夏利等。

3) 一轴半对半轴型(HI 型)

如图 2-3(c)所示,每侧前轮制动器的半数轮缸和全部后轮制动器轮缸属于一套管路,

笔记

其余的前轮轮缸属于另一套管路。

4）半轴—轮对半轴—轮型（LL 型）

如图 2-3(d)所示，两套管路分别对两侧前轮制动器的半数轮缸和一个后轮制动器起制动作用。任一套管路失效时，前后制动力比值均与正常情况相同，剩余总制动力可达正常值的 80%。

5）双半轴对双半轴型（HH 型）

如图 2-3(e)所示，每套制动管路均只对每个前后轮制动器的半数轮缸起作用。任一套管路失效时，前后制动力比值均与正常情况相同，剩余总制动力可达正常值的 50%。

以上五种布置形式，由于 HI、LL、HH 型布置形式复杂，应用较少。应用最为广泛的是 II 型和 X 型。

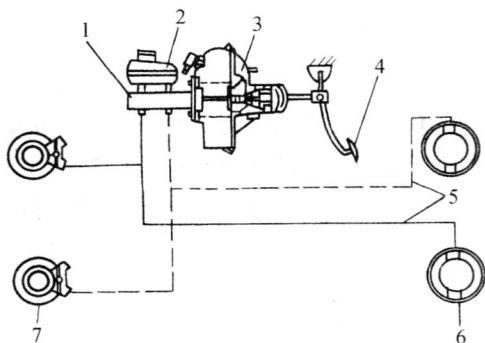

图 2-4　上海桑塔纳轿车液压制动系统示意图

1—串联式双腔制动主缸；2—储液室；3—真空助力器；4—制动踏板；5—制动管路；6—鼓式制动器（后轮兼驻车制动器）；7—盘式制动器（前轮）

图 2-4 所示为上海桑塔纳轿车双管路液压制动系统示意图，它属于交叉（x）型布置，由制动踏板 4、真空助力器 3、储液室 2、串联式双腔制动主缸 1、轮缸（图中未标出）及油管和接头等组成。踏板 4 和主缸 1 装在车架上，主缸与装在制动底板上的轮缸均装有活塞，用油管互相连通，由于车轮是通过弹性悬架与车架联系的，主缸 1 与轮缸的相对位置经常变化，故主缸与轮缸的连接油管除用钢管外，部分有相对运动的区段还用高强度的橡胶软管连接。制动前整个系统充满了制动油液。另外，串联式双腔制动主缸 1 利用一个缸体，装入两个活塞，形成两个彼此独立的工作腔，分别和各自的管路连接：左前轮和右后轮；右前轮和左后轮。管路中还有各种管接头和制动灯开关等。

制动时，驾驶员踩下制动踏板 4，先使制动主缸 1 的后腔活塞工作，再使前腔活塞工作，将油液自主缸中压出并经油管同时分别进入前后各车轮缸内，使轮缸活塞向外移动，从而将制动蹄压靠到制动鼓（盘）上，使汽车产生制动。

在开始踩下制动踏板、制动蹄和制动鼓（盘）之间的间隙消除之前，系统中的油压并不高，只能克服制动蹄复位弹簧的张力以及油液在管路中流动的阻力。在制动器间隙消失并开始产生制动力矩时，油液压力才随踏板力继续增长，车轮制动器的制动力也随之与踏板力成正比地增长，直到完全制动。

放开制动踏板，制动蹄和轮缸活塞在复位弹簧的作用下复位，将制动油液压回到制动主缸，制动作用即解除。

显然，管路液压和制动器产生的制动力矩是与踏板力成线性关系的。若轮胎与路面间的附着力足够，则汽车所受到的制动力也与踏板力成线性关系。制动系的这项性能称为制动踏板感（或称路感），驾驶员可因此而直接感觉到汽车制动强度，以便及时加以必要的控制和调节。

2. 液压制动总泵的结构与原理

1）基本结构与原理

制动主缸的作用是将踏板输入的机械能转换成液压能。

制动主缸的基本结构原理如图 2-5 所示。制动主缸一般用铸铁制成，其上开有进油孔和补偿孔，贮油罐（图中未画出）中的制动油液经此两孔与主缸相通。缸体内装有活塞，沿周向均匀制有若干个轴向通孔。

制动缸体　活塞轴　活塞复位
进油孔　向通孔　补偿孔　弹簧　出油弹簧　出油阀

通往
轮缸

推杆　活塞　皮碗　　回油阀

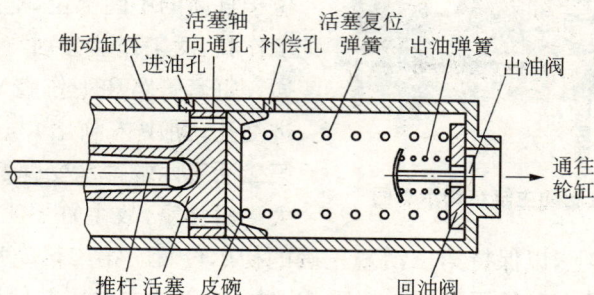

图 2-5　液压制动主缸原理示意图

推杆经一系列传力杆件与制动踏板相连，其半球形端头伸入活塞背面的凹部。复位弹簧压住皮碗，并将活塞推靠在最左端（图示位置），同时还使回油阀紧压住缸体上的阀座。回油阀为带金属托片的橡胶环，其中央的出油孔被带弹簧的出油阀密封。不制动时，推杆球头端与活塞之间保留有一定的间隙，以保证活塞在弹簧的作用下完全回复到最左端位置，活塞与皮碗正好位于进油孔和补偿孔之间，活塞两侧腔室均充满了制动油液。

制动时，为了消除推杆球头与活塞之间的间隙所需的踏板行程，称为制动踏板自由行程。

踩下制动踏板时，推杆推动活塞和皮碗右移到皮碗遮盖住补偿孔后，活塞右侧的工作腔即被封闭，腔内开始建立油压。油压升高到足以克服出油阀弹簧的预紧力时，推开出油阀将制动液压入轮缸。

若驾驶员保持踩下的制动踏板于某位置不动（即活塞右移到某位置不动），则主缸工作腔及轮缸内油压不再升高。回油阀左右两侧油压相等，在弹簧张力的作用下出油阀关闭，此时回油阀也关闭，制动系统处于"双阀关闭"状态，维持一定的制动强度。

若缓慢放松制动踏板，在弹簧张力的作用下活塞回位，工作腔容积增大，油压降低，轮缸及管路中的高压油向左压开回油阀流回主缸，制动随之被解除。若迅速放松制动踏板，则活塞迅速左移，工作腔容积迅速增大，由于粘性和管道阻力的影响，油液不能及时流回主缸并充满因活塞左移所让出的空间，故在补偿孔开启之前，活塞右侧的工作腔中产生一定的真空度。此时活塞左侧的油压高于右侧，活塞左腔的油液经活塞头部轴向通孔推翻皮碗的边缘流入活塞右腔。与此同时，贮油罐中的油液经进油孔流入活塞左腔。活塞完全回位后，补偿孔已开启，由管路继续流回主缸的多余油液即可经补偿孔流回贮油罐。当制动器间隙过大或液压系统进入空气，致使踏板踩到极限位置仍感到制动力不足时，可迅速放松踏板随即再踩下，如此反复几次，使压入管路中的油液增多，油压升高，以进一步加大制动力。

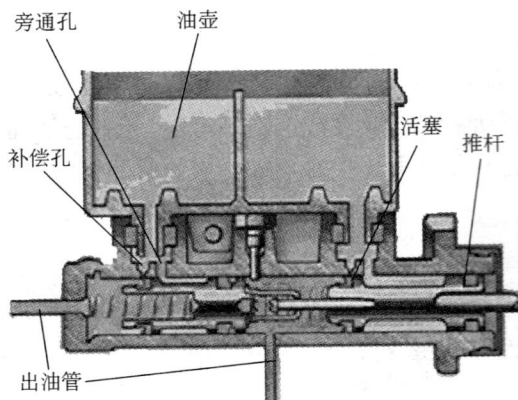

图 2-6 串联式双缸制动主缸结构示意图

2）典型结构与原理

（1）典型结构介绍：双管路液压制动传动装置中的制动主缸一般采用串联式双腔制动主缸。串联式双腔制动主缸的构造如图 2-6 所示。主缸内装有两个活塞，第一活塞右端凹陷部与推杆相靠并留有一定间隙。第二活塞位于缸筒的中间部位，把主缸内腔分隔为两个工作腔，两工作腔分别与前后两套液压管路相通。每套管路和工作腔又分别通过补偿孔及进油孔（图中未画出）与各自的贮油罐相通。第二活塞两端都承受弹簧力，但前弹簧的张力大于后弹簧，故主缸不工作时，使第二活塞被推靠在活塞停止螺钉上，以保持第二活塞正确的初始位置。第二活塞后端的两个皮碗为两工作腔的活动隔墙，两皮碗的刃口方向相反，以便两腔都建立油压并保证密封。

（2）工作原理：当踩下制动踏板时，推杆推动第一活塞左移至皮碗掩盖住补偿孔之后，后工作腔中油压升高。油液一方面通过后出油阀流入后制动管路；另一方面和后弹簧共同作用推动第二活塞左移，使前工作腔油压升高，油液推开前出油阀流入前制动管路，于是两制动管路在等压下对汽车制动。若与前腔连接的制动管路因损坏而漏油，则在踩下制动踏板时只有后工作腔中能建立油压，而前工作腔中无液压，此时在液压差作用下第二活塞被迅速左推到底。此后，后工作腔中的液压方能上升到制动所需的数值，将使汽车的制动距离增长，制动效能降低。

3. 制动轮缸的结构与原理

制动轮缸的作用是把油液压力转变为轮缸活塞的推力，推动制动蹄压靠在制动鼓上，产生制动作用。制动轮缸有双活塞式和单活塞式两种。

图 2-7 所示为双活塞式轮缸，一般用于简单非平衡式车轮制动器，如桑塔纳、一汽奥迪等后轮制动器。铸铁制成的缸体用螺栓固定在制动底板上，缸内装有两个铝合金活塞，两个刃口相对的密封皮碗利用弹簧压靠在活塞上，保证皮碗与活塞、活塞外端顶块与制动蹄的紧

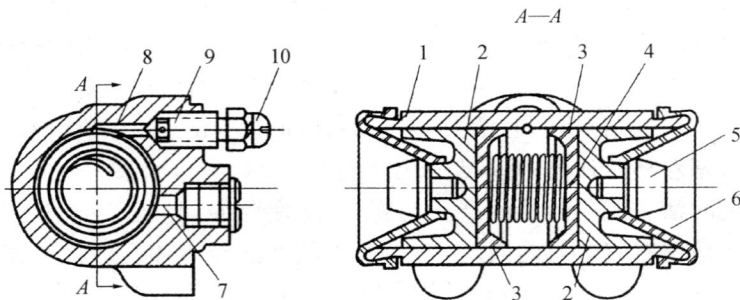

图 2-7 双活塞式制动轮缸结构图

1—缸体；2—活塞；3—皮碗；4—弹簧；5—顶块；6—防护罩；7—进油孔；
8—放气孔；9—放气阀；10—放气阀防护螺钉

密接触,并保持皮碗间的进油孔畅通。轮缸两端装有防护罩,可防止尘土及泥水的侵入,以免活塞和轮缸生锈卡住。在轮缸体上方还装有放气螺塞,以便放出液压系统中的空气。

单活塞式制动轮缸的构造如图 2-8 所示,它用于单向助势平衡式车轮制动器,如BJ2020S 型汽车前轮制动器。缸体内装有一个铝制活塞和一个顶块,活塞上切有环槽,用于安装橡胶皮碗。缸体上装有放气螺钉。橡胶防护套用于防止泥沙侵入轮缸。

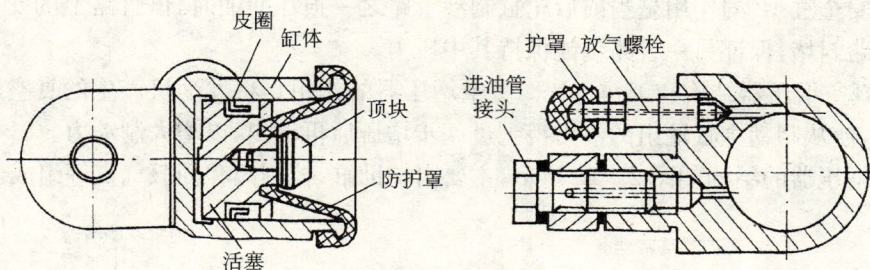

图 2-8 单活塞式制动轮缸结构图

4. 真空加力装置的结构与原理

汽车高速化后,采用人力液压制动的汽车,要求制动油压高达 10～20 MPa 方能产生与车速相适应的制动力矩,这靠人力制动是难以实现的。现代汽车普遍在液压制动系统中加装真空加力装置,利用发动机进气管真空度来帮助驾驶员操纵制动踏板,减轻驾驶员施加于制动踏板的力,增加车轮制动力,达到操纵轻便、制动可靠的目的。真空加力装置可分为增压式和助力式两种。增压式是通过增压器将制动主缸的液压进一步增加,增压器装在制动主缸之后,称为真空增压器。助力式是通过助力器来帮助制动踏板对制动主缸产生推力,助力器装在制动踏板和制动主缸之间,称为真空助力器。轿车液压制动系中广泛采用真空助力器。

1) 真空增压装置

(1) 真空增压式液压制动系的组成和工作原理。 图 2-9 为跃进 NJ1061A 型汽车装用的真空增压式液压制动系统的示意图。它在液压制动系中加装了一套真空增压装置。其中包括:由发动机进气管 8、真空单向阀 9、真空罐 10 组成的供能装置;作为控制装置的控制阀6;作为传动装置的真空伺服气室 7、辅助缸 4 和安全缸 12。辅助缸、真空伺服气室和控制阀通常装配成一部件,称为真空增压器。

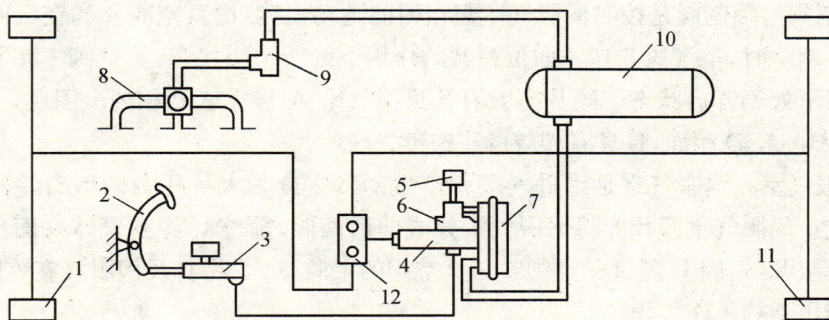

图 2-9 真空增压式液压制动系统示意图

1—前制动轮缸;2—制动踏板;3—制动主缸;4—辅助缸;5—进气滤清器;6—控制阀;7—真空伺服气室;8—发动机进气管;9—真空单向阀;10—真空罐;11—后制动轮缸;12—安全缸

　　发动机工作时,在进气管 8 中的真空度作用下,真空罐 10 中的空气经真空单向阀 9 被吸入发动机,因而真空罐中产生并积累一定的真空度,作为制动加力的动力来源。

　　踩下制动踏板时,制动主缸的输出液压首先传入辅助缸 4,由此一面作为制动促动压力传入制动轮缸 1 和 11,一面又作为控制压力输入控制阀 6。控制阀实质上是一个液压控制的气压继动阀,它使真空伺服气室的工作腔通真空罐或通大气,实现加力或不加力。

　　双腔安全缸 12 的作用是当前后轮缸制动管路之一损坏漏油时,该管路上的安全缸即自动将该管路封堵,保证另一管路仍能保持其中压力。

　　(2) 真空增压器结构和工作过程。真空增压器的作用是将发动机产生的真空度转变为机械推力,使从制动主缸输出的液力得到进一步增压后再输出,以增大制动力。

　　真空增压器的结构如图 2 - 10 所示,主要由辅助缸、控制阀和伺服气室等组成。

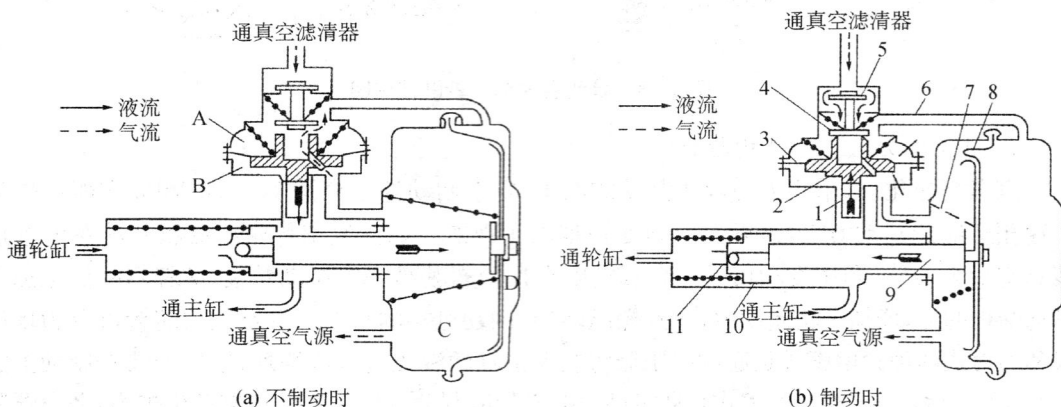

(a) 不制动时　　　　　　　　　　　　(b) 制动时

图 2 - 10　真空增压器的结构及工作过程

1—控制阀活塞;2—膜片座;3—控制阀膜片;4—真空阀;5—空气阀;6—通气管;7—回位弹簧;
8—伺服气室膜片;9—推杆;10—辅助缸活塞;11—球阀;A,B,C,D—气室

　　① 辅助缸。辅助缸是将低压制动液变为高压制动液的装置。装有皮圈的辅助缸活塞 10 将辅助缸内腔分隔为两部分,左腔经出油管通向前后制动轮缸,右腔通过油管接头与制动主缸相通。推杆 9 的后端与伺服气室膜片相连,前端嵌装着球阀 11,其球座在辅助缸活塞 10 上。不制动时,推杆 9 前部的球阀与阀座之间保持一定距离,保证辅助缸两腔相通。

　　② 控制阀。控制阀是控制伺服气室起作用的随动机构,由真空阀 4 和空气阀 5 组成双重阀门。不制动时,空气阀 5 在其回位弹簧的作用下处于关闭状态;真空阀 4 在其膜片回位弹簧的作用下处于开启状态。膜片座上有孔道使气室 A 与气室 B 相通。因此,不制动时四个气室 A,B,C,D 相通,且具有相等的真空度。

　　③ 伺服气室。伺服气室是将进气歧管产生的真空度与大气压力的压力差转变为机械推力的总成。伺服气室膜片 8 将伺服气室分成前后两腔,前腔 C 经前壳体端面上的真空管接头通向真空源,后腔 D 通过真空阀 4 与真空阀的上腔 A、下腔 B 及伺服气室前腔 C 相通。

　　真空增压器的工作过程:

　　① 不制动时。如图 2 - 10(a)所示,不制动时,空气阀 5 关闭,真空阀 4 开启。A,B,C,D 四个气室相通,且具有相等的真空度,推杆 9 在回位弹簧 7 的作用下处于最右端位置,推

杆前部的球阀与阀座之间保持一定距离,辅助阀两腔相通。

② 制动时。如图 2-10(b)所示,制动时,踩下制动踏板,制动主缸的制动液输入到辅助缸缸体中,一部分油液经活塞中间的小孔进入各制动轮缸,轮缸液压等于主缸液压。与此同时,液压还作用在控制阀活塞 1 上,当油压力升到一定值时,活塞 1 连同膜片座 2 上移,首先关闭真空阀 4,同时关闭 C,D 腔通道。膜片座 2 继续上移将空气阀 5 打开,于是滤清后的空气经空气阀 5 进入 A 腔并经通气管 6 到 D 腔,D 腔真空度下降。此时气室 B、C 的真空度仍保持不变,为进气歧管真空度,这样 D、C 两腔产生压力差,推动膜片 8 使推杆 9 左移,球阀 11 关闭辅助缸活塞中孔,制动主缸与辅助缸左腔隔绝。此时在辅助缸活塞 10 上作用着两个力:主缸液压作用力和伺服气室输出的推杆力。因此,辅助缸左腔及各轮缸的压力高于主缸压力。

③ 保持制动时。保制动时,踏板踩到某一位置不动,制动主缸不再向辅助缸输送制动油液,作用在辅助缸活塞 10 和控制阀活塞 1 上的力为一定值。但随着进入空气室量的增加,A 和 B 气室的压力差加大,对控制阀膜片 3 产生向下的作用力,因而使膜片座 2 及活塞 1 向下移动,空气阀 5、真空阀 4 的开度逐渐减小,直至落座关闭。此时处于"双阀关闭"状态,油压对控制阀活塞 1 向上的压力与气室 A、B 压力差造成的向下的压力相平衡。气室 D、C 压力差作用在膜片上的总推力与控制油压作用在辅助缸活塞右端的总推力之和,与高压油液作用在辅助缸左端的总阻力相平衡,辅助缸活塞即保持相对稳定状态,维持了一定的制动强度。这一稳定值的大小取决于控制阀活塞 1 下面的液压(主缸油压),即取决于踏板力和踏板行程。

④ 松开制动踏板时。松开制动踏板时,控制油压下降,控制阀活塞 1 连同膜片座 2 下移,空气阀 5 仍处于关闭状态,而真空阀 4 打开。强 D,A 两气室的空气经 B,C 两气室被吸出,从而 A,B,C,D 各气室相通且具有一定的真空度。推杆 9、伺服气室膜片 8 及辅助缸活塞 10 在弹簧的作用下各自回位,球阀 11 打开,制动轮缸油液经辅助缸活塞的小孔流回,制动解除。

2) 真空助力器

真空助力器可分为单膜片式和串联膜片式两种。图 2-11 为桑塔纳轿车所用的单膜片式真空助力器结构示意图。制动主缸固定在真空助力器上,借真空助力器控制阀推杆与制动踏板连接。伺服气室由前、后壳体组成,其间夹装有膜片和座,它的前腔经单向阀接进气歧管或真空罐;后腔膜片座毂筒中装有控制阀。其中空气阀座 4 与控制阀推杆 7 固接,橡胶阀门 5 与在膜片座 3 上加工出来的阀座组成真空阀。

(1) 真空助力器不工作时,如图 2-11 所示。弹簧 6 将推杆连同控制阀柱塞 8 推到后极限位置,真空阀开启。橡胶阀门 5 则被弹簧压紧在空气阀座上 4,空气阀关闭,伺服气室前、后腔经过通道 A、控制阀腔和通道 B 互相连通,并与空气隔绝。在发动机开始工作、且真空单向阀被吸开后,伺服气室左右两腔内都产生一定的真空度,伺服气室前后腔压力相等,不助力。

(2) 当制动踏板踩下时,如图 2-12 所示。开始时膜片座 3 固定不动,来自踏板机构的操纵力推动控制阀推杆 7 和控制阀柱塞 8 相对于膜片座 3 前移。当柱塞与橡胶反作用盘 2 间的间隙消除后,操纵力便经反作用盘 2 传给制动主缸推杆 1。同时,橡胶阀门 5 随同控制阀柱塞前移,直到与膜片座 3 上的真空阀座接触为止。此时,伺服气室前后腔被隔绝开。

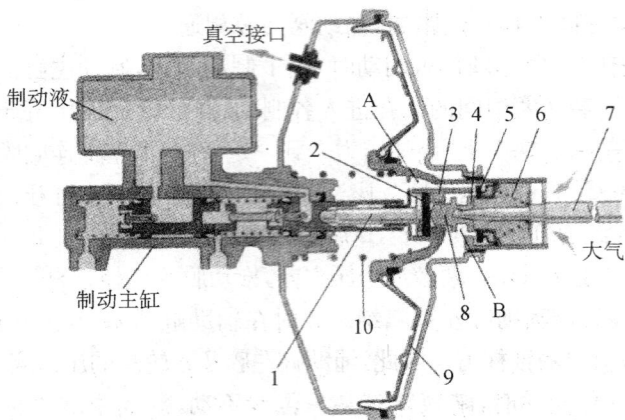

图 2-11　单膜片真空助力器结构工作原理示意图（未工作时）

1—制动主缸推杆；2—橡胶反作用盘；3—膜片座；4—空气阀座；
5—橡胶阀；6—回位弹簧；7—控制阀推杆；8—控制阀柱塞；9—膜片；
10—膜片回位弹簧；A，B—通道

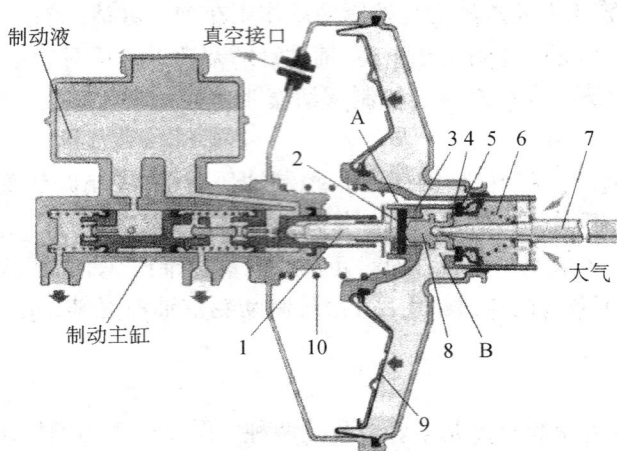

图 2-12　单膜片真空助力器结构工作原理不意图（工作中间阶段）

注：各代号含义同图 2-11

　　如图 2-13 所示，随着控制阀推杆 7 继续推动控制阀柱塞 8 前移，空气阀座 4 离开橡胶阀门 5，空气阀打开。外界空气经空气阀、通道 B 充入伺服气室后腔，使其真空度降低。前、气伺服气室形成压力差，带动膜片座 3 推动制动主缸推杆 1 向前移动，起到助力作用。在此过程中，伺服气室后腔中的稳定真空度与踏板行程成递增函数关系。橡胶反作用盘 2 具有类似液体传递压力的作用。制动主缸推杆 1 与橡胶反作用盘 2 的接触面积比控制阀柱塞 8 与橡胶反作用盘 2 的接触面积的大，所以作用于制动主缸推杆 1 的力比作用于控制阀柱塞 8 的大。

　　（3）松开制动时，回位弹簧 6 使推杆 7 和空气阀座 4 后移，带动橡胶阀门 5 脱开阀座，空气阀关闭，真空阀打开，前后气室通过通道 A、B 相通，恢复真空状态，前后气室压力差为零，不助力。膜片和膜片座在回位弹簧 10 的作用下回位，主缸即解除制动。

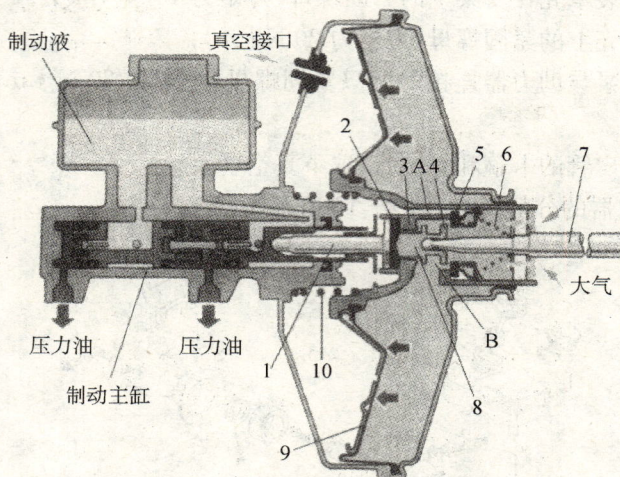

图 2-13　单膜片真空助力器结构工作原理示意图（工作中间阶段）

注:各代号含义同图 2-11

(三) 双腔液压制动总泵的拆装

1. 制动踏板和制动助力器的拆卸

(1) 用鲤鱼钳拆下回位弹簧,如图 2-14 所示。

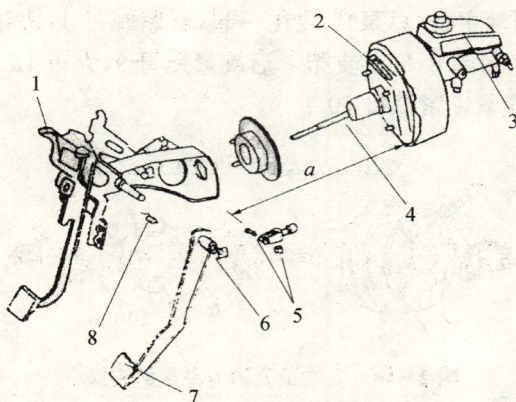

图 2-14　制动踏板和制动助力器的拆卸

1—踏板轴承支架；2—带制动主缸的助力器；3—储液罐；4—制动主缸推力杆；5—销子和锁片；6—支撑轴套；7—制动踏板；8—回位弹簧

(2) 拆下锁片,取下制动踏板,必要时将制动踏板夹在台虎钳上,用冲子顶出支承套。

(3) 拆下推力杆上的销子和锁片,拆下制动助力器推力杆上的叉头,使制动主缸助力器与制动踏板分离。

(4) 松开踏板支承架上的紧固螺母,向下旋出支承架。

2. 桑塔纳 2000 型轿车制动主缸(总泵)的拆装

1) 制动总泵和助力器的分解

（1）松开总泵安装罩壳在支架上的紧固螺母（力矩为 15 N·m）；

（2）松开安装罩壳上的紧固螺母（力矩为 20 N·m）；

（3）松开制动总泵与助力器连接的两只紧固螺母（力矩为 20 N·m），使总泵和助力器分离；

（4）拧松真空橡皮管的卡箍和管接头，取下真空管。

制动总泵和助力器的分解图，如图 2-15 所示。

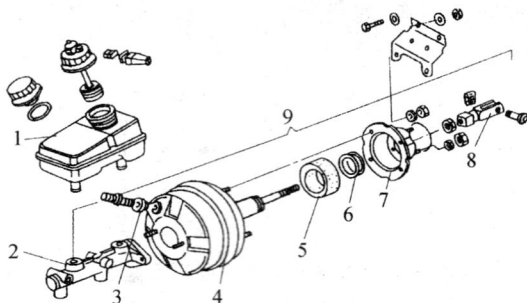

图 2-15　真空助力器与制动总泵分解图

1—制动液罐；2—制动总泵；3—真空单向阀；4—真空助力器；5—密封垫圈；6—支架密封圈；7—制动助力器安装支架（连接套总成）；8—连接叉；9—制动总泵助力器总成

2）真空助力器与主缸的安装（图 2-16）

将真空助力器 4 与制动主缸（总泵）2 装在一起，旋紧螺母 1，力矩 20 N·m。在真空助力器 4 上装上密封套 5、密封圈 6，安装支架 7 后旋紧螺母 9，力矩 15 N·m。调整连接叉 8，使长度 $a = 220$ mm，再旋紧锁紧螺母 10。

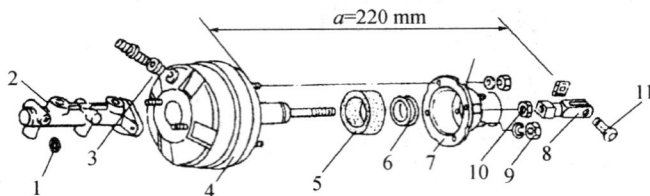

图 2-16　真空助力器与总泵的安装

1—螺母；2—制动主缸；3—真空单向阀；4—真空助力器；5—密封圈；6—支架密封圈；7—制动力加力器安装支架（连接套总成）；8—连接叉；9—螺母；10—锁紧螺母；11—销钉

3）制动助力器的检查

（1）发动机熄火后，用力踩动制动器踏板若干次，这样可消除助力器中残留的真空度。

（2）用适中的力踩动制动器踏板，使它停留在制动位置上，然后启动发动机，进气管中重新产生真空度，如果助力器性能良好，则制动踏板有下降趋势，表明助力器起作用。

（3）如果更换整个制动助力器总成，应将发动机上进气歧管残留的真空度排空。

4）助力器单向阀的检查

助力器单向阀安装在真空软管内，单向阀失效将造成制动踏板沉重。其工作性能可用压缩空气进行检查，按阀体上的箭头方向压缩空气应能通过，反向时则不通；也可用嘴吸法检验其单向通过性。单向阀密封不良时，应更换新件。

3. 捷达轿车制动管路与制动主缸（总泵）的拆卸

（1）真空助力器真空管路的拆卸（图2-17）。从进气歧管4上松开夹箍5，取下真空管接头1和真空管6，再从真空助力器2上取下单向阀7和真空管6。

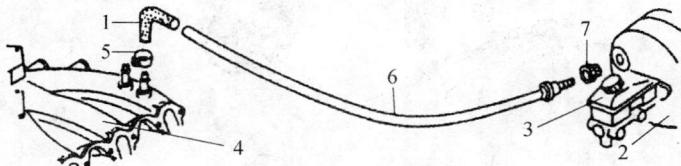

图2-17　真空助力器真空管路的拆卸

1—真空管接头；2—真空助力器；3—制动主缸（总泵）；4—进气歧管；
5—夹箍；6—真空管；7—单向阀

（2）前制动油管的拆卸（图2-18）。放出制动液后，从制动主缸（总泵）9上拆下左前制动油管3和右前制动油管4，再从左右前制动油管3、4和制动钳上拆下制动软管1。

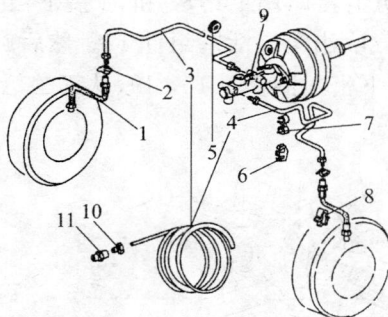

图2-18　前制动器油管的拆卸

1—制动软管；2—硬软管连接件；3—左前制动油管；4—右前制动油管；5—橡胶圈；6—油管卡子；7—油管卡子；8—油管卡子；9—制动主缸（总泵）；10—接口；11—接口座

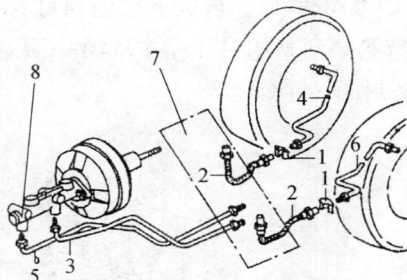

图2-19　后制动油管的拆卸

1—硬软管连接件；2—制动软管；3—制动主缸与感载比例阀右分泵连接管；4—右后制动油管；5—制动主缸与感载比例阀左分泵连接管；6—左后制动油管；7—感载比例阀；8—制动主缸（总泵）

（3）后制动器油管的拆卸（图2-19）。先拆下右后制动油管4和左后制动油管6，从感载比例阀7上再拆下制动软管2，从感载比例阀7与制动主缸（总泵）8上拆下连接油管3和5（注意油管3通向右分泵，油管5再通向左分泵）。

（4）制动主缸（总泵）和真空助力器的拆卸（图2-20）。拆下弹簧卡子3，取出销钉2，旋下螺母17，从脚制动踏板支架19上取下真空助力器7、凸缘15、密封环16、支架18。旋下螺母10，从真空助力器7上取下制动主缸（总泵）9、密封环8。摘下挡圈21，取出制动踏板轴6、支承座4和复位弹簧5，取下制动踏板1。撬下密封堵头11，从制动主缸9上取下储油罐12。

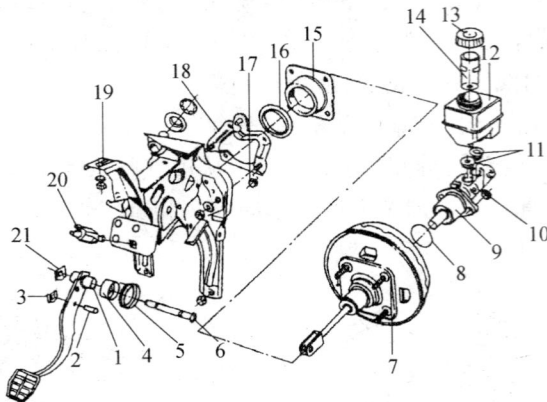

图 2 - 20　制动主缸(总泵)和真空助力器的拆卸

　　1—制动踏板；2—销钉；3—弹簧卡子；4—支承座；5—复位弹簧；6—制动踏板轴；7—真空助力器；8—密封环；9—制动主缸(总泵)；10—螺母；11—密封堵头；12—储液罐；13—储液罐盖；14—滤网；15—凸缘；16—密封环；17—螺母；18—支架；19—脚制动踏板支架；20—制动灯开关；21—挡圈

　　(5)制动主缸(总泵)的分解(图2-21)。先摘下防尘套2,用工具33和34撬下挡圈31,取出第一活塞组件11。再旋下限位螺钉6,用压缩空气吹出第二活塞组件12。然后旋下螺栓23,分解第一活塞组件11,并从第一活塞17上,取下密封圈14,15,19,从第二活塞26上,取下密封圈24,25,28。

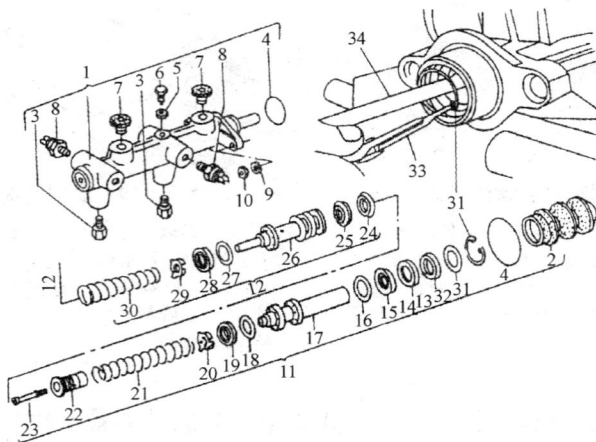

图 2 - 21　制动主缸(总泵)的分解

　　1—制动主缸(总泵)；2—防尘套；3—油管接头座；4—密封环；5—垫圈；6—限位螺钉；7—密封堵头；8—放气螺栓；9—弹簧垫圈；10—螺母；11—第一活塞组件；12—第二活塞组件；13—导向套；14—密封圈；15—密封圈；16—止推垫圈；17—第一活塞；18—止推垫圈；19—密封圈；20—弹簧下座；21—弹簧；22—弹簧上座；23—螺栓；24—密封圈；25—密封圈；26—第二活塞；27—止推垫圈；28—密封圈；29—弹簧座；30—弹簧；31—挡圈；32—垫圈；33、34—工具

4. BJ130A 双腔液压制动总泵总成拆装

1) 拆卸工艺步骤(见图 2 - 22)

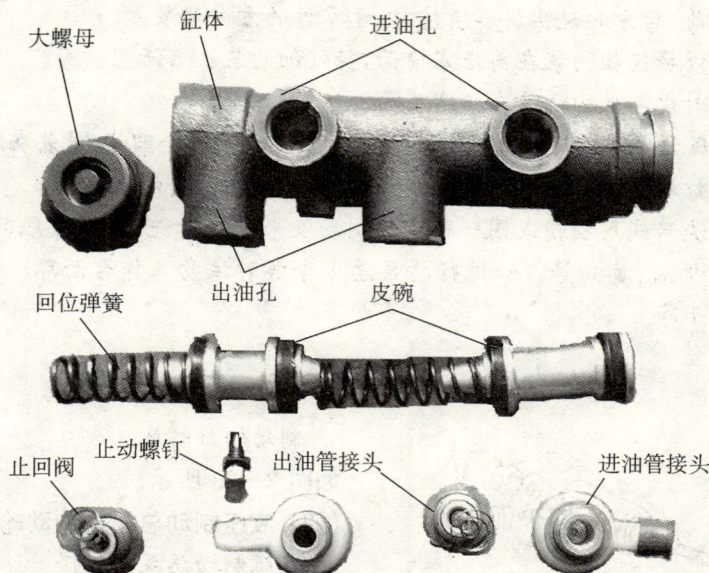

图 2 - 22 双腔液压制动总泵

(1) 拆出油塞,取出止回阀、回位弹簧,保管好接头密封垫片。注意:连接现油塞壳体孔内底部有一小孔。

(2) 拆进油塞,保管好接头密封垫片。注意:连接进油塞壳体孔底部有三个小孔。

(3) 拆泵体前螺栓,松动以后用力压住螺栓旋转壳体取出螺栓。

(4) 拆限位螺栓,用铁棒在后活塞推压前、后活塞、回位弹簧出壳体(后活塞同卡簧可不拆卸)一般活塞皮圈可不拆卸,保持零件完好、完整。

2) 装复工艺步骤

(1) 装上一个零件要涂上少许制动液。

(2) 装复后活塞可轻压入壳体内,并放进回位弹簧。

(3) 装前活塞因活塞后皮圈反方向安装,所以不能直接用压力压入壳体。因皮圈外径大于壳体直径所以要斜放入壳体内并轻压边旋边压到装入壳体内为止,保护皮圈不会损坏。

(4) 注意前活塞的空挡到限位螺栓孔才可装上限位螺钉。装入回位弹簧。

(5) 装复壳体螺栓用压力压住螺栓旋转壳体待螺纹连接后可拧紧螺栓。

(6) 装复出油塞(注意壳体连接孔底部是有一个小孔的)先放进止回阀与回位弹簧,接头密封垫片装好后可拧紧出油塞。

(7) 装复进油(注意壳体连接孔底部有二个小孔)接头垫片配好后可拧紧进油塞。

笔记

注意事项

① 制动总泵的前、后方向说明讲解清楚，免于零件的方向错装。

② 活塞的回位弹簧径粗的装在前活塞前面，径较细的装在后活塞前面。

③ 前活塞的密封皮圈反方向装在活塞后面。

④ 前后活塞的压力皮圈较密封此圈稍薄些，而皮圈后面有6个凹槽，是装在活塞的前面。

⑤ 前活塞的限位螺钉装配到活塞中间空挡位置上，否则会将活塞卡。

⑥ 零部件的清洗只能用酒精或同一牌号的制动液来进行清洗，不能接触其他油类，如：汽油、煤油、机油、黄油等。如进行总泵总成分解时注意工作台面环境清洁，特别其他油类清洁干净。

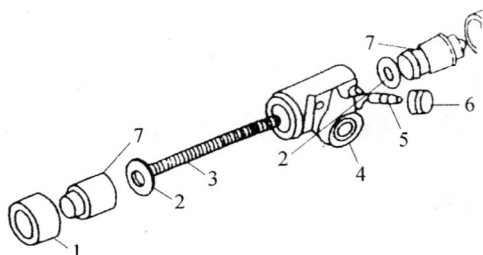

图 2-23　制动轮缸的解体

1—防尘罩；2—皮圈(安装时涂上制动液)；3—弹簧；4—车轮制动器轮缸外壳；5—放气阀；6—防尘罩；7—活塞(安装时涂上制动液)

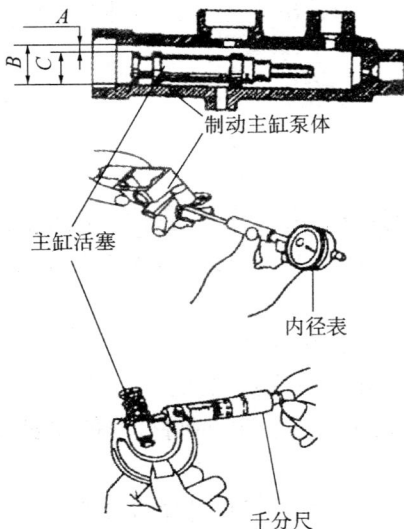

图 2-24　制动主缸与活塞的检查

5. 制动轮缸解体

如图 2-23 所示。

(四) 液压制动总泵与制动轮缸维修

1. 液压制动总泵的维修

液压制动装置的液压是由制动总泵产生的。液压制动总泵常见的损坏通常是泵筒的磨损和腐蚀。进口汽车的制动总泵出现故障，多数是将总泵更换，如桑塔纳制动总泵就是采用换件的方法进行修理的。因此，总泵的拆装就成为修理的重要内容。但限于国内的实际情况，进口零件比较昂贵；对于一般可以继续使用的总泵，我们本着检查、清洗、修复的方法进行必要的维修，以延长总泵的使用寿命，减少不必要的浪费。

(1) 用量规检查总泵缸的直径，如图 2-24 所示，用内径表检查泵体内孔的直径 B，用千分尺检查活塞的外径 C，并计算出内孔与活塞之间的间隙值，其标准值为 0.04～0.106 mm，使用极限为 0.15 mm，超过极限应更换。如没有这种量规，可将活塞放在总泵缸筒中，用塞尺来检查活塞与缸筒之间的间隙。由于总泵的工作特点，使活塞前端比后端磨损大，缸筒的内半部比外半部磨损大。因此，在测量配合间隙时，应把活塞倒过来放入泵筒内，在磨损最大处用厚薄规测量。

(2) 检查储液罐是否破损，出现破损应更换。另外还注意，双活塞的缸筒内径必须相差不大，否则将产生制定动力不同而引起制动跑偏。如果泵筒缸臂有刻痕,必须使用细砂布(金属氧化粉)磨光,不可使用砂纸或砂布研磨。如刻痕较深,须更换总泵。

(3)检查进油管接头和螺栓。接头必须清洁畅通,螺栓螺丝应完好。

(4)检查出口塞的阀门,弹簧以及垫圈是否完好,如损坏必须更换。

(5)总泵皮碗,皮圈等零件在修理时,一般均应更换,但无软化和膨胀现象,技术状态确实完好,仍可继续使用。

(6)总泵,分泵在装配前,各零件应用制动液或酒精彻底清洗干净,切记不要用煤油和汽油清洗,以免皮碗,皮圈发胀,或浸入其他杂质,使活塞和泵筒早期磨损。

(7)总泵的回位弹簧必须符合技术规范,如弹力不足应予更换。

2. 液压制动轮缸的维修

分解轮缸后,用清洗液清洗轮缸零件。清洗后,检查制动轮缸内孔与活塞外圆表面的烧蚀、刮伤和磨损情况。如果轮缸内孔有轻微刮伤或腐蚀,可用细砂布磨光。磨光后的缸内孔应用清洗液清洗后,用无润滑油的压缩空气吹干。然后测出轮缸内孔孔径 B,活塞外圆直径 C,并计算出内孔与活塞的间隙值,标准值为 $0.04\sim$ 0.106 mm,使用极限为 0.15 mm,如图 $2-25$ 所示。

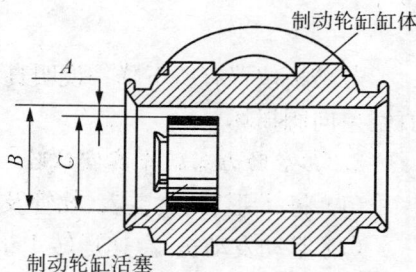

图 2 - 25 制动轮缸与活塞的检查

(五)真空增压器的检查

真空增压器的检查包括制动踏板高度检查、控制阀检查及伺服气室膜片行程的检查。

1. 制动踏板高度检查

起动发动机,使其怠速运转。踩下制动踏板,并测出踏板距地板高度。然后,将发动机熄火,连续几次踩制动踏板,使真空度降为零,此时再踩下制动踏板,并测出踏板距地板的距离。正常情况下,后一次测得的距离应小于前一次,若两次距离相等,说明真空增压器不起作用。

2. 控制阀检查

起动发动机,不踏下制动踏板,将一团棉丝置于增压器空气滤清器口处。此时,棉丝不被吸入。若棉丝被吸入,说明空气阀漏气。踏下制动踏板,棉丝应被吸入。若棉丝不被吸入,或者吸力过小,说明空气阀开度过小,或者增压器膜片破损。

3. 伺服气室膜片行程检查

发动机不工作且不踩下制动踏板时,取下伺服气室加油孔橡胶盖,从该孔测出膜片位置。测完后再塞紧橡胶盖。

将发动机起动运转,并踩下制动踏板。取下伺服气室加油孔橡胶盖,再次测出膜片位置,两次测出的位置差,即为膜片行程。若膜片行程过小说明增压器工作不良。若膜片行程过大,说明制动系统存在泄漏,或者制动间隙过大。

(六)真空助力器的检查

1. 就车检查真空助力器

将发动机熄火,首先用力踩几次制动踏板,以消除真空助力器中残余的真空度。用适当的力踩住制动踏板,并保持在一定位置,然后起动发动机,使真空系统重新建立起真空,并观察踏板。如图 2-26 所示。

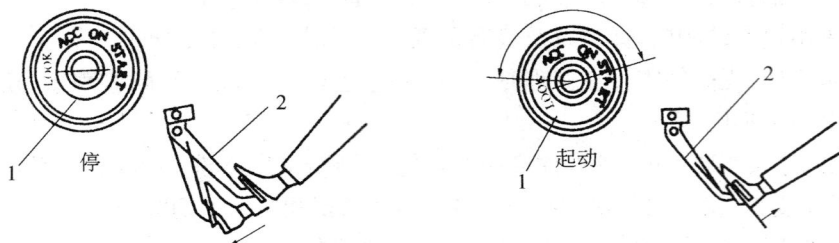

图 2-26　就车检查真空助力器

1—点火开关；2—制动踏板

若踏板位置有所下降。说明真空助力器正常。若踏板位置保持不动,则说明助力器或真空单向阀损坏。

2. 真空助力器就车真空试验

(1) 将 T 形管、真空表、软管及卡紧装置等如图 2-27 所示连接好。

(2) 起动发动机,怠速运转 1 min。

(3) 卡紧与进气歧管相连的真空管上的卡紧装置,切断助力器单向阀与进气歧管之间的通路。

(4) 将发动机熄火,观察真空表的变化。如果在规定时间内真空度下降过多,说明助力器膜片或真空阀损坏。

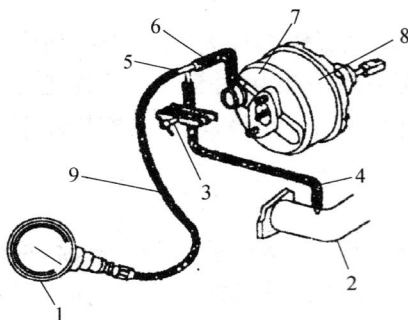

图 2-27　真空助力器的就车真空试验

1—真空表；2—进气歧管；3—卡紧工具；4—软管；5—三通接头；6—软管；7—单向阀；8—真空助力器；9—软管

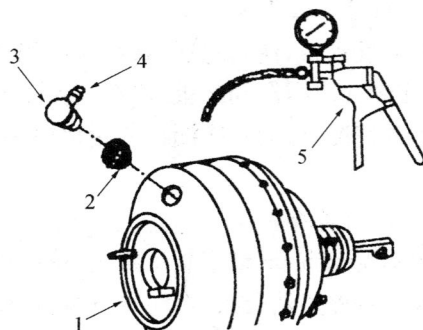

图 2-28　真空助力器的单向阀试验

1—真空助力器；2—单向阀密封圈；3—真空助力器单向阀；4—单向阀真空源接真空管；5—手动真空泵

3. 真空助力单向阀试验

如图 2-28 所示,拆下与单向阀相连的真空管,将手动真空泵软管与单向阀真空源接口相连。

扳动手动真空泵手柄给单向阀加上 50.80～67.70 kPa 的真空度,在正常情况下,真空度应保持稳定。如果真空泵指示表上显示出真空度下降,则表明单向阀损坏。

（七）故障诊断

1. 液压制动失效

1）故障现象

踩下制动踏板，车辆不减速，即使连续几脚制动也无明显减速作用。

2）故障原因

（1）制动踏板至制动主缸的连接松脱。

（2）制动储液室无制动液或严重缺少制动液。

（3）制动管路断裂漏油。

（4）制动主缸皮碗破裂。

3）诊断与排除

首先做踩制动踏板试验，根据踩制动踏板时的感觉，相应地检查有关部位。

（1）若制动踏板与制动主缸无连接感，说明制动踏板至制动主缸的连接松脱，应检查修复。

（2）踩下制动踏板时，若感到很轻，稍有阻力感，则应检查主缸储液室内制动液是否充足。若主缸储液室内无液或严重缺液，应添加制动液至规定位置。再次踩下制动踏板时，若仍没有阻力感，则应检查制动主缸至制动轮缸的制动软管或金属管有无断裂漏油。

（3）踩下制动踏板时，虽然感到有一定的阻力，但踏板位置保持不住，明显下沉，则应检查制动主缸的推杆防尘套处是否有制动液泄漏。若有制动液泄漏，说明制动主缸皮碗破裂。若车轮制动鼓边缘有大量制动液，则应检查制动轮缸皮碗是否压翻. 磨损是否严重。

2. 真空助力器常见故障

1）制动力不足，制动踏板硬

（1）现象：当制动踏板很硬，有踩不下去的感觉，而且制动力不足时，往往是真空助力器不起作用，膜片总成没有移动造成的。

（2）原因：通向进气管的真空管脱落或者断裂，使膜片两侧均为大气压力；伺服气室的膜片破裂，导致左、右腔相通；控制阀处橡胶膜片磨损，导致真空阀关闭不严而漏气，使助力器左右两腔不能密封；弹簧过软或者折断，致使橡胶膜片在制动时不能左移关闭真空阀而使左、右两腔不能密封，空气过滤器堵塞。

真空助力器不工作时，驾驶员加于制动踏板上的力还得用来克服膜片回位弹簧的弹力，因而踏板阻力很大，制动踏板很硬。

（3）故障诊断：检查真空管是否脱落或破裂。若真空管完好，则应将制动踏板踩下，用棉丝放在空气过滤器处，若吸力很小，则说明空气过滤器堵塞，应更换。必要时拆检真空助力器。

2）制动拖滞，制动解除缓慢

主要的原因有：

（1）膜片总成回位弹簧过软或折断。

（2）膜片运动发卡，使之与铰接杆之间的间隙过小。

笔 记

3. 真空增压器常见故障

1）制动力不足，伴随踏板高、硬

（1）原因：各真空管路接头松动、脱落，管路有破裂处；单向阀密封不良；控制阀密封不良；伺服气室膜片破裂或密封圈密封不严。

（2）故障诊断：首先检查真空管路有无松动、脱落或破裂之处。若上述良好，则应对控制阀进行检查。

将发动机怠速，放松制动踏板，将一束棉丝置于控制阀进气口前面，若棉丝被吸入，说明空气阀密封不严；若踩下制动踏板时棉丝不被吸入，表明控制阀失效；若一踩下制动踏板便被吸入，说明控制阀的真空阀不密封，或者伺服气室的膜片破裂。

2）制动力不足，而且伴随制动踏板向上反弹、顶脚

（1）原因：辅助缸活塞磨损过度；辅助缸单向球阀密封不严；辅助缸活塞密封圈密封不严。

（2）故障诊断：产生上述故障时，应将增压器进行拆检。

3）制动解除缓慢，抬起制动踏板时，制动不能立即解除

（1）原因：伺服气室的膜片回位弹簧过软；控制阀各回位弹簧过软；控制阀活塞及密封圈密封不良，运动卡滞；空气阀与真空阀间距过大。

（2）故障诊断：拆下空气阀空气滤清器，起动发动机，怠速运转，踏下制动踏板。当抬起制动踏板时，立即推空气阀，若能推动，而且制动作用也解除，说明控制阀膜片回位弹簧过软或控制阀活塞及回位弹簧工作不良。

若控制阀良好，而且当控制阀移动后，制动作用仍然不能解除，说明故障为伺服气室膜片回位弹簧过软或折断，或真空阀与空气阀之间的间隙过大。

三、制订检修计划

制订汽车制动系统失效故障检修计划如表 2-2 所示。

表 2-2　制订检修计划

1. 查阅维修资料，了解车辆制动类型特点
2. 查阅维修手册，熟悉车辆制动检修规范
3. 查阅技术通报，熟练车辆制动系统失效故障检修流程
4. 收集车辆制动系统相关信息，分析汽车制动系统故障的原因
5. 查阅车辆维修资料，制订汽车制动系统故障检修流程

		车辆描述	
1. 车辆信息描述	制动系统类型	制动液	
		制动管路布置	
		制动系统主要结构	
		制动系统控制类型	
2. 车辆制动系统故障现象描述			

续　表

3. 汽车制动系统失效故障原因分析，画出鱼刺图	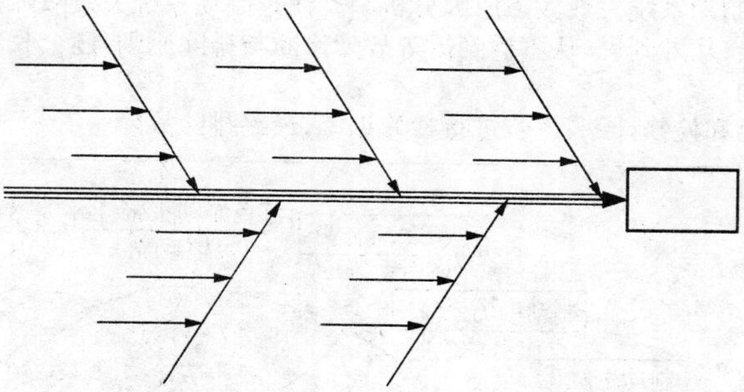
4. 汽车制动系统故障检修工作准备	

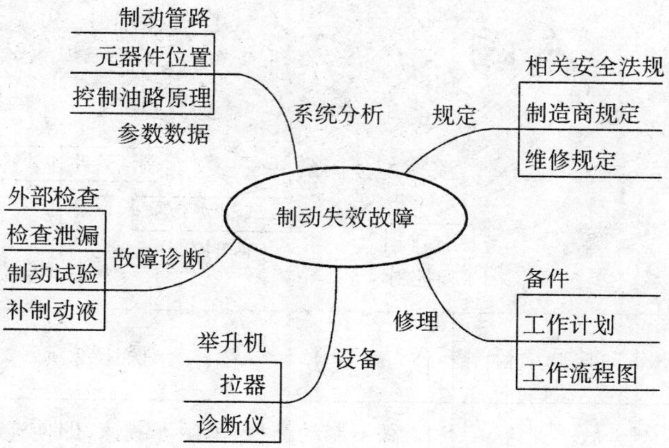

步骤	检修项目	操作要领	技术要求或标准	检修记录

（5. 汽车制动失效故障检修流程）

四、实施维修作业

按计划实施汽车制动系统故障维修作业如表 2-3 所示。

笔记

表 2 - 3　实施维修作业

1. 根据"汽车制动系统失效故障原因分析"和"汽车制动系统失效故障检修流程",结合车辆实际情况,从简单到复杂、从外到里、从不拆到拆等故障诊断与排除原则,逐个收集相应检修规范等信息,并制订相应检修计划
2. 按检修规范和检修计划,逐步进行检修训练,最终排除故障

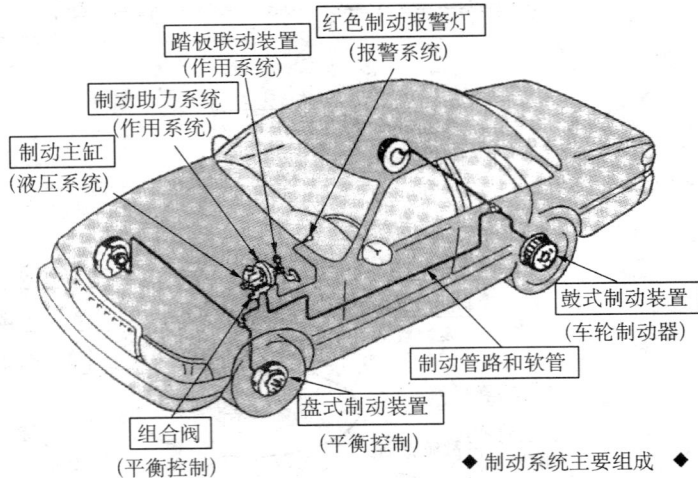

◆ 制动系统主要组成 ◆

检查步骤	检修项目	操作要领	检修记录
汽车制动系统故障诊断	制动踏板	1. 踩下制动踏板,车辆不减速,即使连续几脚制动也无明显减速作用 2. 连续踩制动踏板,踏板位置不升高,如同时无阻力现象,则为缺制动液	
	储液罐	检查有无制动液	
	制动管路	检查各管路接头是否漏油,管路是否破裂	
	机械连接部位	检查机械连接部位是否脱开。	
	制动主缸	检查制动主缸活塞皮碗的损坏情况,若主缸推杆防尘套处的制动液泄漏严重,多属主缸皮碗严重损坏	
	制动轮缸	若车轮制动鼓边缘有大量制动液,则说明该轮缸皮碗破损	

制动系统的检修	如果对汽车制动系统检查发现制动主缸与轮缸泄露,则需要进一步对其进行检修		
	拆检对象	拆检要领	检查记录
	制动总泵拆卸		
	主缸与活塞检测		
	轮缸检测		
	回位弹簧检测		
	制动总泵装配		

续　表

制动系统的检修	制动主缸测试	
	制动轮缸测试	
检修结论与处理措施		

五、检验评估

(1) 查阅汽车制动系统检测参数，并实施维修质量检验。

(2) 检查诊断与排除汽车制动失效故障任务完成情况。

检验评估如表 2-4 所示。

表 2-4　检验评估

检验与评价内容	检验指标	权重	自评	互评	总评
维修质量检验	1. 制动液液平面符合要求，制动液：SAEJ1703，J1704 或 FMVSSNo. 166 DOT4 2. 制动液无任何渗漏现象 3. 制动管路无裂纹和凸起 4. 制动距离符合规定要求 5. 踩下制动踏板 5～15 mm 后制动灯亮				
检查任务完成情况	1. 能描述汽车制动系统主要部件的作用与原理 2. 在小组所扮演的角色，对完成任务过程中所起的作用				
职业素养	1. 学习态度：积极主动参与学习				
	2. 团队合作：与小组成员一起分工合作，不影响学习进度				
	3. 现场管理：服从工位安排、执行实训室"5S"管理规定				

任务 2.2　诊断与排除汽车制动系统制动不灵故障

任务描述	通过任务 2.1 排除了汽车制动失效故障，但在检验过程中发现制动不灵。本任务诊断制动不灵的故障，并通过检修制冷系统主要部件来排除汽车制动不灵故障
任务目标	1. 理解汽车制动器的结构及工作原理，会诊断汽车制动不灵系统的故障 2. 掌握汽车制动器主要部件的结构原理和检修规范，会进行相关检修作业 3. 会排除汽车制动不灵故障，并按规范进行维修质量检验

笔记

一、维修接待

维修接待，准确填写接车问诊表如表 2-5 所示。

表 2-5 维修接待与接车问诊表

1. 通过询问客户了解制动系统发生故障情况，填写接车问诊表
2. 车间检测初步确认结果及主要故障零部件

接 车 问 诊 表

车牌号：_____   车架号：_____   行驶里程：_____（km）

用户名：_____   电话：_____   来店时间：____/_____

用户陈述及故障发生时的状况：

故障发生状况提示：**行驶速度、发动机状态、发生频度、发生时间、部位、天气、路面状况、声音描述**

接车员检测确认建议：**需进行综合维修**

车间检测确认结果及主要故障零部件：**需进行综合故障诊断与排除，必要时还需更换相应部件**

车间检查确认者：_____

外观确认：

（请在有缺陷部位作标识）

功能确认：（工作正常√   不正常×）
- □音响系统   □门锁（防盗器）   □全车灯光
- □工具   □后视镜   □天窗   □座椅
- □点烟器   □玻璃升降器   □玻璃

物品确认：（有√   无×）

- □贵重物品提示
- □工具   □备胎   □灭火器
- □其他（   ）
- 旧件是否交还用户   □是   □否
- 用户是否需要洗车   □是   □否

- 检测费说明：本次检测的故障如用户在本店维修，检测费包含在修理费用内；如用户不在本店维修，请您支付检测费。本次检测费：¥   元。
- 贵重物品：在将车辆交给我店检查修理前，已提示将车内贵重物品自行收起并保存好，如有遗失恕不负责。

接车员：_____   用户确认：_____

二、信息收集与处理

（一）盘式制动器的结构与原理

制动盘：盘式制动器摩擦副中的旋转元件是以端面工作的金属圆盘，被称为制动盘。

1. 分类

其固定元件则有着多种结构型式，大体上可分为两类。

一类是工作面积不大的摩擦块与其金属背板组成的制动块，每个制动器中有 2～4 个。这些制动块及其促动装置都装在横跨制动盘两侧的夹钳形支架中，总称为制动钳。这种由制动盘和制动钳组成的制动器称为钳盘式制动器。钳盘式制动器目前被各级轿车和货车用作车轮制动器。按钳的固定形式又分为定钳盘式和浮钳盘式两类。

另一类固定元件的金属背板和摩擦片也呈圆盘形，制动盘的全部工作面可同时与摩擦片接触，这种制动器称为全盘式制动器。只有少数汽车（主要是重型汽车）用全盘式制动器。

2. 定钳盘式制动器

1）定钳盘式制动器的结构（图 2-29）

跨置在制动盘 1 上的制动钳体 5 固定安装在车桥 6 上，它不能旋转也不能沿制动盘轴线方向移动，其内的两个活塞 2 分别位于制动盘 1 的两侧。

2）定钳盘式制动器工作原理

制动时，制动油液由制动总泵（制动主缸）经进油口 4 进入钳体中两个相通的液压腔中，将两侧的制动块 3 压向与车轮固定连接的制动盘 1，从而产生制动，如图 2-30 及图 2-31 所示。

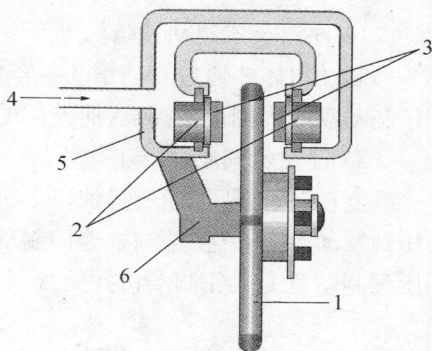

图 2-29　定钳盘式制动器
1—制动盘；2—活塞；3—摩擦块；
4—进油口；5—制动钳体；6—车桥部

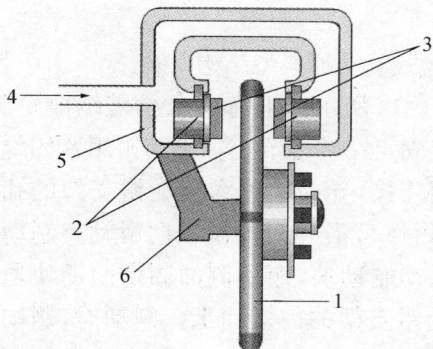

图 2-30　定钳盘式制动器
1—制动盘；2—活塞；3—制动块；4—进油口；5—制动钳体；6—车桥

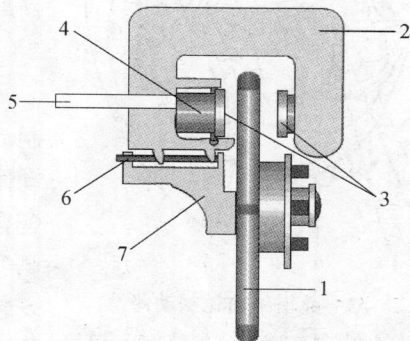

图 2-31　浮钳盘式制动器
1—制动盘；2、7—制动钳体；3—摩擦块；4—活塞；5—进油口；6—导向销

这种制动器存在着以下缺点：油缸较多，使制动钳结构复杂；油缸分置于制动盘两侧，必须用跨越制动盘的钳内油道或外部油管来连通，这使得制动钳的尺寸过大，难以安装在现代化轿车的轮辋内；热负荷大时，油缸和跨越制动盘的油管或油道中的制动液容易受热汽化；若要兼用于驻车制动，则必须加装一个机械促动的驻车制动钳。

3）定钳盘式制动器应用

定钳盘式制动器中的油缸的结构和制造工艺与一般制动轮缸相近，故在20世纪50年代中期盘式制动器问世时即采用了这种结构，直到60年代末仍然盛行，自70年代后逐渐让位于浮钳式制动器；目前依维克轻型汽车的前轮就是采用定钳盘式制动器，但是在制动器内外两侧各有两个油缸。

3. 浮钳盘式制动器

1）浮钳盘式制动器结构

制动钳体2通过导向销6与车桥7相连，可以相对于制动盘1轴向移动。制动钳体只在制动盘的内侧设置油缸，而外侧的制动块则附装在钳体上。

2）浮钳盘式制动器工作原理

制动时，液压油通过进油口5进入制动油缸，推动活塞4及其上的摩擦块向右移动，并压到制动盘上，并使得油缸连同制动钳体整体沿销钉向左移动，直到制动盘右侧的摩擦块也压到制动盘上夹住制动盘并使其制动。

3）浮钳盘式制动器特点

与定钳盘式制动器相反，浮钳盘式制动器轴向和径向尺寸较小，而且制动液受热汽化的机会较少。此外，浮钳盘式制动器在兼充行车和驻车制动器的情况下，只须在行车制动钳油缸附近加装一些用以推动油缸活塞的驻车制动机械传动零件即可。故自70年代以来，浮钳盘式制动器逐渐取代了定钳盘式制动器。

4）浮盘式制动器典型结构

如图2-32所示为上海大众桑塔纳前轮制动器。制动钳支架固定在转向节上。制动钳用紧固螺栓与制动钳导向销连接，导向销插入制动钳支架的孔中作动配合，制动钳体可沿导向销做轴向滑动。制动盘的内侧悬装有活动制动块，而外侧的固定制动块通过弹片安装在制动钳支架的内端面上。制动时，制动盘内侧的活动制动块在制动液作用下由活塞推靠到制动盘上，同时制动钳上的反作用力将附装在制动钳支架中的固定制动块也推靠到制动盘上。当活动制动块磨损到允许极限厚度时，报警开关便接通电路对驾驶员发出警报信号。

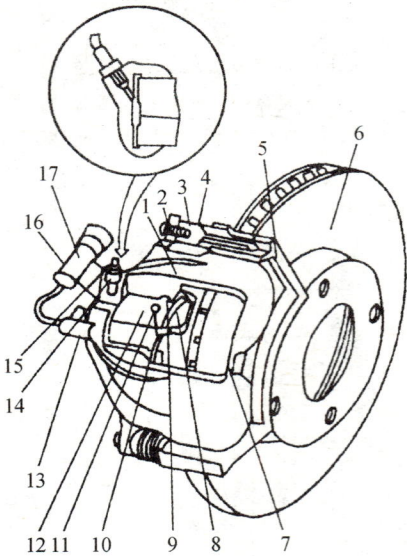

图2-32 桑塔纳前轮制动器

1—制动钳体；2—紧固螺栓；3—导向销；4—防护套；5—制动钳支架；6—制动盘；7—固定制动块；8—消声片；9—防尘套；10—活动制动块；11—密封圈；12—活塞；13—电线导向夹；14—放气螺钉；15—放气螺钉帽；16—报警开关；17—电线夹

笔记

4. 盘式制动器间隙自调装置

钳盘式制动器经过一段时间的工作,制动盘和制动块都要磨损,使得在未制动时制动盘和制动块之间的间隙(制动间隙)变大,制动踏板自由行程加大。钳盘式制动器制动间隙一般都是自动调节的。

1)利用活塞密封圈的定量弹性变形自动调整

其原理如图2-33所示。制动钳体中的活塞上都装有橡胶密封圈,在活塞移动过程中,橡胶密封圈的刃边在摩擦力的作用下随活塞移动,使密封圈产生弹性变形。相应的,其极限变形量Δ应等于制动器间隙为设定值时的完全制动所需的活塞行程,如图2-33(a)所示。解除制动时,活塞在密封圈的弹力作用下返回,直到密封圈变形完全消失为止,如图2-33(b)所示。若制动器存在过量间隙,则制动时活塞密封圈变形量达到极限值后,活塞仍可能在液压力作用下,克服密封圈的摩擦力而继续移动,直到实现完全制动为止。但解除制动后,活塞密封圈将活塞拉回的距离仍然是Δ,因此制动器间隙又恢复到设定值。这种利用密封圈的弹性和定量变形使活塞复位和自动调整间隙的方法,可使制动器结构简单,成本低。

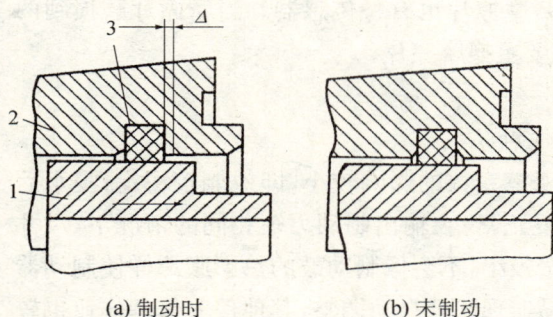

图2-33 活塞密封圈的工作情况
(a)制动时 (b)未制动
1—活塞;2—制动钳体;3—密封圈

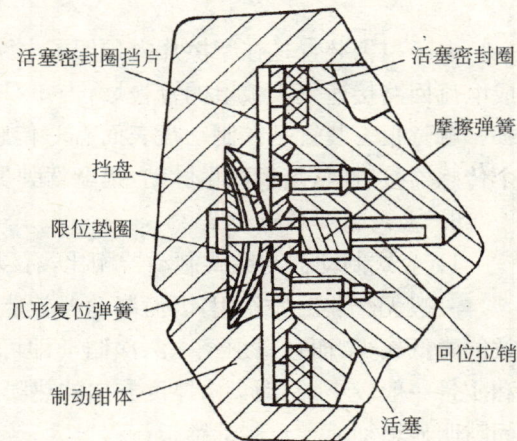

图2-34 利用摩擦定位的间隙自调装置

活塞密封圈挡片 活塞密封圈 摩擦弹簧 挡盘 限位垫圈 爪形复位弹簧 回位拉销 制动钳体 活塞

2)利用摩擦定位的间隙自调装置

图2-34所示为利用摩擦定位的间隙自调装置。摩擦弹簧固装在轮缸活塞的尾端,并紧箍着回位拉销的中部,拉销的头部装有限位垫圈。爪形复位弹簧及其挡盘装在壳体底部的锥形凹坑中,其弹力的方向始终向左拉着回位拉销。间隙自调装置所保持的间隙标准值即取决于爪形复位弹簧与挡盘之间的装配间隙。

制动时,活塞通过摩擦弹簧带动回位拉销右移,并使爪形弹簧向右拱曲变形。在间隙为标准值情况下,当爪形弹簧与挡盘接触时,制动摩擦片应当与制动盘接触并压紧。若制动器间隙因摩擦片磨损而增大,则在爪形弹簧与挡板接触后,回位拉销即停止移动。由于活塞上的液压作用力远大于摩擦弹簧与回位拉销的摩擦力,所以油液继续推动活塞及摩擦弹簧沿回位拉销右移,其右移的距离正好等于间隙的增大量。

3)制动块磨损报警装置

许多盘式制动器上装有制动块摩擦片磨损报警装置,用来提醒驾驶员制动块上的摩擦片需要更换。常见的磨损报警装置有声音的、电子的和触觉的三种。

声音报警装置如图 2-35 所示,这种系统在制动摩擦块的背板上装有一小弹簧片,其端部到制动盘的距离刚好为摩擦片的磨损极限,当摩擦片磨损到需更换时,弹簧片与制动盘接触发出刺耳的尖叫声,警告驾驶员需要维修制动系统。

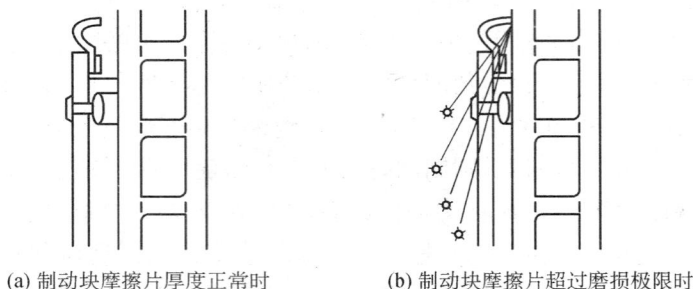

(a) 制动块摩擦片厚度正常时   (b) 制动块摩擦片超过磨损极限时

图 2-35　声音报警装置

电子报警装置是在摩擦片内预埋了电路触点,当衬片磨损到触点外露接触制动盘时,形成电流回路接通仪表板上的警告灯,告知驾驶员摩擦片需更换。

触觉报警装置是在制动盘表面有一传感器,摩擦片也有一传感器。当摩擦片磨损到两个传感器接触时,踏板产生脉动,提醒驾驶员需要更换摩擦片。

5. 盘式制动器的特点

1) 盘式制动器与鼓式制动器相比,有以下优点

一般无摩擦助势作用,因而制动器效能受摩擦系数的影响较小,即效能较稳定;浸水后效能降低较少,而且只须经一两次制动即可恢复正常;在输出制动力矩相同的情况下,尺寸和质量一般较小;制动盘沿厚度方向的热膨胀量极小,不会像制动鼓的热膨胀那样使制动器间隙明显增加而导致制动踏板行程过大;较容易实现间隙自动调整,其他保养修理作业也较简便。对于钳盘式制动器而言,因为制动盘外露,还有散热良好的优点。

2) 盘式制动器不足之处

效能较低,故用于液压制动系统时所需制动促动管路压力较高,一般要用伺服装置。

目前,盘式制动器已广泛应用于轿车,但除了在一些高性能轿车上用于全部车轮以外,大都只用作前轮制动器,而与后轮的鼓式制动器配合,以期汽车制动时有较高的方向稳定性。在货车上,盘式制动器也有采用,但离普及还有相当距离。

(二) 盘式制动器拆装与检修

1. 盘式制动器的拆解(以桑塔纳 2000 轿车前制动器的拆解为例)

桑塔纳 2000 轿车前制动器的拆解如图 2-36 所示。首先用内六角扳手拆下上、下导向销螺栓 1 和 2,从下向上摆动取下制动钳 7,取下外侧制动衬片 9 和内侧制动衬片 8。再从制动钳 7 上取下上内衬套 3、上橡胶衬套 11、上外衬套 12,然后取下下内衬套 4、下橡胶衬套 5 和下外衬套 6。

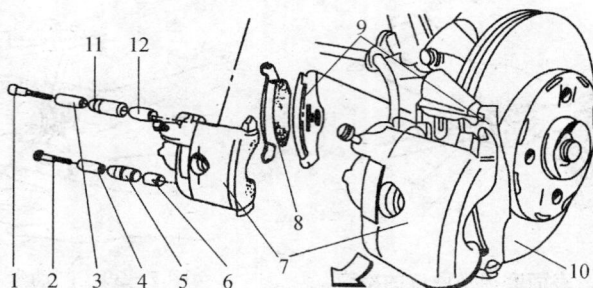

图 2 - 36　桑塔纳 2000 前车轮制动器拆解

1—上导向销螺栓；2—下导向销螺栓；3—上内衬套；4—下内衬套；
5—下橡胶衬套；6—下外衬套；7—制动钳；8—内侧制动衬片；9—外侧
制动衬片；10—制动盘；11—上橡胶衬套；12—上外衬套

制动衬片弹簧卡箍与制动盘的拆卸如图 2 - 37 所示。在前轮不离地的情况下，旋下钢圈螺栓 1，然后支起汽车前部，使前轮离地后拆下车轮，并从前轮轮毂 6 上取下制动盘 7，拆下螺栓 2，从转向节 4 上取下护板 3，再取下制动衬片弹簧卡箍 5。

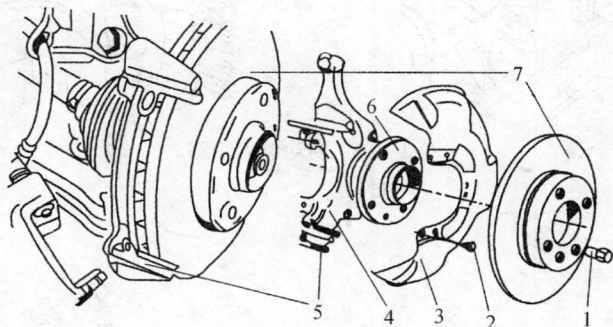

图 2 - 37　制动衬片弹簧卡箍与制动盘的拆卸

1—钢圈螺栓；2—螺栓；3—护板；4—转向节；5—制动衬片弹簧
卡箍；6—前轮轮毂；7—制动盘

2. 盘式制动器的检修

（1）制动盘表面磨损厚度的检查（图 2 - 38）。除检查制动盘 2 表面的磨损外，可用卡尺 1 检查制动盘 2 的厚度，标准值为 12 mm，使用极限为 10 mm，超过极限应更换。富康轿车制动盘的标准厚度为 10 mm（实体），使用极限为 8 mm，或制动盘的标准厚度为 20.4 mm（通风型），使用极限为 18.4 mm。

（2）制动盘跳动的检查（图 2 - 39）。用百分表 2 检查制动盘 1 端面跳动量，使用极限为 0.08 mm。

（3）制动盘的修磨（图 2 - 40）。制动盘在允许厚度的范围内可以修磨其上锈斑、刻痕。砂轮打磨制动盘表面时，打磨的痕迹可以是无方向性的，但打磨痕迹应相互垂直。

（4）制动衬片厚度的检查（图 2 - 41）。制动衬片的总厚度标准值为 14 mm，使用极限为 7 mm，制动衬片摩擦片厚度磨损极限的残余厚度应不小于 0.8 mm。在未拆下时外制动衬片 2 可通过轮辐 1 上的孔检查其厚度，或拆下车轮后检查。

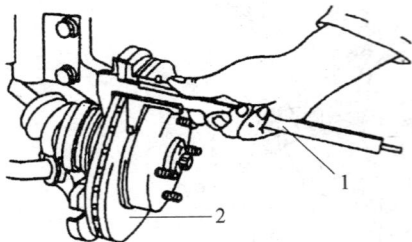

图 2 - 38　制动盘表面磨损及厚度的检查

1—卡尺；2—制动盘

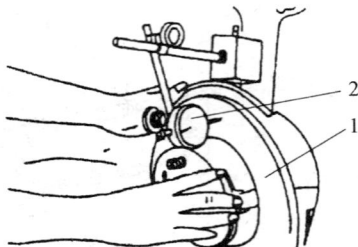

图 2 - 39　制动盘跳动的检查

1—制动盘；2—百分表

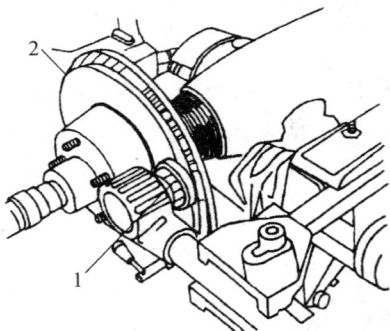

图 2 - 40　制动盘的修磨

1—砂轮盘；2—制动盘

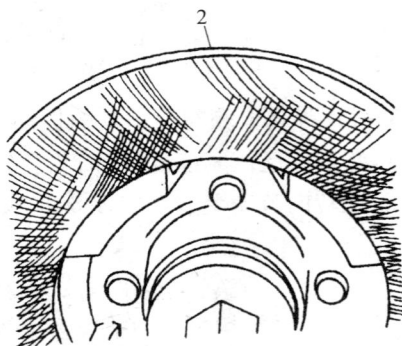

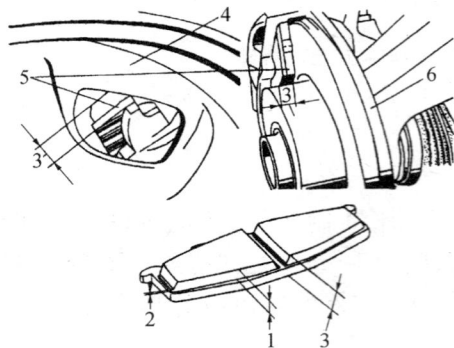

图 2 - 41　制动衬片厚度的检查

1—制动衬片摩擦片厚度；2—制动衬片摩擦片
磨损极限的残余厚度；3—制动衬片的总厚度；4—
轮辐；5—外制动片；6—制动盘

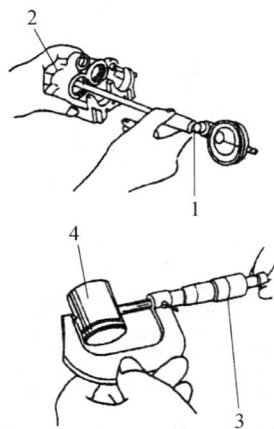

图 2 - 42　制动钳体与活塞的检查

1—内径表；2—制动钳体；3—
千分尺；4—活塞

　　(5) 制动钳体与活塞的检查(图 2 - 42)。用内径表 1 检查制动钳体 2 的内孔直径,用千分尺 3 检查活塞 4 的外径,并可计算出活塞 4 与钳体 2 的间隙,标准值为 0.04～0.16 mm,使用极限为 0.16 mm。

（三）鼓式制动器的结构与原理

1. 领从蹄式制动器

图 2-43 为领从蹄式制动器示意图，设汽车前进时制动鼓旋转方向（这称为制动鼓正向旋转）如图中箭头所示。当汽车倒驶，即制动鼓反向旋转时，蹄 1 变成从蹄，而蹄 2 则变成领蹄。这种在制动鼓正向旋转和反向旋转时，都有一个领蹄和一个从蹄的制动器即称为领从蹄式制动器。

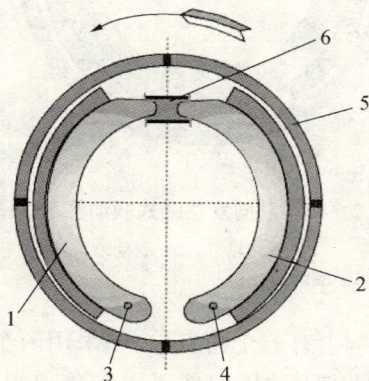

图 2-43　领从蹄式制动器示意图

1—领蹄；2—从蹄；3—领蹄支承销；
4—从蹄支承销；5—制动鼓；6—制动轮缸

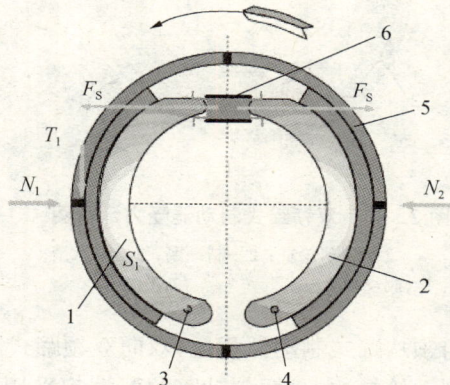

图 2-44　领从蹄式制动器受力示意图

如图 2-44 所示，制动时两活塞施加的促动力是相等的。制动时，领蹄 1 和从蹄 2 在促动力 F_S 的作用下，分别绕各自的支承点 3 和 4 旋转到紧压在制动鼓 5 上。旋转着的制动鼓即对两制动蹄分别作用着法向反力 N_1 和 N_2，以及相应的切向反力 T_1 和 T_2，两蹄上的这些力分别为各自的支点 3 和 4 的支点反力 S_1 和 S_2 所平衡。

可见，领蹄上的切向合力 T_1 所造成的绕支点 3 的力矩与促动力 F_S 所造成的绕同一支点的力矩是同向的。所以力 T_1 的作用结果是使领蹄 1 在制动鼓上压得更紧从而力 T_1 也更大。这表明领蹄具有"增势"作用。相反，从蹄具有"减势"作用。故两制动蹄对制动鼓所施加的制动力矩不相等。

倒车制动时，虽然蹄 2 变成领蹄，蹄 1 变成从蹄，但整个制动器的制动效能还是同前进制动时一样。在领从式制动器中，两制动蹄对制动鼓作用力 N_1 和 N_2 的大小是不相等的，因此在制动过程中对制动鼓产生一个附加的径向力。

凡制动鼓所受来自两蹄的法向力不能互相平衡的制动器称为非平衡式制动器。

2. 双领蹄式制动器

1）单向双领蹄式制动器

在制动鼓正向旋转时，两蹄均为领蹄的制动器称为双领蹄式制动器，其结构示意图如图 2-45 所示。

2）双向双领蹄式制动器

无论是前进制动还是倒车制动，两制动蹄都是领蹄的制动器称为双向双领蹄式制动器，图 2-46 是其结构示意图。

笔记

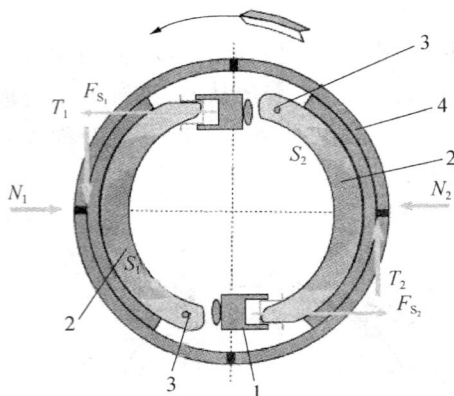

图 2-45 双领蹄式制动器受力示意图
1—制动轮缸；2—制动蹄；3—支承销；
4—制动鼓

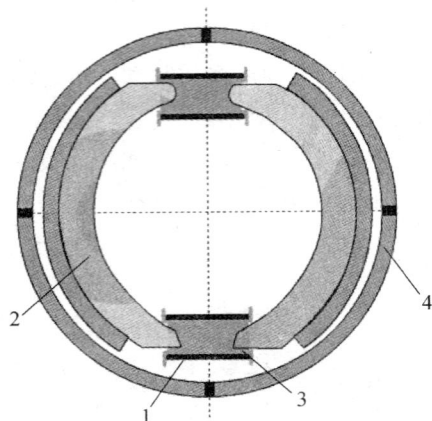

图 2-46 双向双领蹄式制动器示意图
1—制动轮缸；2—制动蹄；3—活塞；
4—制动鼓

与领从蹄式制动器相比，双向双领蹄式制动器在结构上有三个特点，一是采用两个双活塞式制动轮缸；二是两制动蹄的两端都采用浮式支承，且支点的周向位置也是浮动的；三是制动底板上的所有固定元件，如制动蹄、制动轮缸、回位弹簧等都是成对的，而且既按轴对称、又按中心对称布置。

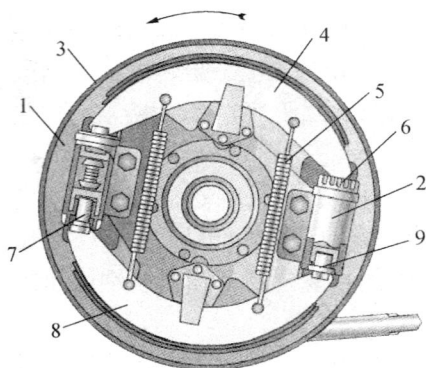

图 2-47 双向双领蹄式制动器结构图
1—制动鼓；2—制动轮缸；3—制动底板；4、8—制动蹄；5—回位弹簧；6—调整螺母；7—可调支座；9—支座

如图 2-47 所示，在前进制动时，所有的轮缸活塞都在液压作用下向外移动，将两制动蹄 4 和 8 压靠到制动鼓 1 上。在制动鼓的摩擦力矩作用下，两蹄都绕车轮中心 O 朝箭头所示的车轮旋转方向转动，将两轮缸活塞外端的支座 9 推回，直到顶靠到轮缸端面为止。此时两轮缸的支座 9 成为制动蹄的支点，制动器的工作情况和上面的制动器一样。

倒车制动时，摩擦力矩的方向相反，使两制动蹄绕车轮中心 O 逆箭头方向转过一个角度，将可调支座 7 连同调整螺母 6 一起推回原位，于是两个支座 7 便成为蹄的新支承点。这样，每个制动蹄的支点和促动力作用点的位置都与前进制动时相反，其制动效能同前进制动时完全一样。

3. 双从蹄式制动器

前进制动时两制动蹄均为从蹄的制动器称为双从蹄式制动器，如图 2-48 所示。这种制动器与双领蹄式制动器结构很相似，二者的差异只在于固定元件与旋转元件的相对运动方向不同。虽然双从蹄式制动器的前进制动效能低于双领蹄式和领从蹄式制动器，但其效能对摩擦系数变化的敏感程度较小，即具有良好的制动效能稳定性。

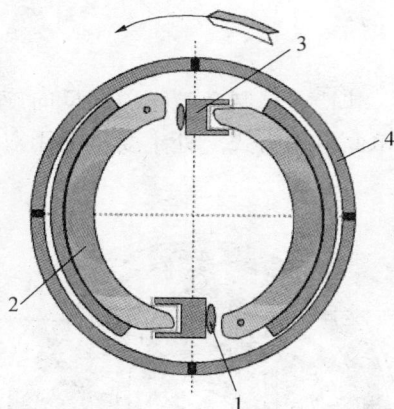

图 2－48 双从蹄式制动器示意图

1—支承销；2—制动蹄；3—制动轮缸；
4—制动鼓

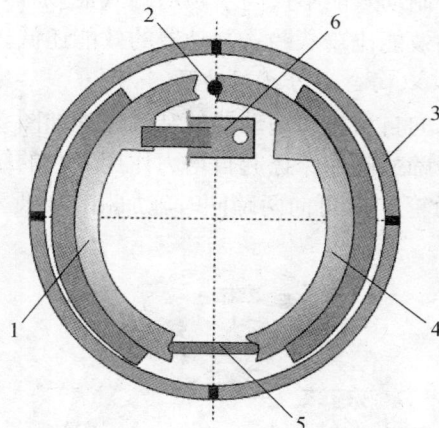

图 2－49 单向自增力式制动器

1—第一制动蹄；2—支承销；3—制动鼓；
4—第二制动蹄；5—可调顶杆体；6—制动轮缸

双领蹄、双向双领蹄、双从蹄式制动器的固定元件布置都是中心对称的。如果间隙调整正确，则其制动鼓所受两蹄施加的两个法向合力能互相平衡，不会对轮毂轴承造成附加径向载荷。因此，这三种制动器都属于平衡式制动器。

4. 单向自增力式制动器

单向自增力式制动器的结构原理见图 2－49。第一制动蹄 1 和第二制动蹄 4 的下端分别浮支在浮动的顶杆 5 的两端。

汽车前进制动时，单活塞式轮缸将促动力 F_{S_1} 加于第一蹄，使其上压靠到制动鼓 3 上。第一蹄是领蹄，并且在各力作用下处于平衡状态。顶杆 6 是浮动的，将与力 S_1 大小相等、方向相反的促动力 F_{S_1} 施于第二蹄。故第二蹄也是领蹄。作用在第一蹄上的促动力和摩擦力通过顶杆传到第二蹄上，形成第二蹄促动力 F_{S_2}。对制动蹄 1 进行受力分析可知，$F_{S_2} > F_{S_1}$。此外，力 F_{S_2} 对第二蹄支承点的力臂也大于力 F_{S_1} 对第一蹄支承的力臂。因此，第二蹄的制动力矩必然大于第一蹄的制动力矩。倒车制动时，第一蹄的制动效能比一般领蹄的低得多，第二蹄则因未受促动力而不起制动作用。

图 2－50 为一种单向自增力式制动器的具体结构。第一蹄 1 和第二蹄 6 的上端被各自的回位弹簧 2 拉拢，并以铆于腹板上端两侧的夹板 3 的内凹弧面支靠着支承销 4。两蹄的下端分别浮支在可调顶杆两端的直槽底面上，并用弹簧 8 拉紧。受法向力较大的第二蹄摩擦片的面积做得比第一蹄的大，使两蹄的单位压力相近。在制动鼓尺寸和摩擦系数相同的条件下，单向自增力式制动器

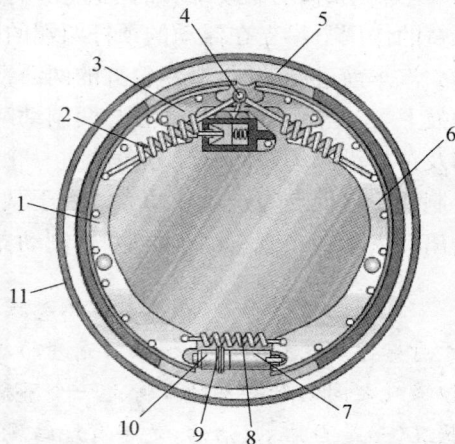

图 2－50 单向自增力式制动器

1—第一制动蹄；2—制动蹄回位弹簧；3—夹板；4—支承销；5—制动鼓；6—第二制动蹄；7—可调顶杆体；8—拉紧弹簧；9—调整螺钉；10—顶杆套；11—制动轮

笔记

的前进制动效能不仅高于领从蹄式制动器,而且高于双领蹄式制动器。倒车时整个制动器的制动效能比双从蹄式制动器的效能还低。

5. 双向自增力式制动器

双向自增力式制动器的结构原理如图2-51所示。其特点是制动鼓正向和反向旋转时均能借蹄鼓间的摩擦起自增力作用。它的结构不同于单向自增力式之处主要是采用双活塞式制动轮缸4,可向两蹄同时施加相等的促动力 F_s。

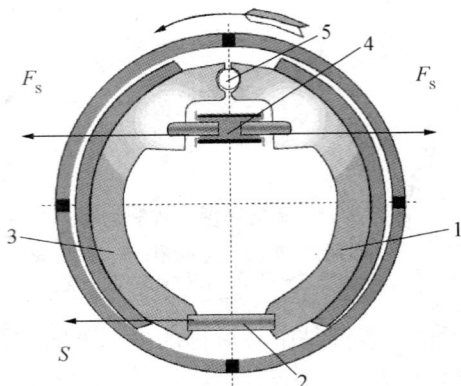

图 2-51   双向自增力式制动器示意图　　　图 2-52   双向自增力式制动器实物

1—前制动蹄;2—顶杆;3—后制动蹄;4—轮缸;5—支撑销

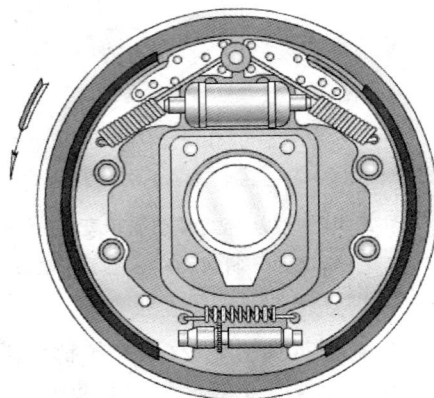

制动鼓正向(如箭头所示)旋转时,前制动蹄1为第一蹄,后制动蹄3为第二蹄;制动鼓反向旋转时则情况相反。由图可见,在制动时,第一蹄只受一个促动力 F_s 而第二蹄则有两个促动力 F_s 和 S,且 $S > F_s$。考虑到汽车前进制动的机会远多于倒车制动,且前进制动时制动器工作负荷也远大于倒车制动,故后蹄3的摩擦片面积做得较大。

不制动时,两制动蹄和的上端在回位弹簧的作用下浮支在支承销上,两制动蹄的下端在拉簧的作用下浮支在浮动的顶杆两端的凹槽中。

汽车前进制动时,制动轮缸的两活塞向两端顶出,使前后制动蹄离开支承销并压紧到制动鼓上,于是旋转着的制动鼓与两制动蹄之间产生摩擦作用。由于顶杆是浮动的,前后制动蹄及顶杆沿制动鼓的旋转方向转过一个角度,直到后制动蹄的上端再次压到支承销上。此时制动轮缸促动力进一步增大。由于从蹄受顶杆的促动力大于轮缸的促动力,从蹄上端不会离开支承销。汽车倒车制动时,制动器的工作情况与上述相反。

　　就制动效能而言,在基本结构参数和轮缸工作压力相同的条件下,自增力式制动器由于对摩擦助势作用利用得最为充分而居首位,以下依次为双领蹄式、领从蹄式、双从蹄式。但蹄鼓之间的摩擦系数本身是一个不稳定的因素,随制动鼓和摩擦片的材料、温度和表面状况(如是否沾水、沾油,是否有烧结现象等)的不同可在很大范围内变化。自增力式制动器的效能对摩擦系数的依赖性最大,因而其效能的热稳定性最差。

6. 具有蹄鼓间隙自调机构制动器的调整

(1) 前进制动间隙自调的制动器,当制动间隙大于标准值时,在汽车前进制动过程中即可恢复到规定的间隙。但是当汽车长时间制动或频繁制动时,制动鼓温度较高,受热膨胀大,刚度降低,由于蹄张开时变形大,使蹄的张开量增大而产生自调过度。当制动鼓冷却后,蹄鼓间隙变小,会产生制动别劲。此时应人工调整。方法是:使制动蹄收缩,增大蹄鼓间隙,然后进行行车制动,使蹄鼓间隙达到规定值;

(2)倒车制动间隙自调的制动器,当制动间隙大于标准值时,进行倒车制动即可恢复规定的蹄鼓间隙。为能迅速调整到位,应在制动器完全装复后进行粗略的人工调整。如切诺基越野汽车后轮制动器的调整方法是:

① 支起汽车使后轮离开地面,放松手制动拉索,卸下星型轮调整盖。

② 用专用工具和旋具将调整杠杆拨开,然后转动星型轮使调整杠杆伸长,一边拨动星型轮,一边按汽车前进方向转动车轮,直至感到车轮受一稳定阻力为止。

③ 用一橡胶锤重敲制动底板几次,并做几次脚制动,防止制动蹄和调整部件犯卡。

④ 按与上述相反方向拨动星型轮,车轮刚刚可以自由转动为止。为防止间隙过小,继续拨动星型轮4~5个齿。

⑤ 进行几次倒车制动,蹄鼓间隙即可达到规定值。

(四)鼓式制动器总成拆装与检修

1. 桑塔纳2000后轮制动器结构

桑塔纳2000轿车鼓式制动器结构如图2-53所示,主要由制动底板、制动轮缸、制动蹄及制动鼓等组成。两制动蹄下端插在制动底板下端的相应槽内,上端靠在制动轮缸的活塞上,然后用上、下回位弹簧拉紧。制动蹄通过限位弹簧和夹紧销使其靠在制动底板上。制动蹄外表面上铆有摩擦片。

制动时,驾驶员踩下制动踏板,制动液进入制动轮缸,迫使制动轮缸内的两个活塞向外移动,推动制动蹄克服上回位弹簧和下回位弹簧的拉力向外张开,压在旋转的制动鼓内圆柱面上,使制动鼓和车轮减速或停止运转。解除制动时,驾驶员松开制动踏板,在上回位弹簧的作用下,制动蹄离开制动鼓回到原位,制动鼓又可以自由转动。

制动蹄和制动鼓间的间隙可以通过装在推杆后端槽内的楔形调整板进行自动调整。楔形调整板的下端与固定在制动蹄的楔形调整板调整拉簧相连。如果制动蹄和制动鼓间的间隙大,制动过程中,拉簧拉动楔形调整板下移,楔形调整板上宽下窄,这样使推杆向外移动一点,从而使制动蹄和制动鼓的间隙保持在标准值的范围内。

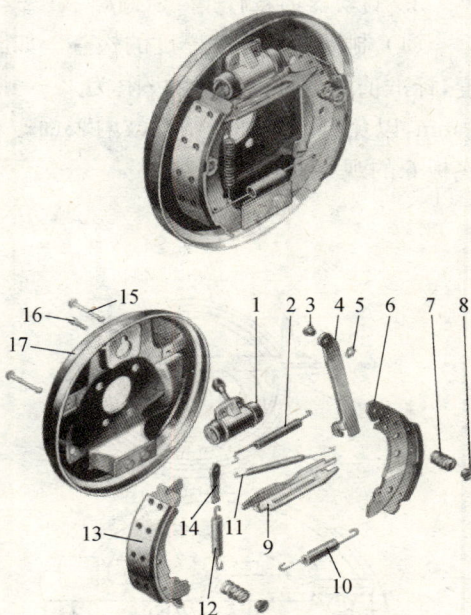

图2-53 桑塔纳2000轿车后轮鼓式制动器结构图

1—后制动轮缸;2—拉力弹簧;3—支承销;4—驻车制动拉杆;5—弹性垫圈;6,13—制动蹄;7—限位弹簧;8—弹簧座;9—推杆;10—下回位弹簧;11—上回位弹簧;12—楔形调整板调整拉簧;14—楔形调整板;15—夹紧销;16—内六角螺钉;17—制动底版

笔记

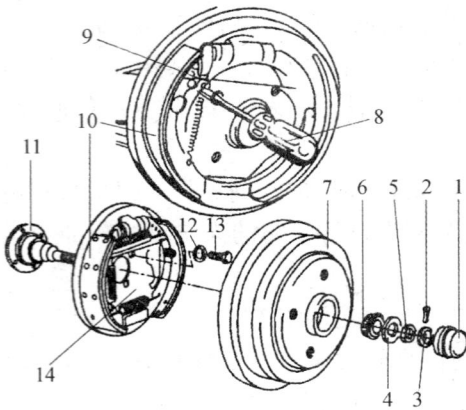

图 2-54 桑塔纳 2000 后车轮制动器的拆卸

1—轮毂盖；2—开口销；3—锁止环；4—止推垫圈；5—螺母；6—外圆锥滚子轴承内圈；7—制动鼓；8—螺钉旋具；9—楔形调整板；10—制动蹄；11—短轴；12—碟形垫圈；13—螺栓；14—制动底板总成

2. 鼓式制动器的拆解

（1）拆下制动鼓和制动底板总成。如图 2-54 所示，先拆下后车轮，撬下润滑脂盖 1，取下开口销 2 和锁止环 3，旋下螺母 5，取下止推垫圈 4 和外圆锥滚子轴承内圈 6。用螺钉旋具 8 插入制动鼓 7 上的小孔，向上压楔形调整板 9 使制动蹄 10 外径缩小后，再取下制动鼓 7。然后旋下螺栓 13，从后桥体上取下鼓式制动底板总成 14 和短轴 11。

（2）分解鼓式制动器。如图 2-53 所示，先从驻车制动拉杆 4 上拆下驻车制动钢索，压下弹簧座 8，并转动 90°后，取下弹簧座 8、限位弹簧 7 和夹紧销 15。再从制动底板 17 上取下制动蹄片总成并夹在虎钳上，从其上拆下下回位弹簧 10、楔形调整板调整拉簧 12 和上回位弹簧 11，然后将前后制动蹄分开，并从推杆 9 上拆下定位弹簧 2，取下推杆 9 和楔形调整板 14。最后从制动底板 17 上取下后制动轮缸 1。

3. 制动器的检修

（1）制动蹄摩擦片厚度的检查。如图 2-55 所示，用卡尺 1 测量后制动蹄摩擦片 2 的厚度，标准值为 5 mm，使用极限为 2.5 mm，其铆钉头 3 与摩擦片 2 表面的深度不得小于 1 mm，以免铆钉头刮伤制动鼓内表面。在未拆下车轮时，后制动蹄摩擦片的厚度可从制动底板 6 的观察孔 4 中检查。

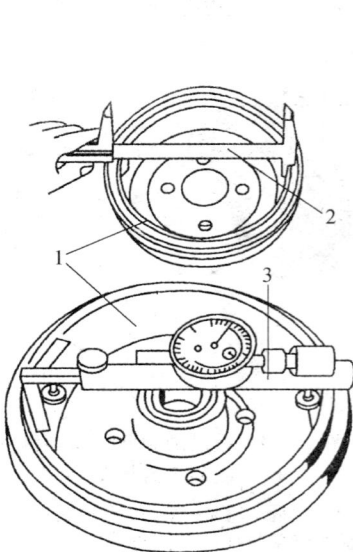

图 2-55 制动鼓内圆柱表面磨损与尺寸的检查

1—制动鼓；2—卡尺；3—圆度误差测量工具

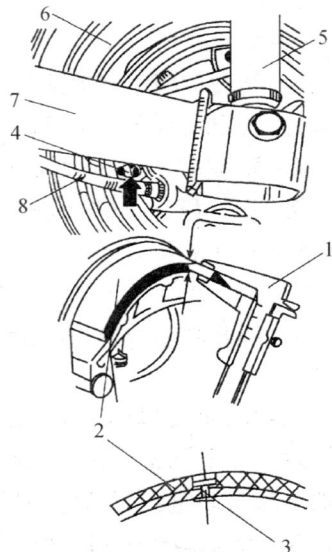

图 2-56 制动蹄摩擦片的厚度检查

1—卡尺；2—摩擦片；3—铆钉；4—观察孔；5—减振器；6—制动底板；7—后桥体；8—驻车制动钢索

（2）制动鼓内圆柱表面磨损与尺寸的检查。如图 2-56 所示，首先检查制动鼓 1 内圆柱表面有无烧损、刮痕和凹陷，若不能修复则更换新件，若可修复则进行修磨加工。其次检查制动鼓内圆柱表面的尺寸及圆度误差。用卡尺 2 测量制动鼓内圆柱表面的尺寸。

标准值为 $\mathbb{C}$ 180 mm，使用极限为 $\mathbb{C}$ 81 mm。用圆度误差测量工具 3 测量制动鼓 1 内圆柱表面的圆度误差，使用极限为 0.03 mm，超过极限应更换新件。

（3）检查制动蹄摩擦片与制动鼓接触面积。如图 2-57 所示，将制动蹄摩擦片 1 表面打磨干净后，靠在制动鼓 2 内壁上，检查两者的接触面积，要求应不小于 60%，否则应继续打磨摩擦片 1 的表面或光磨制动鼓内圆柱表面。

（4）制动器定位弹簧及回位弹簧的检查。检查后制动器拉力弹簧、上回位弹簧、下回位弹簧和楔形调整板调整拉簧的自由长度。若增长率达到 5%，则应更换新弹簧。

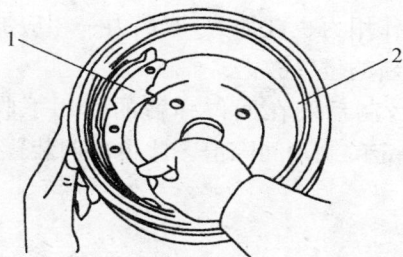

图 2-57　制动蹄与制动鼓接触面积的检查

1—制动蹄摩擦片；2—制动鼓

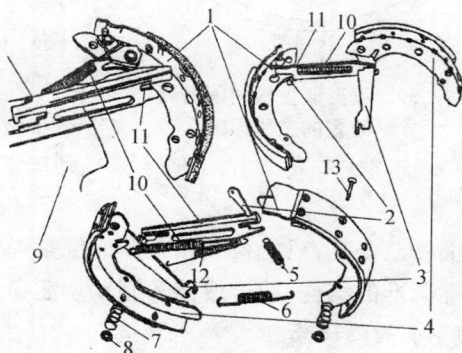

图 2-58　制动蹄的组装

1—前制动蹄；2—楔形调整板；3—驻车制动拉杆；4—后制动蹄；5—楔形调整板调整拉簧；6—下回位弹簧；7—限位弹簧；8—弹簧座；9—虎钳；10—拉力弹簧；11—推杆；12—上回位弹簧；13—夹紧销

4. 制动器的安装

（1）制动蹄的组装。如图 2-58 所示，在推杆 11 两端涂上润滑脂，夹在虎钳 9 上，并装上拉力弹簧 10 和前制动蹄片 1，在推杆 11 与前制动蹄 1 之间插进楔形调整板 2，在驻车制动拉杆 3 与后制动蹄 4 之间涂上润滑脂后装在推杆 11 的另一端。然后装上上回位弹簧 12，把制动蹄总成的上端抵到制动底板的制动轮缸活塞上，制动蹄总成另一端装到下支承上。装上下回位弹簧 6，在前制动蹄 1 与楔形调整板 2 之间装上楔形调整板调整拉簧 5，从制动底板另一端装入夹紧销 13，装上带有弹簧座 8 的限位弹簧 7，压下弹簧座 8 并转 90°，将夹紧销 13 钩住，即可使制动蹄压靠在制动底板上。

（2）制动底板的安装。如图 2-54 所示，将装好制动蹄的制动底板 14 和短轴 11 一起装到后桥体上，再装上碟形垫圈 12，使其大支承面朝向制动底板 14，旋上螺栓 13，力矩 60 N·m。把驻车制动钢索连接到驻车制动拉杆。装上制动鼓 7，若装入困难，可用螺钉旋具向上撬动楔形调整板 9。装上外圆锥滚子轴承内圈 6、止推垫圈 4、旋上螺母 5。调整轴承的预紧力后装上锁止环 3 和开口销 2。全部制动系装好后，用力踏一次制动踏板，使后制动蹄片就位。

笔记

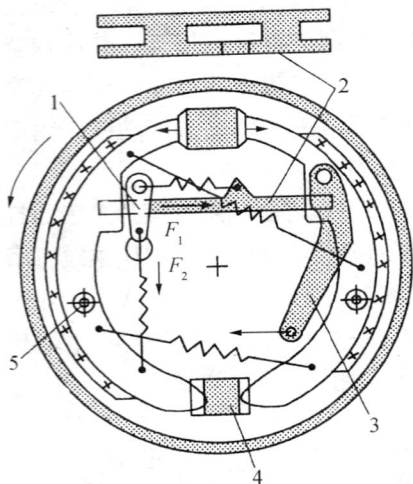

图 2-59　楔形调整板间隙自调
装置的工作原理

1—楔形调整板；2—推杆；3—驻车
制动拉杆；4—浮式支承座；5—限位弹簧

5. 制动器的调整

车轮制动器安装完毕后，为保证制动蹄摩擦片与制动鼓之间具有合适的间隙，应对其进行必要的调整。调整方法有人工调整法和自动调整法。桑塔纳轿车后轮鼓式制动器采用楔形调调整板间隙自调装置，其工作情况如图 2-59 所示。楔形调整板的水平拉力，水平拉力弹簧摩擦力，楔形调整板调整拉簧力弹簧使楔形调整板与推杆间产生摩擦力，以防止楔形调整板下移。而垂直的调整拉簧则随时力图拉动楔形调整板下移。当制动蹄和制动鼓间隙正常时，楔形调整板静止于相对应位置。当制动蹄与制动鼓间隙大于规定值时，蹄片张开的行程被加大，垂直的调整拉簧作用力 F_2 增大，$F_2 > F_1$，楔形调整板下移，楔形调整板的下移使得水平拉力弹簧的作用力也被加大，摩擦力一相应加大，则楔形调整板在新的位置静止。

放松制动后，制动蹄在回位弹簧的作用下收拢。由于推杆已变长，只能被顶靠在新的位置，从而保持规定的制动间隙值。此类自调装置属于一次性调准的结构，前进或倒车制动均能自调。

（五）故障诊断

1. 制动不灵

1）故障现象

制动不灵是指制动效能衰退，制动时减速度小或反应缓慢，制动距离长，紧急制动时各轮均无轮胎拖印。

2）故障原因

制动效能变化由制动蹄压向制动鼓的压紧力减小或摩擦片与制动鼓的摩擦系数减小所致。此外，制动蹄摩擦片与制动鼓贴合不良，也会影响制动效能。

3）故障诊断

制动标准中规定，制动时一次踏下踏板在全行程的 3/4 处应产生最大的制动力。如果不是这样，表明制动系统发生故障。下面通过踏动踏板的位置高度和力度等来判断制动系统的故障。

（1）若脚感较硬，且有反弹感，踏板位置也较高，说明液压主制动系统内有空气。

（2）若一脚踏下踏板后踏板位置很低，连续反复踏动踏板，若踏板位置逐次升高，说明制动主缸油液不足或车轮制动时间隙过大，按原因分析进而检查。

（3）若踏动踏板的力度及其高度位置均正常，但制动不良，说明故障多在车轮制动器，多半是摩擦系数减小或摩擦片贴合面减小所致。

（4）若踏动踏板一脚制动良好，但继续向踏板施力，踏板高度位置保持不住，则逐渐下降，表明液压制动系统有外漏之处，通过观察漏出的油迹即可查明故障所在。

（5）踏动踏板，若脚感不起作用的行程过大，踏板位置低，且一脚制动不良说明踏板自由行程过大。应再用尺子进而测量踏板的自由行程，一般约为 20 mm。

（6）如果踏动踏板力度随着气温的下降而相应增大，说明制动油液变稠，是制动不良的原因所在。

4）故障排除

（1）皮碗、皮圈不符合要求时，应予以更换。

（2）活塞及油缸磨损超过使用极限时，应更换。

（3）属管道漏油，应针对性处理。

（4）属堵塞的，应清洗疏通，管道中间有瘪处且难以修复，应更换。

（5）属调整不当的，应重新调整。其调整方法如下。

① 踏板自由行程的调整　踏板自由行程调整一般是改变制动推杆与主缸活塞的距离来实现的。它是旋转推杆铰链偏心销轴来使推杆靠近或远离活塞，从而实现了踏板自由行程的调整。

② 车轮制动间隙的调整　制动间隙可通过旋转调整凸轮和支承销来调整，使其符合本车型的技术要求。对双向助势平衡式制动器，通过调整螺杆来改变制动间隙。

（6）排除空气。

（7）改善摩擦条件

① 如果制动鼓内有水分引起制动失灵，应挂低速挡行驶，与此同时，踏下制动踏板使制动摩擦片与制动鼓摩擦发热将水分蒸发即可。

② 因摩擦片或制动鼓有油引起制动失灵的，应适当加温，使渗入摩擦斤的油液挥发。

③ 如果制动摩擦片表面硬化引起制动不良的，应用砂布打磨摩擦表面。

④ 慢下长坡引起制动不灵的，应适当停车休息。

（8）若因制动液粘稠引起制动不灵的，应更换同牌号的制动液。

（9）若制动摩擦片贴合面小，应重新靠合摩擦面。

（10）若因制动摩擦片材质差引起制动不良的，应重新粘（铆）合良好的摩擦片。

2. 汽车制动拖滞

1）故障现象

抬起制动踏板后，全部或个别车轮的制动作用不能立即完全解除，以致影响了车辆重新起步、加速行驶或滑行。

2）故障原因

（1）制动踏板无自由行程，制动踏板拉杆系统不能复位。

（2）制动主缸复位弹簧折断或失效。

（3）制动主缸回油孔被污物堵塞，密封圈发胀或发粘与泵体卡死。

（4）通往制动轮缸的油管凹瘪或堵塞。

（5）制动盘摆差过大。

（6）前制动器密封圈损坏，造成活塞不能正常复位。

（7）前、后制动器轮缸密封圈发胀或发粘，与泵体卡死。

（8）鼓式制动器制动蹄复位弹簧折断或过软。

（9）鼓式制动器制动蹄摩擦片破裂或铆钉松动。

（10）鼓式制动器制动鼓严重失圆变形。

3）诊断与排除

（1）将汽车支起，在未踩制动踏板的情况下，用手转动车轮。若某一车轮转不动，说明该轮制动器拖滞。若全部车轮转不动，说明全部车轮制动器拖滞。

（2）若为个别车轮制动器拖滞，首先旋松该轮制动轮缸的放气螺钉，若制动液急速喷出，随即车轮能旋转自如，说明该轮制动管路堵塞，轮缸未能回油，应更换。若车轮仍转不动，则拆下车轮，解体检查制动器。

对于盘式制动器：检查制动盘的轴向跳动量，若误差过大，应磨削或更换。拆检制动轮缸，若轮缸活塞发卡或密封圈损坏，应更换。

对于鼓式制动器：检查制动蹄摩擦片状况，若摩擦片破裂或铆钉松动，应更换摩擦片。检查制动器间隙自调装置，若有损坏，应更换。检查制动鼓状况，若制动鼓圆度误差过大，应镗削或更换。检查制动蹄复位弹簧，若有折断或弹力减弱，应更换。检查制动轮缸，若轮缸活塞发卡或密封圈损坏，应更换。

（3）若全部车轮制动器拖滞，则首先检查制动踏板自由行程是否符合要求，若自由行程过小，应调整检查制动踏板的复位情况，用力将制动踏板踩到底并迅速抬起，若踏板复位缓慢，说明制动踏板复位弹簧失效或踏板轴发卡，应更换或修复。

检查制动主缸的工作情况。打开制动液储液室盖，由一人连续踩制动踏板，另一人观察制动主缸的回油情况。若不回油，说明制动主缸回油孔堵塞，应清洗、疏通。若回油缓慢，说明制动液过脏或变质，应更换。

三、制订检修计划

制订汽车制动系制动不灵故障计划如表 2-6 所示。

表 2-6　制订维修计划

1. 查阅维修资料，了解车辆制动器类型特点			
2. 查阅维修手册，熟悉车辆制动器检修规范			
3. 查阅技术通报，熟练车辆制动器制动不灵故障检修流程			
4. 通过使用歧管压力表检测制冷系统压力，判断汽车手动空调制冷不足故障的原因			
1. 车辆信息描述		车辆描述	
	制动系类型	制动器类型	
		制动控制系统布置	
		制动主缸类型	
		制动力分配调节装置	
2. 汽车制动故障原因分析，画出鱼刺图			

续 表

3. 汽车制动系制动不灵故障检修工作准备	制动管路 元器件位置 控制油路原理 参数数据——系统分析 规定——相关安全法规 制造商规定 维修规定 外部检查 泄漏检查 制动试验 补制动液——故障诊断 制动不灵故障 举升机 拉器——设备 修理——备件 工作计划 工作流程图				

步骤	检修项目	操作要领	技术要求或标准	检修记录
1	踏板自由行程	用力踩下制动踏板	桑塔纳自由行程<45 mm	
2	制动液	检查储液罐	达到标准	
3	制动管路	检查泄漏	无泄漏	
4	主缸	主缸出油阀、回油阀密封性检查,总泵进油口、补偿孔、通气孔畅通检查	密封良好、各孔畅通	
5	制动器	间隙检查、制动盘与制动鼓磨损检查	无磨损	
6	制动系统	检查制动系统中空气	无空气	

(左侧合并单元格:4. 汽车制动系制动不灵故障检修流程)

四、实施维修作业

收集汽车制动系统系统检修相关信息,制订汽车制动系主要部件的检修规范,并实施维修作业,如表 2-7 所示。

表 2-7 实施维修作业

故障原因分析	① 制动管路泄漏 ② 制动罐制动液不足 ③ 制动液有空气 ④ 总泵活塞与缸体的间隙过大,密封圈失效,产生泄漏 ⑤ 总泵的进油孔、补偿孔堵塞 ⑥ 前制动盘磨损 ⑦ 前、后制动器衬片磨损 ⑧ 前、后制动器活塞与缸体间隙过大,密封圈失效,产生泄漏 ⑨ 后制动鼓磨损 ⑩ 制动器踏板空行程过大

笔记

操作记录	检查内容	操作要领	检修记录
	制动管路		
	储液罐		
	制动踏板		
	制动总泵		
	制动分泵		
	前制动盘		
	后制动鼓		
检修排除记录	排除内容	操作要领	检修记录
	1.更换泄露的制动管,紧固泄露的接头;2.补充制动液;3.进行排气程序;4.更换总泵活塞与密封圈;5.清洗总泵;6.更换制动衬片;7.更换活塞或密封圈;8.磨削制动盘或更换;9.车削制动鼓内孔或更换;10.调整总泵活塞与真空助力器推杆的间隙		
检修结论			

五、检验评估

（1）查阅汽车制动系的评价指标，并对照各指标实施维修质量检验。

（2）检查诊断与排除汽车制动系制动不灵故障任务完成情况。

检验评估内容如表 2-8 所示。

表 2-8　检验评估

检验与评价内容	检验指标	权重	自评	互评	总评
维修质量检验	1. 制动管无泄漏				
	2. 储液量符合要求				
	3. 制动液有空气				
	4. 总泵活塞与缸体的间隙正常,无泄漏				

续　表

检验与评价内容	检 验 指 标	权重	自评	互评	总评
维修质量检验	5. 总泵的进油孔、补偿孔无堵塞				
	6. 前制动盘无磨损				
	7. 前、后制动器衬片无磨损				
	8. 前、后制动器活塞与缸体间隙过大，密封圈失效，产生泄漏				
	9. 后制动鼓磨损				
	10. 制动器踏板空行程过大				
检查任务完成情况	1. 能描述汽车制动系主要部件的作用与原理				
	2. 在小组完成任务过程中所起作用				
职业素养	1. 学习态度：积极主动参与学习				
	2. 团队合作：与小组成员一起分工合作，不影响学习进度				
	3. 现场管理：服从工位安排、执行实训室"5S"管理规定				

任务 2.3　诊断与排除汽车制动系统制动跑偏故障

任务描述	通过任务 2.1 排除了汽车制动失效故障；任务 2.2 排除制冷不灵故障；但在检验过程中仍发现制动跑偏现象。本任务在任务 2.1 和 2.2 的基础上，继续对制动系统的主要元件、部件的检测来诊断汽车制动系统跑偏故障，并通过检修其主要部件来排除汽车制动系统跑偏故障
任务目标	1. 理解液压系统阀结构与控制原理 2. 会进行相关检修作业 3. 会排除汽车制动跑偏故障，并按规范进行维修质量检验

一、维修接待

一辆 2006 款大众桑塔纳轿车行驶中发现制动时车辆偏离原行驶方向；进入维修厂进行维修。现进行维修接待，准确填写接车问诊表，如表 2-9 所示。

表 2 - 9　维修接待与接车问诊表

1. 通过询问客户了解汽车发生故障情况,填写接车问诊表
2. 车间检测初步确认结果及主要故障零部件

接 车 问 诊 表

车牌号:_____　　车架号:_____　　行驶里程:_____(km)

用户名:_____　　电话:_____　　来店时间:_____/_____

用户陈述及故障发生时的状况:**一辆 2006 款大众桑塔纳轿车行驶中发现制动时偏离行驶方向**

故障发生状况提示:**行驶速度、发动机状态、发生频度、发生时间、部位、天气、路面状况、声音描述**

接车员检测确认建议:**需进行综合维修**

车间检测确认结果及主要故障零部件:**需进行综合故障诊断与排除,必要时还需更换相应部件**

车间检查确认者:_____

外观确认:

功能确认:(工作正常√　不正常×)
□音响系统　　□门锁(防盗器)　　□全车灯光
□工具　　　　□后视镜　　　□天窗　　□座椅
□点烟器　　　□玻璃升降器　　□玻璃

物品确认:(有√　无×)
□贵重物品提示
□工具　　□备胎　　□灭火器
□其他(　　　　　　)
旧件是否交还用户　□是　□否
用户是否需要洗车　□是　□否

(请在有缺陷部位作标识)

- 检测费说明:本次检测的故障如用户在本店维修,检测费包含在修理费用内;如用户不在本店维修,请您支付检测费。本次检测费:¥_____元。
- 贵重物品:在将车辆交给我店检查修理前,已提示将车内贵重物品自行收起并保存好,如有遗失恕不负责。

接车员:_____　　　　用户确认:_____

二、信息收集与处理

(一)限压阀与比例阀

汽车制动时,作用在车轮上的制动力随踏板力的增加而增加,但受到轮胎与路面间附着力的限制,制动力不能超过附着力,否则,车轮将被"抱死"。无论前轮先抱死还是后轮先抱

死都会严重影响行驶的安全性并加剧轮胎的磨损，尤其是后轮先抱死的危害更大。要使汽车既能得到尽可能大的制动力，又能使汽车保持行驶方向的稳定性，就必须使汽车前后轮同时达到抱死的边缘，其条件是：前后轮制动力之比等于前后轮对路面垂直载荷之比。

汽车在制动过程中，前后车轮所受载荷是变化的，加上轮胎气压、胎面花纹磨损状况不同而使前后轮的附着系数也不同。

为使前后轮获得最理想的制动力，现代汽车上采用了各种制动力调节装置，来调节前后车轮制动管路的工作压力，常用的有限压阀和感载比例阀等。

1. 限压阀

限压阀串联于液压制动回路的后促动管路中，其作用是当前、后促动管路压力 P_1 和 P_2 由零同步增长到一定值后，即自动将 P_2 限定在该值不变。

限压阀的结构如图 2−60 所示。自进油口输入的控制压力是前促动管路压力（亦即主缸压力）P_1，从出油口输出的是后促动管路压力 P_2。阀门 2 与活塞 3 连接成一体，装入阀体 6 后，弹簧即受到一定的预紧力。在弹簧力的作用下，阀门离开阀体上的阀座而抵靠着阀盖 1。

阀门凸缘上开有若干个通油切口。当输入压力 P_1 较低时，阀门一直保持开启，因而 $P_2 = P_1$，即限压阀尚未起限压作用。当 P_2 与 P_1 同步增长到一定值 P_s 时，活塞上所受的液压作用力将弹簧压缩到使阀门关闭，后轮轮缸与主缸隔绝。此后 P_2 即保持定值 P_s，不再随 P_1 增长。

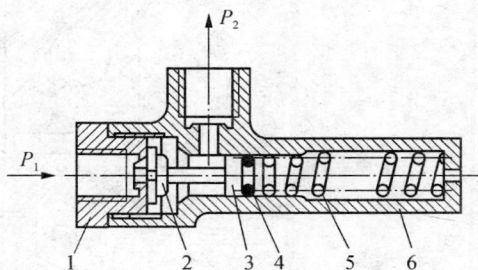

图 2−60 限压阀的结构原理

1—阀盖；2—阀门；3—活塞；
4—密封圈；5—弹簧；6—阀体

2. 比例阀

比例阀（又称 P 阀）也串联于液压制动回路的后促动管路中，其作用是当前、后促动管路压力 P_1 与 P_2 同步增长到某一定值 P_s 后，即自动对 P_2 的增长加以限制，使 P_2 的增量小于 P_1 的增量。

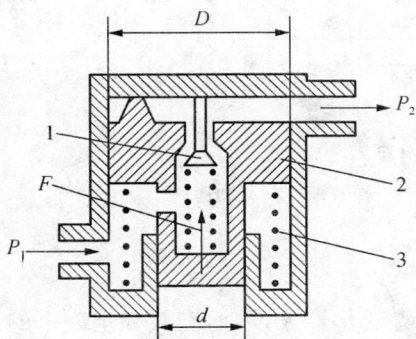

图 2−61 比例阀的结构原理

1—阀门；2—活塞；3—弹簧

比例阀一般采用两端承压面积不等的异径活塞结构，见图 2−61。不工作时，异径活塞 2 在弹簧 3 的作用下处于上极限位置。此时阀门 1 保持开启，因而在输入控制压力 P_1 与输出压力 P_2 从零同步增长的初始阶段，$P_1 = P_2$。但是压力 P_1 的作用面积 41 小于压力 P_2 的作用面积 42，故活塞上方液压作用力大于活塞下方液压作用力。在 P_1、P_2 同步增长过程中，活塞上、下两端液压作用力之差超过弹簧 3 的预紧力时，活塞便开始下移。当 P_1 和 P_2 增长到一定值 P_s 时，活塞内腔中的阀座与阀门接触，进油腔与出油腔即被隔绝。此即比例阀的平衡状态。

　　若进一步提高 P_1，则活塞将回升，阀门再度开启，油液继续流入出油腔，使 P_2 也升高，但由于 $A_1 < A_2$，P_2 尚未增加到新的 P_1 值，活塞又下降到平衡位置。

　　图 2-62 所示的是夏利轿车上使用的液压比例阀。阶梯形的异径柱塞 3 上部的导向圆柱面与阀体 1 的孔作滑动配合，如图 2-62(a) 所示。柱塞 3 的凸缘 E 即是比例阀的阀门，其下端面是工作面。输入压力 P_1 与输出压力 P_2 均为零时，柱塞 3 被弹簧 9 推倒上极限位置，使橡胶阀座 2 压靠在进油腔顶端的阀体台肩上，见图 2-62(b)。橡胶阀座 2 的下端面上有若干个周向分布的凸台与柱塞接触。因此只要异径柱塞上的阀门 E 离开阀座 2，进油腔与出油腔即相互连通，如图 2-62(c) 所示。松套在柱塞上的弹簧座 5 支承在导向座 6 上，导向座用钢丝挡圈 7 限位。在导向座 6 与阀体之间装有密封圈 8，以防止制动液渗漏。

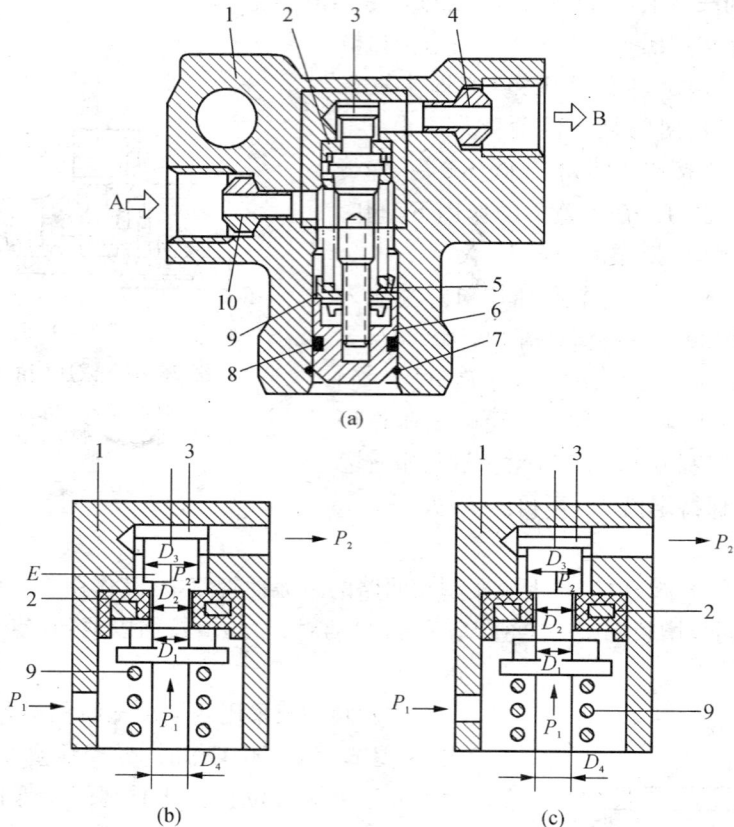

图 2-62　夏利轿车使用的比例阀

1—阀体；2—护罩；3—异径柱塞；4、10—密封座；5—弹簧座；6—导向座；
7—钢丝挡圈；8—密封圈；9—弹簧

（二）感载比例阀

　　有些汽车在实际装载质量不同时，其总重力和重心位置变化较大，因而满载和空载下的理想促动管路压力分配特性曲线差距也较大。在此情况下，采用一般的特性曲线不变制动力调节装置已不能保证汽车的制动性能符合法规的要求，故有必要采用特性随汽车实际装载质量而变化的感载比例阀。

感载比例阀有液压和气压式两种形式。图 2-63 所示为液压式感载比例阀及其感载控制机构,阀体 3 安装在车身上,其中的活塞 4 为两端承压面积不等的差径结构,其右部空腔内有阀门 2。杠杆 5 的一端用拉力弹簧 6 与后悬架连接,另一端压在差径活塞 4 上。不制动时,活塞在弹簧 6 通过杠杆 5 施加的推力 F 作用下处于右极限位置。阀门 2 因其杆部顶触螺塞 1 而开启,使左右阀腔连通。制动时,来自主缸压力为 P_1 的制动液由进油口 A 进入,并通过阀门从出油口 B 输至后轮轮缸,输出压力 $P_2 = P_1$。因活塞左右两端面液压之差大于推力 F 时,活塞满载左移,使其上的阀座与阀门接触而达到平衡状态,此后 P_2 增量将小于 P_1 的增量。

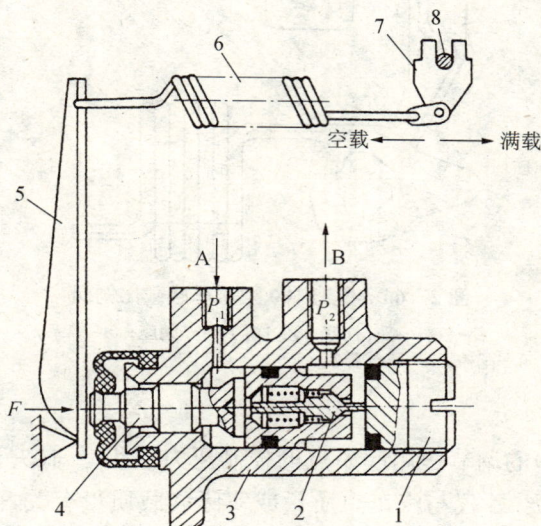

图 2-63　感载比例阀极其感载控制机构
1—螺塞;2—阀门;3—阀体;4—活塞;5—杠杆;6—感载拉力弹簧;7—摇臂;8—后悬架横向稳定杆

感载比例阀的特点是作用于活塞的轴向力 F 是可变的。汽车上是利用轴载变化时,车身与车桥间的距离发生变化来改变弹簧预紧力(图 2-63)。拉力弹簧 6 右端经吊耳与摇臂 7 相连,而摇臂则夹紧在后悬架的横向稳定杆 8 的中部。当汽车的轴载荷增加时,后桥向车身移近,后悬架的横向稳定杆边带动摇臂 7 逆时针转过一个角度,将弹簧 6 进一步拉紧,作用于活塞 4 上推力 F 便增加;反之,轴载荷减小,推力 F 便减小。这样,调节起作用点压力值 P_s 就随轴载荷而变化。

图 2-64 所示的是奥迪 100 型轿车的感载比例阀,其工作原理与上述完全一样。

通过感载控制机构输入感载阀的控制信号,一般是有关悬架的变形量。然而影响悬架变形量的因素,除了汽车总重力分配到该悬架上的载荷(包括制动时的载荷转移)以外,还有汽车行驶时不平路面对车轮和悬架瞬时冲击载荷。感载控制机构中设置容量较大的弹簧的目的就在于吸收这种冲击载荷,以排除其对感载阀工作的干扰。另外,液压感载比例阀中油液本身的阻尼也有助消除这一干扰。

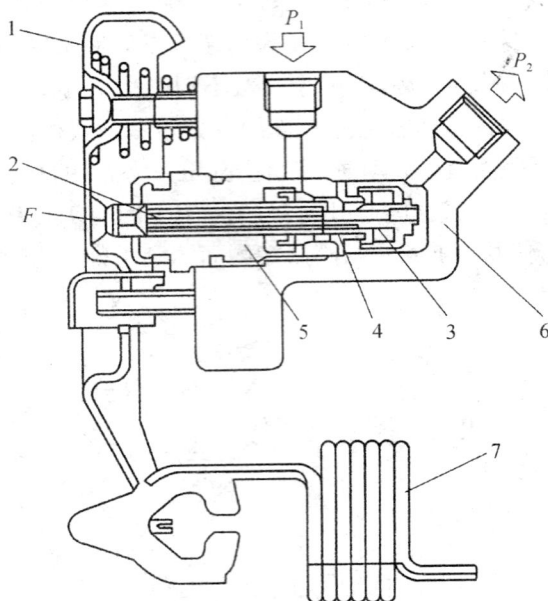

图 2-64　奥迪 100 型轿车感载比例阀

1—杠杆；2—柱塞；3—阀门；4—阀座；5—螺塞；
6—阀体；7—感载弹簧

（三）惯性阀

惯性阀（也称 G 阀）的调节作用起始点的控制压力值 P_s。取决于汽车制动时作用在汽车重心上的惯性力，即 P_s 不仅与汽车总质量或实际装载质量有关，而且与汽车制动减速度有关。惯性阀也有惯性限压阀惯性比例阀两类。

1. 惯性限压阀

如图 2-65 所示，惯性限压阀内有一个惯性球 2，惯性球的支承面相对于水平面的仰角 θ 必须大于零，惯性阀方可能起作用。汽车在水平路面上时，θ 应为 $10°\sim13°$。

通常惯性球在其本身重力作用下处于下极限位置，并将阀门 4 推到与阀盖 5 接触，使得阀门与阀座 3 之间保持一定的间隙。此时进油口 A 与出油口 B 连通。

在水平路面上施行制动时，来自主缸的压力油即由进油口 A 输入惯性阀，再从出油口 B 进入

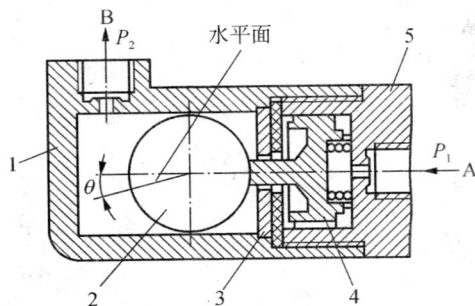

图 2-65　惯性限压阀

1—阀体；2—惯性球；3—阀座；4—阀门；
5—阀盖

后促动管路，输出压力 P_2 即等于输入压力 P_1。当路面对车轮的制动力使汽车产生减速度时，惯性球也具有相同的减速度。当控制压力 P_1 较低、减速度较小时，惯性球向前的惯性力沿支承面的分力不足以平衡球的重力沿支承面的分力，阀门便仍然保持开启，P_2 也依然等于 P_1。当 P_1 增高到某一定值 P_s 时，制动力和减速度增大到足以实现上述两力平衡，阀门弹簧便通过阀门将球推向前上方，使阀门得以压靠阀座，切断液流通路。此后 P_1 继续增高，

前轮制动力也即汽车总制动力继续增高时，球的惯性力使球滚到前上极限位置不动，阀门对阀座的压紧力也因 P_1 的增高而加大，而 P_2 则保持 P_s 值不变。

　　汽车在上坡路上制动时，由于支承面仰角 θ 增大，惯性球重力沿支承面的分力也增大，使得惯性阀开始起作用所需的控制压力值 P_s 也更高，即所限定的输出压力 P_2 值更高，这正与汽车上坡时后轮附着力加大相适应。相反，在下坡路上制动时，后轮附着力减小，惯性阀所限定的 P_2 也正好相应地减低。

　　2. 惯性比例阀

　　如图 2-66 所示，惯性比例阀的阀座 8 位于惯性球 7 的前方，惯性球兼起阀门作用。阀体上部有两个同心但直径不等的油腔 E 和 G，E 腔与出油口 B 连通，而 G 腔通过油道 H 与进油口 A 连通。E 腔中直径较大的第一活塞 2 与 G 腔中直径较小的第二活塞 4 组成异径活塞组。在输入压力 P_1 和输出压力 P_2 同步增长的初始阶段，惯性球保持在后极限位置不动，进油口 A 与出油道 C，D 相通，因而 $P_2 = P_1$。此时异径活塞组两端的液压作用力不等，其差值由弹簧 3 承受。当该力超过弹簧预紧力时，异径活塞组便进一步压缩弹簧 3 而右移。当 P_1、P_2 同步增长到某一定值 P_s 时，惯性球沿倾斜角为 θ

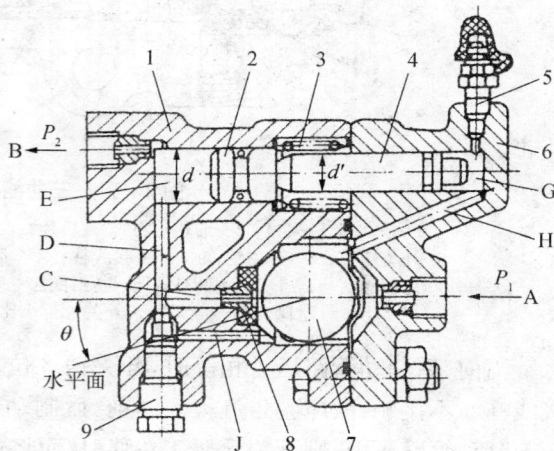

图 2-66　惯性比例阀

1—前阀体；2—第一活塞；3—弹簧；4—第二活塞；5—放气阀；6—阀体；7—惯性球；8—阀座；9—旁通锥阀；A—进油口；B—出油口；C，D，H，J—油道；E，G—油腔

的支承面向上滚到压靠阀座 8 时，油腔 E 和 G 便互相隔绝，异径活塞组停止右移。此后，继续增长的输入压力 P_1 对第二活塞 4 的作用力 N_1 与弹簧力 F 之和作用于第一活塞 2 上，使 E 腔压力 P_2 也随之增长。

　　当汽车实际装载量不同时，其总质量也不同。在总制动力相同的情况下，满载汽车的减速度比空车的小。但是使同一惯性阀开始起作用的减速度值只与仰角 θ 有关，而与汽车装载量无关。因此，汽车满载时，相应于调节作用起始点的控制压力值 P_s 比空载时的高。

　　在某些情况下不需要惯性比例阀起作用时，可将旁通锥阀 9 旋出，使旁通油道 H 与出油道 D 连通。于是阀门被短路，异径活塞组也失效。

　　（四）组合阀

　　近年来，一些新车型上装用了组合阀。图 2-67 所示即是集计量阀、故障警告开关及比例阀于一体的组合阀，用于前盘后鼓式制动系中。组合阀左端是计量阀，中间是制动故障警告开关，右端是比例阀。

　　一般情况下，盘式制动器动作快，而鼓式制动器需要克服弹簧拉力和杆系间隙，制动动作较慢（相对盘式制动器而言）。计量阀的作用是使后轮鼓式制动器开始工作后，制动管路中建立起一定压力并推动计量阀杆 5 左移，此时前轮盘式制动器才开始工作。

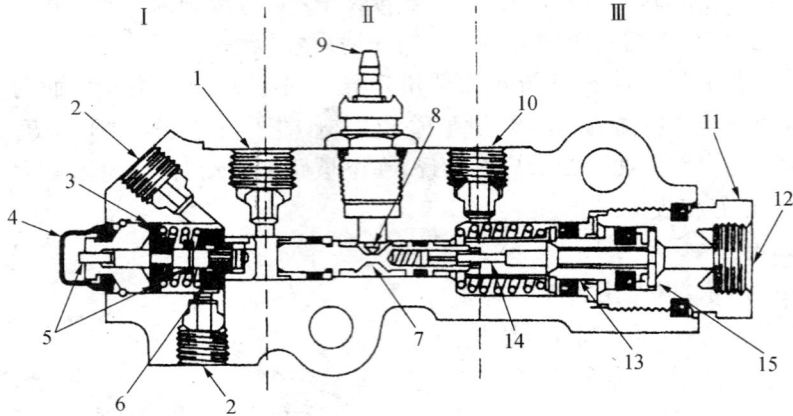

图 2‑67　三功能组合阀示意图

1—前输入口；2—前输出口；3—膜片；4—橡胶套；5—计量阀杆；6—密封圈；7—开关活塞；8—开关销；9—开关接线柱；10—后输入口；11—螺塞；12—后输出口；13—比例阀活塞；14—比例阀杆；15—密封圈

Ⅰ—计量阀　Ⅱ—故障警告开关　Ⅲ—比例阀

　　当前、后制动管路压力相等时,开关销 8 位于开关活塞 7 中部的轴颈中,开关销与开关接线柱 9 不接触;故障警告灯灭。当前、后制动管路压力不相等时,假设后制动管路压力高于前制动管路压力,则开关活塞 7 左移,从而将开关销 8 顶起,使之与开关接线柱接触,故障警告灯便点亮。

　　右端的比例阀也是异径活塞结构,工作原理在前面已有叙述。

　　图 2‑68 所示是北京切诺基吉普车上采用的制动组合阀,主要由差动阀(D 阀)、比例阀(P 阀)和旁通阀(B 阀)组成,所以该组合阀也称为 D,P,B 阀。

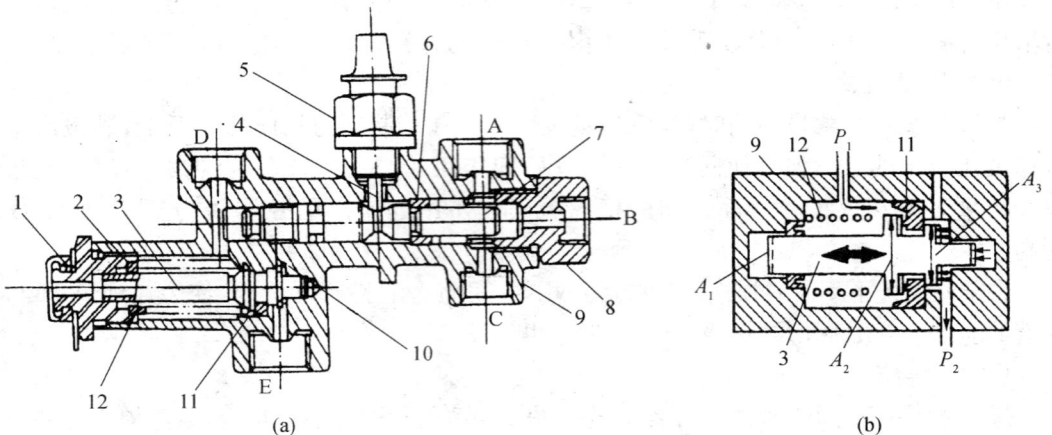

图 2‑68　北京切诺基的制动组合阀(D,P,B 阀)

1—调整螺母；2—油封；3—比例阀柱塞；4—报警开关销；5—报警开关；6—复位滑套；7—棱形滑阀；8—螺塞；9—组合阀体；10—旁通阀；11—橡胶阀座；12—比例阀柱塞弹簧

　　P 阀的阶梯形柱塞 3 的左端导向圆柱面与阀体 9 上的孔作动配合,柱塞凸缘即是 P 阀的阀门,其右面是工作面。如图 2-68(a)所示。橡胶阀座 11 的左右两端面上各有若干个径向分布的凸台,分别与阀体 9 和柱塞 3 接触,橡胶阀座的内径比与之配合的柱塞轴径大,两者之间存在环状间隙。不制动时,柱塞 3 被弹簧 12 推到右极限位置,橡胶阀座压在进油腔的阀体台肩上。制动时,来自制动主缸后腔的制动液从组合阀上部的 A 口进入组合阀,并经 B,C 两出油口分别流到前轮左、右制动轮缸;来自制动主缸前腔的制动液经阀体上部的 D 口进入阀体,并从橡胶阀座左侧经环状间隙绕到阀座右侧,而后经出油口 E 流入后轮制动轮缸。P 阀的工作原理如图 2-68(b)所示。

D 阀实际上是一个制动报警开关,当汽车的双回路中任一回路有泄漏时,D 阀都接通制动报警电路,向驾驶员报警。它主要由棱形滑阀 7、复位滑套 6、密封圈等组成。棱形滑阀左、右两端的两个油腔分别与前、后制动回路相通,滑阀的中部有一梯形环槽,被密封圈相互隔开。当制动液压系统正常工作时,滑阀左面所受液压推力等于滑阀右面及滑套所受液压推力之和,滑阀处于中间位置。此时,报警开关销 4 位于滑阀梯形槽的底面,报警电路不导通。当后制动管路泄漏时,滑套不动,滑阀左移,报警开关销在梯形槽右斜面的推动下向上移动,从而使报警电路导通。当前制动管路泄漏时,滑阀连同滑套一起右移,报警开关销在梯形槽左斜面的推动下向上移动,也使报警电路导通。

B 阀的作用是当前制动管路泄漏时,打开后制动器旁通管路,使压力油不经调节直接进入后制动器,以提高制动效率。制动器正常工作时,该阀不工作,制动油液只能经过 P 阀进入后制动管路。当前制动管路泄漏时,棱形滑阀向右移动,当其上最左端的密封圈退到旁通孔右侧后,制动油液经旁通孔直接进入 P 阀阀门右侧,而后进入后制动管路。因为此时汽车的制动力全部取决于后轮的制动力,若对后轮制动压力进行降低调整,汽车将不能充分利用地面附着力,而使汽车的制动性能进一步恶化。

(五)液压系统阀的拆装与检修

1. 上海别克世纪轿车比例阀与感载比例阀的拆装

1)比例阀的拆卸与安装

如图 2-69 所示,从主缸上卸下储液罐(如果必要)。卸下比例阀罩、O 形密封圈和弹簧。用尖嘴钳卸下活塞,仔细地操作,不要损坏活塞体。从活塞上卸下密封圈。用工业酒精清洗零部件。如果活塞被腐蚀或有变形,更换活塞。用维修材料箱中提供的硅基润滑脂润滑 O 形圈、新活塞密封圈和活塞体。将密封圈安装在活塞上,使密封唇朝上。为安装剩下的零部件,按照与拆卸步骤相反的顺序进行。对制动系统放气。

2)感载比例阀的拆卸与安装

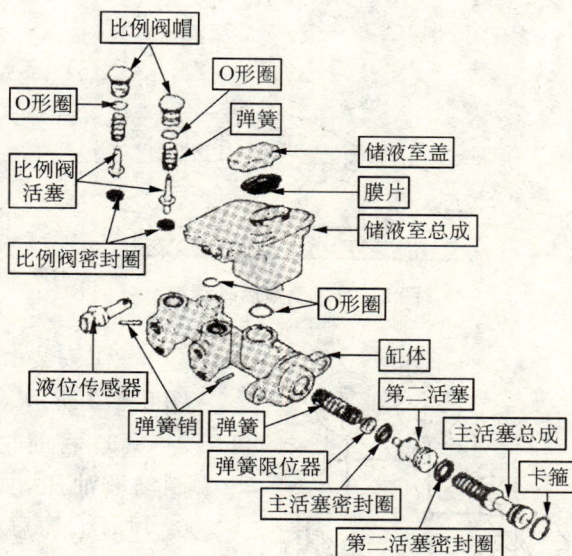

图 2-69 主缸分解图(比例阀拆卸)

如图 2-70 所示,从 LSPV 上断开制动管路,拆下锁紧螺母,从悬架上脱开调整螺母和弹簧组件。拆下 LSPV 固定螺栓,然后拆下 LSPV。

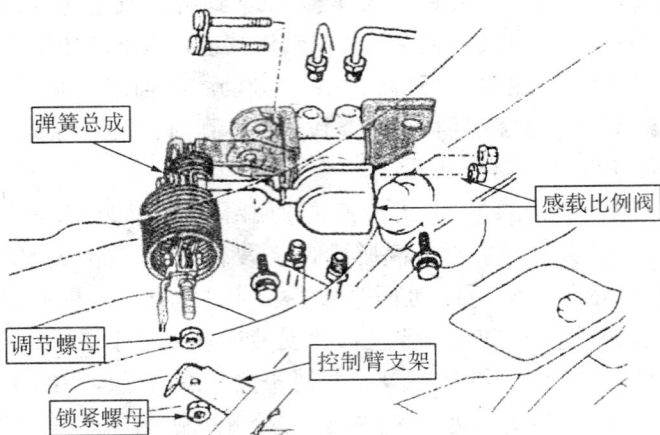

图 2-70　主缸分解图(感载比例阀拆卸)

安装时,按照与拆卸相反的顺序进行。按照规定值拧紧螺栓。调整轴的长度至初始规定长度 27.5 mm。如有必要,检查并调节压力。

2. 天津威驰轿车感载比例阀的拆装与检修

1) 车上检查

(1) 设定后轴载荷,如图 2-71 所示。

① 将汽车设定到限制重量。

② 测量并记下后轴载荷。

③ 设定后轴载荷。后轴载荷:后轴限制重量＋40 kg。

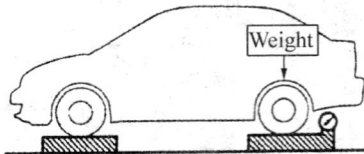

图 2-71　测量后轴载荷

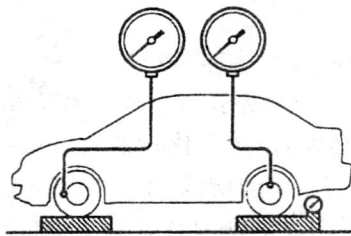

图 2-72　安装 LSPV 测量表

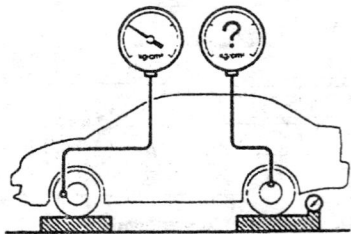

图 2-73　检查制动液油压

(2) 安装 LSPV 测量表(SST)并给制动系统排空气,如图 2-72 所示。

(3) 将前轮制动液压提升至 9.806 kPa 并检查后轮制动液油压,如图 2-73 所示。后轮制液油压:$3.9±0.6$ MPa。注意:在设定标准油压时,制动踏板不能踩下 2 次或者松开。保持准油压约 2 s 后读取后轮制动液油压。

（4）如有必要调整制动液油压，如图 2-74 所示。

① 把后轴的长度 A 设定为初始设定长度，紧固调整螺栓锁止螺母。初始设定长度:9.7 mm。

② 检查后轮制动液油压。调整制动液油压。

③ 如果长度不符合规定，改变后轴长度可以调整制动液油压。压力降低:缩短 A;压力上升:伸长 A。注意:转动调节螺母每转一圈使油压上升 304 kPa。

④ 紧固锁止螺母，如图 2-75 所示。拧紧力矩:13 N·m。如果不能调整，更换阀体。

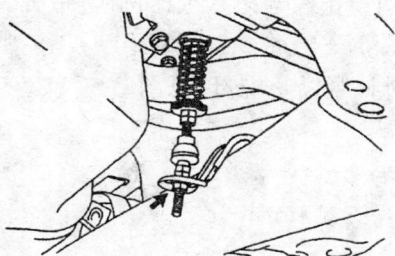

图 2-74 调整制动液油压

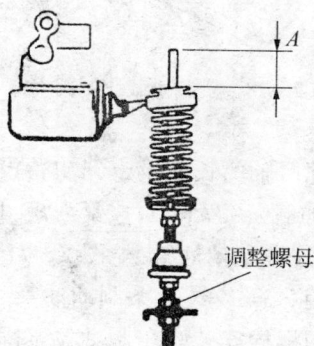

图 2-75 紧固锁止螺母

2）拆装

载荷感知比例阀分解图（如图 2-76 所示）。

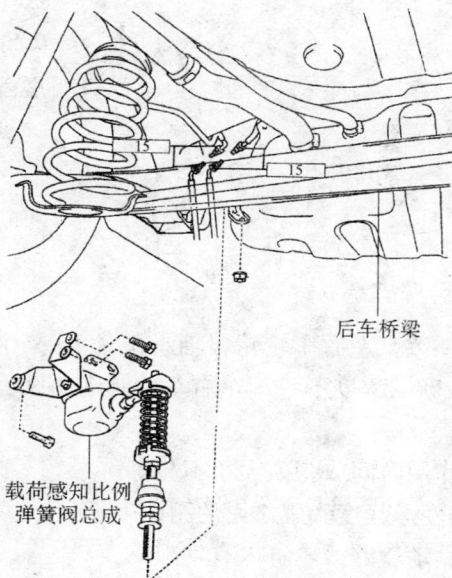

图 2-76 零件分解图

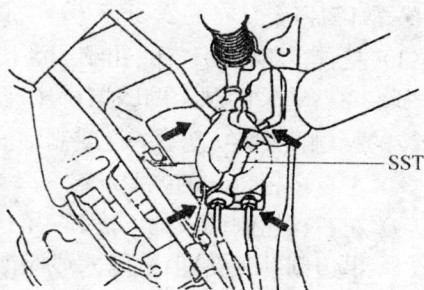

图 2-77 制动油管拆卸

（1）拆下制动油管。

① 拆下螺栓，拔下驻车制动拉索固定架。

② 用 SST 从感载比例阀/带弹簧阀总成上拆下 4 根制动油管，如图 2-77 所示。

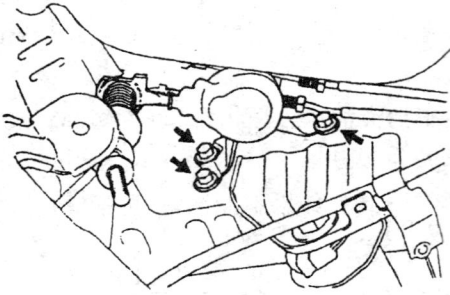

图 2-78   安装感载比例阀

（2）拆卸载荷感知比例阀/带弹簧阀总成。

① 拆卸锁止螺母，从后车桥梁上拆下调整螺栓（见图 2-75）。

② 拆卸 3 个螺栓和感载比例阀/带弹簧阀总成，如图 2-78 所示。

（3）安装感载比例阀/带弹簧阀总成。

① 用 3 个螺栓安装感载比例阀/带弹簧阀总成（见图 2-78），拧紧力矩：19 N·m。

② 用锁止螺母把感载比例阀/带弹簧阀总成装到后车桥梁上。

③ 把后轴的长度设定到初始设定长度，并临时拧紧锁止螺母（见图 2-74）。初始设定长度（不加载）：9.7 mm，拧紧力矩：13 N·m。

（4）连接制动油管（见图 2-77）。

① 用 SST 安装 4 条制动油管。SST 拧紧力矩：15 N·m。

② 用螺栓安装驻车制动拉索固定架。

（5）向储液罐加注制动液。

（6）放出制动总泵空气。

（7）放出制动管路空气。

（8）检查储液罐中液面高度。

（9）检查制动液有无泄漏。

（10）检查感载比例阀/带弹簧阀总成。

（六）故障诊断与排除

1. 制动跑偏

1）故障现象

（1）汽车行驶制动时，行驶方向发生偏斜。

（2）紧急制动时，方向急转或车辆甩尾。

2）故障原因

（1）左右车轮轮胎气压、花纹或磨损程度不一致。左右车轮轮毂轴承松紧不一、个别轴承破损。左右车轮的制动蹄摩擦衬片材料不一或新旧程度不一。左右车轮制动蹄摩擦片与制动鼓的接触面积、位置不一样或制动间隙不等。

（2）左右车轮轮缸的技术状况不一，造成起作用时间或张力大小不相等。

（3）左右车轮制动鼓的厚度、直径、工作中的变形程度和工作面的粗糙度不一。

（4）单边制动管路凹瘪、阻塞或漏油。单边制动管路或轮缸内有气阻。

（5）单边制动蹄与支撑销配合过紧或锈蚀。

（6）一侧悬架弹簧折断或弹力过低或一侧减振器漏油或失效。

（7）前轮定位失准。

（8）转向传动机构松旷。

（9）车架、车桥在水平平面内弯曲、车架两边的轴距不等。

（10）感载比例阀故障。

3）诊断与排除

（1）若车辆正常行驶时亦有跑偏现象，则首先做以下外观检查：检查左右车轮轮胎气压、花纹和磨损程度是否一致。检查各减振器是否漏油或失效。检查悬架弹簧是否折断或弹力是否一致。

（2）支起车轮，用手转动和轴向推拉车轮轮胎。若一侧车轮有松旷或过紧感觉，应重新调整轴承的预紧度。若转动车轮有发卡或异响，应检查该轮轮毂轴承是否破损或毁坏。

（3）对汽车进行路试。制动后，若汽车向一侧跑偏，则为另一侧的车轮制动不良。

首先对该车轮制动器进行放气，若无制动液喷出，说明该轮制动管路堵塞，应予以更换。若放出的制动液中有空气，说明该轮制动管路中混入空气，应予以排放。

观察该轮制动器间隙，若制动器间隙过大，说明制动蹄摩擦片磨损严重或制动自调装置失效，应更换。

上述检查正常，应拆检该轮制动器。检查制动盘或制动鼓是否磨损过甚或有沟槽，若磨损过甚，应更换。若有严重沟槽，应车削或镗削。检查制动蹄摩擦片（摩擦衬块）是否有油污或水湿及磨损过甚，若摩擦片（衬片）有油污或水湿，应查明原因并清理。若摩擦片磨损过甚，应更换。检查制动轮缸或制动钳活塞，若有漏油或发卡现象，应更换。

（4）若制动时，出现忽左忽右跑偏现象，则应检查前轮定位是否符合要求，若前轮定位不正确，应调整。检查转向传动机构是否松旷，若松旷，应紧固、调整或更换。

（5）若在制动时，车辆出现甩尾现象，应检查感载比例阀是否有故障。

2. 制动冲击（对制动踏板反应强烈）

1）故障原因

（1）制动衬片被润滑脂或制动液污染。

（2）驻车制动拉索调节不正确或咬死。

（3）制动衬片不正确或制动蹄上的衬片太松。

（4）制动钳固定盘螺栓松动。

（5）后制动蹄粘连在制动底板边缘。

（6）不正确的动力制动助力作用。

（7）后制动器制动底板松动。

（8）感载比例阀没有调节。

2）故障诊断与排除

（1）确定并消除污染原因及更换制动蹄。

（2）调节拉索，更换咬死的拉索。

（3）更换轴组件中的制动蹄。

（4）锁紧螺栓。

（5）清理并润滑边缘，如果制动底板边缘有深沟则更换制动底板，不要试图将其打磨平。

（6）更换助力器。

（7）锁紧连接螺栓。

（8）调节感载比例阀。

笔记

三、制订检修计划

制订汽车制动跑偏故障检修计划(如表2-10所示)。

表2-10　制订检修计划

1. 查阅维修资料,了解车辆制动系类型特点
2. 查阅维修手册,熟悉车辆制动跑偏检修规范
3. 查阅技术通报,熟练车辆制动跑偏故障检修流程
4. 收集汽车制动系统的控制原理,分析汽车制动跑偏故障原因
5. 参照故障检修流程制订汽车制动跑偏故障检修计划

1. 车辆信息描述	制动系统类型	车辆描述	
		车型	
		制动器类型	
		制动力分配调节装置	
		制动系统控制类型	
2. 现象描述			

3. 汽车制动跑偏故障原因分析,画出鱼刺图	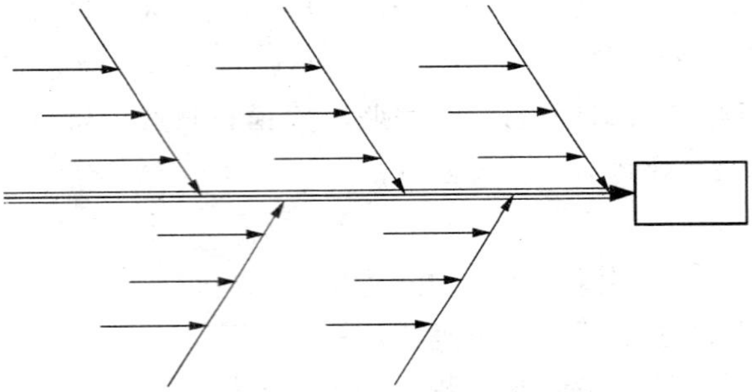

4. 汽车制动跑偏故障检修工作准备	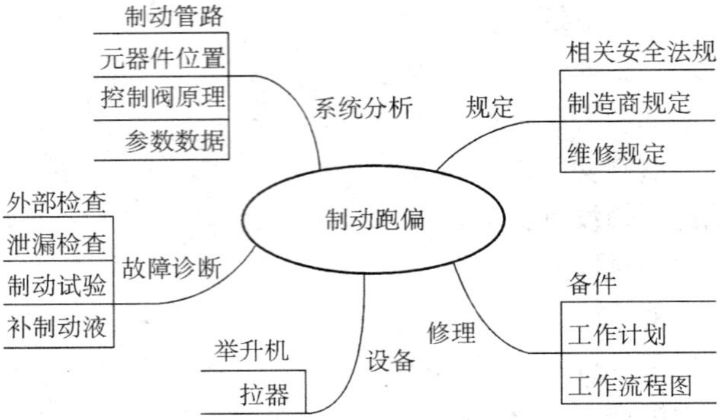

5. 汽车制动跑偏故障检修流程	步骤	检修项目	操作要领	技术要求或标准	检修记录
	1	跑偏方向	路试,在行驶中减速制动	不跑偏	
	2	轮胎	检查轮胎气压是否均匀、轮胎花纹	均匀	

续　表

5. 汽车制动跑偏故障检修流程	步骤	检修项目	操作要领	技术要求或标准	检修记录
	3	制动鼓	检查蹄、摩擦片、制动衬片、制动钳、制动盘等	是否磨损	
	4	感载比例阀	检查感载比例阀	是否损坏	

四、实施维修作业

收集汽车制动系统检修相关信息，制定制动主要部件的检修规范，并实施维修作业如表 2-11 所示。

表 2-11　实施维修作业

检修项目	检修要领	检修记录
1. 车轮轮胎气压、花纹或磨损程度		
2. 车轮轮毂轴承松紧及个别轴承破损		
3. 车轮的制动蹄摩擦衬片材料或新旧程度		
4. 车轮制动蹄摩擦片与制动鼓的接触面积、位置或制动间隙		
5. 车轮轮缸的技术状况，检查起作用时间或张力大小		
6. 车轮制动鼓的厚度、直径、工作中的变形程度和工作面的粗糙度		
7. 单边制动管路凹瘪、阻塞或漏油。单边制动管路或轮缸内有气阻		
8. 单边制动蹄与支撑销配合过紧或锈蚀		
9. 一侧悬架弹簧折断或弹力过低或一侧减振器漏油或失效		
10. 前轮定位失准		
11. 转向传动机构松旷		
12. 车架、车桥在水平平面内弯曲、车架两边的轴距不等		
13. 感载比例阀故障		
检修体会		

五、检验评估

（1）查阅汽车制动的评价指标，并对照各指标实施维修质量检验。

（2）检查诊断与排除汽车制动跑偏故障任务完成情况。

检验评估如表 2-12 所示。

笔记

表 2-12　检验评估

检验与评价内容	检验指标	权重	自评	互评	总评
维修质量检验	1. 左右车轮轮胎气压、花纹磨损程度一致。左右车轮轮毂轴承松紧正常、个别轴承破损 2. 左右车轮的制动蹄摩擦衬片材料或新旧程度相同。左右车轮制动蹄摩擦片与制动鼓的接触面积、位置或制动间隙相同 3. 左右车轮轮缸的技术状况良好,制动起作用时间或张力大小相等 4. 左右车轮制动鼓的厚度、直径符合要求 5. 单边制动管路无凹瘪、阻塞或漏油。单边制动管路或轮缸内无气阻 6. 单边制动蹄与支撑销无配合过紧或锈蚀 7. 悬架弹簧弹力正常,减振器正常 8. 前轮定位符合规定 9. 转向传动机构不松旷 10. 车架、车桥在水平平面内无弯曲、车架两边的轴距相等 11. 感载比例阀正常				
检查任务完成情况	1. 完成任务过程情况 2. 任务完成质量 3. 在小组完成任务过程中所起作用				
专业知识	1. 能描述汽车制动控制阀的组成 2. 能描述汽车制动控制阀的应用情况 3. 能描述汽车空调的功能 4. 会描述汽车制动跑偏故障排除作业范围				
职业素养	1. 学习态度:积极主动参与学习 2. 团队合作:与小组成员一起分工合作,不影响学习进度 3. 现场管理:服从工位安排、执行实训室"5S"管理规定				

项目拓展

想一想:

1. 汽车制动跑偏与哪些因素有关?

2. 大众桑塔纳汽车采用了哪些系统控制阀?

任务 2.4　诊断与排除汽车驻车制动不良故障

任务描述	通过任务 2.1、2.2 和 2.3 排除的汽车制动方面的故障,但检验过程中发现驻车制动不良。本任务通过对汽车驻车制动不良的检修,熟悉驻车制动系统的结构及工作原理,诊断与排除驻车制动不良故障
任务目标	1. 理解汽车驻车制动系统的结构及工作原理,能分析汽车驻车制动不良的原因 2. 学会汽车驻车制动系统的维修规范,会进行相关检修作业 3. 会排除汽车驻车制动不良故障,并按规范进行维修质量检验

一、维修接待

维修接待，准确填写接车问诊表，如表 2 - 13 所示。

表 2 - 13　维修接待与接车问诊表

1. 通过询问客户了解驻车制动不良发生故障情况，填写接车问诊表
2. 车间检测初步确认结果及主要故障零部件

接 车 问 诊 表

车牌号：＿＿＿＿＿＿　　车架号：＿＿＿＿＿＿＿＿　　行驶里程：＿＿＿＿＿（km）

用户名：＿＿＿＿＿＿　　电话：＿＿＿＿＿＿＿＿＿　　来店时间：＿＿＿/＿＿＿

用户陈述及故障发生时的状况：**坡道停车时，拉紧驻车制动器，汽车仍发动溜车现象**

故障发生状况提示：**行驶速度、发动机状态、发生频度、发生时间、部位、天气、路面状况、声音描述**

接车员检测确认建议：**需进行综合维修**

车间检测确认结果及主要故障零部件：**需进行综合故障诊断与排除，必要时还需更换相应部件**

车间检查确认者：＿＿＿＿＿＿＿＿＿

外观确认：

（请在有缺陷部位作标识）

功能确认：(工作正常√　不正常×)
□音响系统　　□门锁(防盗器)　　□全车灯光
□工具　　　　□后视镜　　　　　□天窗　　　□座椅
□点烟器　　　□玻璃升降器　　　□玻璃

物品确认：(有√　无×)

□贵重物品提示
□工具　　□备胎　　□灭火器
□其他(　　　　　　　)
旧件是否交还用户　□是　□否
用户是否需要洗车　□是　□否

● 检测费说明：本次检测的故障如用户在本店维修，检测费包含在修理费用内；如用户不在本店维修，请您支付检测费。本次检测费：￥　　　　元。
● 贵重物品：在将车辆交给我店检查修理前，已提示将车内贵重物品自行收起并保存好，如有遗失恕不负责。

接车员：＿＿＿＿＿＿＿＿＿　　　　　用户确认：＿＿＿＿＿＿＿＿＿

笔记

二、信息收集与处理

(一)驻车制动装置的功用

驻车制动装置的功用是车辆停驶后防止滑溜;坡道上顺利起步;行车制动效能失效后临时使用或配合行车制动器进行紧急制动。

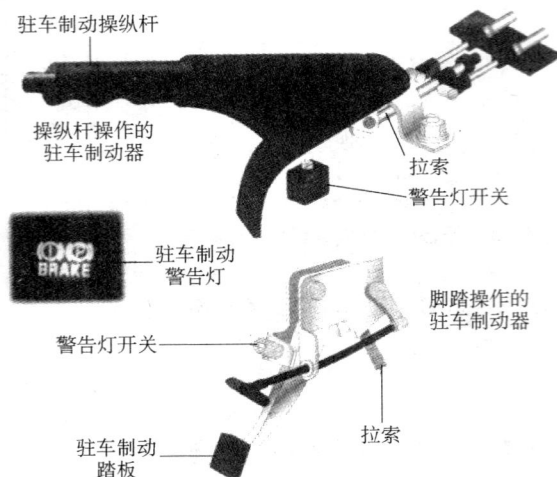

图 2 - 79　驻车制动系

(二)驻车制动装置组成

驻车制动器俗称手制动器,它由驻车制动操纵杆、驻车制动拉索、调节压板、调整螺母等组成。图 2 - 79 为驻车制动系统。

(三)驻车制动装置的类型

驻车制动装置按其安装位置可分为中央制动式和车轮制动式两种。中央制动式通常安装在变速器的后面,其制动力矩作用在传动轴上;车轮制动式通常与车轮制动器共用一个制动器总成,只是传动机构是相互独立的。

按驱动形式分:机械式、液压式、气压式。

驻车制动器按其结构形式可分为鼓式、盘式、带式和弹簧作用式。

(四)典型驻车制动装置

一般驻车制动器多采用鼓式制动器,如轿车一般是前轮为盘式制动器,后轮为鼓式制动器,后轮鼓式制动器兼起驻车制动器。为了提高制动效能,越来越多的轿车采用前后车轮皆为盘式制动器,但为了进行驻车制动,将后轮的盘式制动器又制出一个鼓式制动器,即所谓的"盘中鼓"。对于中型以上的客货车多采用中央制动器。

1. 盘鼓组合式制动器

按在汽车上安装位置的不同,驻车制动装置分中央驻车制动装置和车轮驻车制动装置两类。前者的制动器安装在传动轴上,称为中央制动器;后者和行车制动装置共用一套制动器,结构简单紧凑,已在轿车上得到普遍应用,图 2 - 80 为一盘鼓组合式制动器。

这种制动器将一个作行车制动器的盘式制动器和一个作驻车制动器的鼓式制动器组合在一起。双作用制动盘 2 的外缘盘作盘式制动器的制动盘,中间的鼓部作鼓式制动器的制动鼓。

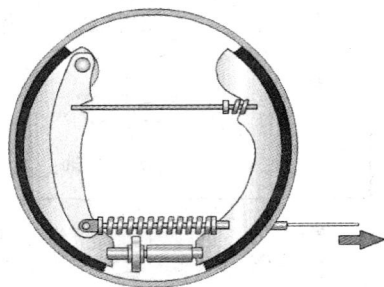

图 2 - 80　盘鼓组合式制动器

进行驻车制动时,将驾驶室中的手动驻车制动操纵杆拉到制动位置,经一系列杠杆和拉绳传动,将驻车制动杠杆的下端向前拉,使之绕平头销转动,其中间支点推动制动推杆左移,将前制动蹄推向制动鼓。待前制动蹄压靠到制动鼓上之后,推杆停止移动,此时制动杠杆绕中间支点继续转动。于是制动杠杆的上端向右移动，使后制动蹄压靠到制动鼓上，施以驻车制动。

解除制动时，将驻车制动操纵杆推回到不制动的位置，制动杠杆在卷绕、拉绳回位弹簧的作用下回位，同时制动蹄回位弹簧将两制动蹄拉拢。

2. 中央驻车制动器

图2-81为变速器后安装的中央驻车制动器。制动时通过锁止传动轴，从而保持车辆停在原有的驻车位置上，达到驻车制动的目的。这种驻车制动方式多用于货车和大型客车上。

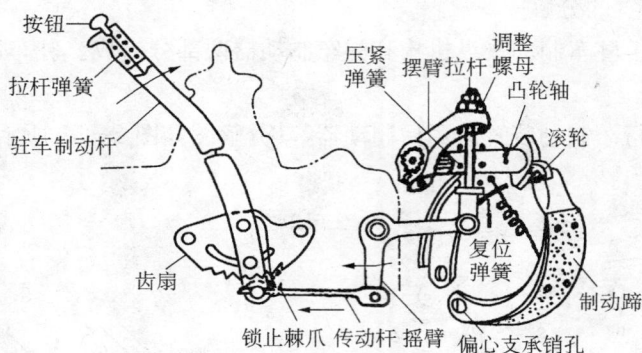

图2-81 中央驻车制动器

3. 后鼓式制动器

工作过程如图2-82所示：向上拉起驻车制动杆，通过驻车操纵拉杆调整杠杆，将驻车制动拉索拉紧，因制动拉索的夹子是套在后制动器内制动杆的下端沟槽内的，这样制动杠杆绕销轴顺时针旋转，并推动压杆向左移动，从而使左、右制动蹄向外张开，压紧制动鼓内表面，实现了驻车制动。

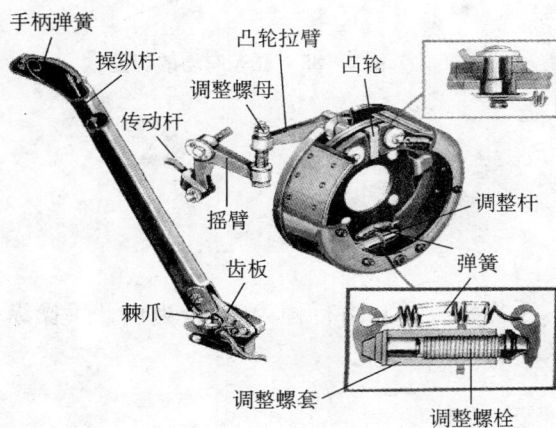

图2-82 后鼓式制动器

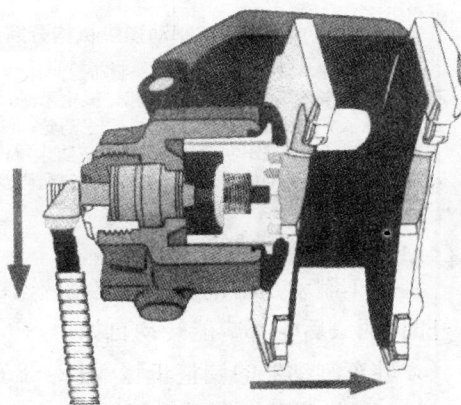

图2-83 后盘式制动器

4. 后盘式制动器

如图2-83所示，不制动时：驻车制动杆位于最前端位置，在定位弹簧和拉簧的作用下，两个制动蹄摩擦片与制动盘保持一定间隙，制动器无制动作用。

制动时：向后扳动制动杆上端，传动拉杆前移，使拉杆臂逆时针方向摆动，推动前制动蹄臂后移压向制动盘。同时通过蹄臂拉杆拉动后制动蹄臂压缩定位弹簧，使后制动蹄前移，两制动蹄夹紧制动盘，产生制动作用，并由棘爪将手制动杆锁止在制动位置。

解除制动时：按下制动杆上端的拉杆按钮，使下端棘爪脱出，然后将制动杆扳向最前端位置，前后两蹄在定位弹簧作用下回位到不制动时的位置。

（五）驻车制动装置的拆装和调整

1. 桑塔纳2000型驻车制动装置的拆装和调整

1）驻车制动装置的分解

驻车制动装置由驻车制动操纵机构和驻车制动器两部分组成。驻车制动操纵机构的分解如图2-84所示。

驻车制动器与行车制动装置共用后制动器，其分解图如图2-53所示。

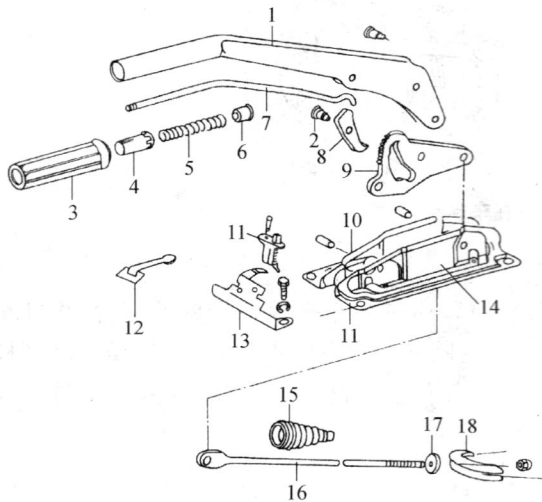

图2-84　驻车制动操纵机构分解图

1—驻车制动杆；2—螺栓；3—制动手柄套；4—旋钮；5—弹簧；6—弹簧套筒；7—棘轮杆；8—棘轮掣子；9—扇形齿；10—右轴承支架；11—驻车灯开关；12—凸轮；3—支架；14—左轴承支架；15—驻车制动拉杆底部橡皮防尘罩；16—驻车制动操作拉杆；17—限位板；18—驻车制动拉绳调整杠杆

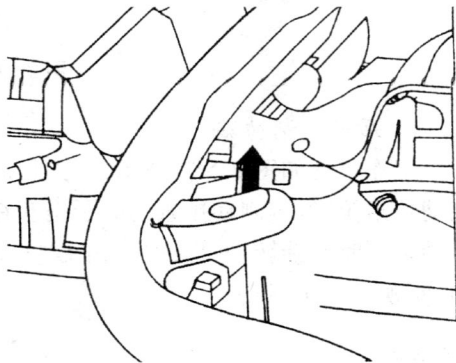

图2-85　驻车制动的调整

2）驻车制动器的调整

驻车制动是由钢丝拉索驱动，作用于后轮，手操纵杆的自由行程为2齿，当松开手操纵杆时，两只后轮都应能转动自如。

驻车制动器的调整步骤（图2-85）。

（1）松开驻车制动手操纵杆。

（2）用力踩一下制动踏板。

（3）把手制动操纵杆拉紧2齿。

（4）旋紧箭头所示处的调整螺母，直至用手不能旋转两个被制动的后轮为止。

（5）松开手制动操纵杆，检查两只后轮应运转自如。

2. 天津威驰轿车驻车制动装置的拆装和调整

1）调整

（1）拆下后轮。

（2）调整制动蹄间隙。

（3）安装后轮，拧紧力矩：103 N·m。

（4）检查驻车制动拉杆行程。拉住驻车制动拉杆并计算发出"卡、卡"声的数目。驻车制动拉杆行程：用 196 N 拉力发出 6～9 声"卡、卡"声。

（5）调整驻车制动拉杆行程，如图 2-86 所示。

① 拆卸手套箱盖。

② 转动 1 号调整螺母拉索直至拉杆行程正常为止。

③ 安装手套箱盖。

图 2-86 调整驻车制动拉杆行程

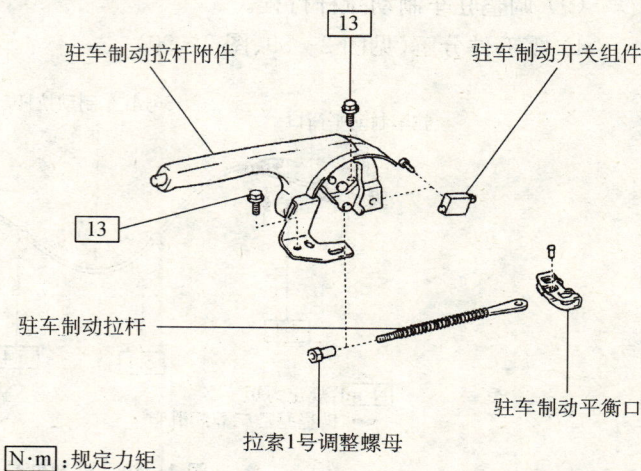

图 2-87 零部件的分解图

2）拆卸驻车制动拉杆附件

零部件的分解图如图 2-87 所示。

（1）拆卸控制台附件。

（2）拆卸手套箱护罩。

（3）拆卸地板式换挡杆头附件。

（4）拆卸手套箱孔盖。

（5）拆卸 1 号调整螺母导线。

（6）拆卸驻车制动拉杆附件，如图 2-88 所示。

① 拆下驻车制动拉杆开关接头。

② 拆卸 2 个螺栓后取下驻车制动拉杆。

（7）拆卸驻车制动开关组件。拆下螺钉和驻车制动开关组件。

3）安装驻车制动拉杆附件

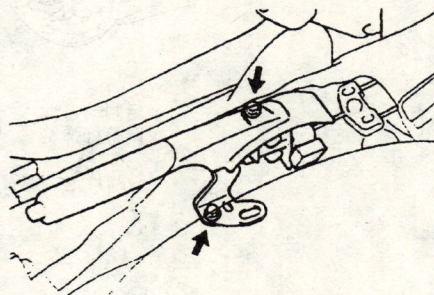

图 2-88 拆卸驻车制动拉杆附件

（1）安装驻车制动开关组件。

（2）用螺钉装上驻车制动开关组件。

① 把驻车制动拉索装上拉杆并装上 1 号调整螺母导线。

② 用 2 个螺栓紧固驻车制动拉杆，拧紧力矩：13 N·m。

③ 接上驻车制动开关接头。

（3）安装手套箱后附件。

（4）安装手套箱后孔盖。

（5）安装地板式换挡杆附件。

（6）安装手套箱护罩。

（7）安装控制台附件。

（8）检查驻车制动拉杆行程。

（9）调整驻车制动拉杆行程。

4）零部件分解（见图 2-89、图 2-90）

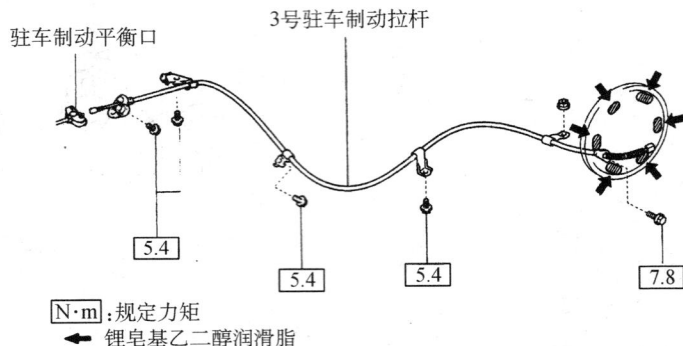

图 2-89   零部件分解

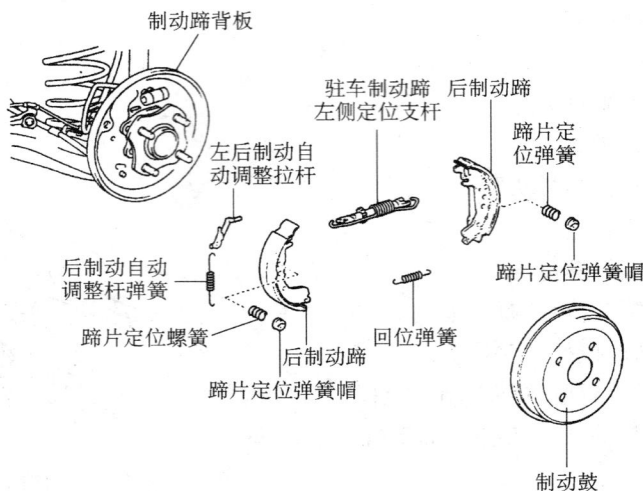

图 2-90   零部件分解

（1）拆卸 2 号驻车制动拉索组件采用与右侧相同的方法。

① 拆卸控制台组件。

② 拆卸手套箱护罩。

③ 拆卸地板式换挡杆头组件。

④ 拆卸手套箱盖。

⑤ 拆卸手套箱后附件。

⑥ 松开 1 号拉索调整螺母。拆卸 1 号拉索调整螺母。

⑦ 拆卸前地板拉杆。拆下 2 个螺栓，取下前地板拉杆。

⑧ 拆下前排气管组件。

⑨ 拆下 2 号前地板隔热垫。拆下 2 个螺栓，取下前地板隔热垫。

⑩ 拆解 3 号驻车制动拉索组件。

a. 拆下 4 个螺栓后从车身上拆下 3 号驻车制动拉索。

b. 从驻车制动平衡器上拆离 3 号驻车制动拉索组件后，将拉索组件拆下。

⑪ 拆卸后轮。

⑫ 拆卸制动鼓附件。

⑬ 拆卸前制动蹄。

⑭ 拆卸左后自动调整拉杆。

⑮ 拆下后制动蹄。

⑯ 拆卸 3 号驻车制动拉索组件。拆卸螺栓后把 3 号驻车制动拉索组件从底板拆离，如图 2-91 所示。

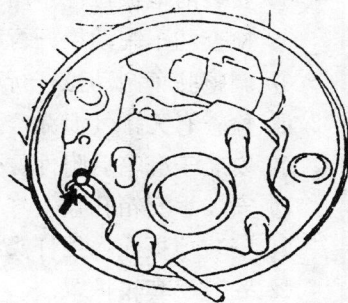

图 2-91 拆卸 3 号驻车制动拉索组件

（2）安装

① 安装 3 号驻车制动拉索组件，如图 2-92 所示.

a. 把 3 号驻车制动拉索组件接装上驻车制动拉索平衡器。

b. 用 4 个螺栓紧固 3 号驻车制动拉索，拧紧力矩：5.4 N·m。

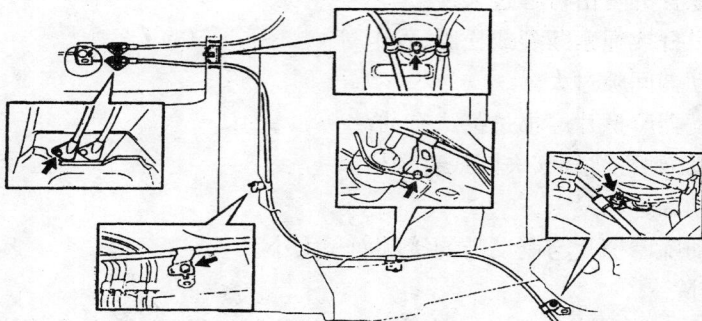

图 2-92 安装 3 号驻车制动拉索组件

② 安装 3 号驻车制动拉索组件。用螺栓把 3 号驻车制动拉索组件紧固到底板 1:（见图 2-91），拧紧力矩：7.8 N·m。

③ 涂耐高温润滑脂。

④ 安装制动蹄。

⑤ 安装制动蹄回位弹簧。

⑥ 安装左后制动自动调整拉杆。

⑦ 安装前制动蹄。

⑧ 检查制动鼓的安装。

⑨ 安装制动鼓附件。

⑩ 调整制动蹄间隙。

⑪ 安装后轮,拧紧力矩:103 N·m。

⑫ 临时紧固调整螺母导线。

⑬ 安装 2 号前地板隔热键。用 2 个螺栓紧固 2 号地板隔热垫,拧紧力矩:5.5 N·m。

⑭ 安装前排气管组件。

⑮ 安装前地板拉杆。用 2 个螺栓安装前地板拉杆。

⑯ 检查驻车制动拉杆行程。

⑰ 调整驻车制动拉杆行程。

⑱ 检查有无排气泄漏。

⑲ 安装于套箱后附件。

⑳ 安装手套箱孔盖。

㉑ 安装地板式换挡杆头组件。

㉒ 安装手套箱护罩。

㉓ 安装控制台附件。

(六)驻车制动不良故障诊断与排除

1)故障现象

(1)拉紧驻车制动器,汽车很容易起步。

(2)在坡道上停车时,拉紧驻车制动器,汽车不能停止而发生溜车现象。

2)故障原因

(1)驻车操纵杆的自由行程过大。

(2)驻车操纵杆或绳索断裂或松脱、发卡等。

(3)驻车制动器间隙过大。

(4)驻车制动器摩擦片磨损过甚或有油污。

(5)驻车制动鼓磨损过甚、失圆或有沟槽。

(6)驻车制动蹄运动发卡。

(7)驻车制动蹄摩擦片与制动鼓的接触面积太小。

3)诊断与排除

(1)将汽车停放在平坦的地面上,拉紧驻车制动器操纵杆,挂入低速挡起步,若汽车很容易起步而发动机不熄火,说明驻车制动不良。

(2)从驻车制动器操纵杆放松位置往上拉,直至拉不动为止。检查操纵杆的行程,若行程过大,说明操纵杆的自由行程过大,应调整。检查拉动操纵杆的阻力,若感觉没有阻力或阻力很小,说明操纵杆或绳索断裂或松脱,应更换或修复。若感觉很沉,说明操纵杆或绳索及制动器发卡,应拆检修复。

（3）从检视孔检查中央驻车制动器（东风 EQ1092、解放 OA1092 汽车）或后轮制动器（奥迪、桑塔纳等轿车）的间隙是否符合要求,若制动器间隙过大,应调整。

（4）经上述检查均正常,应拆检驻车制动器。检查制动蹄摩擦片是否磨损过甚或有无油污。检查制动鼓是否磨损过甚、失圆或有沟槽。检查制动蹄运动是否发卡,若有发卡现象,应修复或润滑。检查制动蹄摩擦片与制动鼓的接触面积是否符合要求,若接触面积过小,应更换或修理。

三、制订检修计划

制订汽车驻车制动不良故障检修计划,如表 2-14 所示。

表 2-14　制订检修计划

1. 查阅维修资料,了解车辆驻车制动装置类型特点
2. 查阅维修手册,熟悉车辆驻车制动装置检修规范
3. 查阅技术通报,熟练车辆驻车制动不良故障检修流程
4. 收集汽车驻车制动装置相关信息,分析汽车驻车制动不良故障的原因
5. 参照故障检修流程制订汽车驻车制动不良故障检修计划

1. 车辆信息描述	车辆描述	
	驻车制动装置类型	
2. 车辆驻车制动不良故障现象描述		
3. 汽车制动拖滞故障原因分析,画出鱼刺图		
4. 汽车驻车制动不良故障检修工作准备		

续　表

	步骤	检修项目	操作要领	技术要求或标准	检修记录
5. 汽车驻车制动不良故障检修流程	1	制动器	检查制动器间隙	间隙符合标准	
	2	制动器	检查摩擦片是否磨损变形	无磨损变形	
	3	各连接杆	检查是否配合松旷	无松旷	
	4	驻车制动杆	检查操纵行程	符合要求	

四、实施维修作业

收集汽车制动系统检修相关信息，制订汽车制动系统主要部件的检修规范，并实施维修作业，如表 2-15 所示。

表 2-15　实施维修作业
诊断驻车制动不良故障

检修项目	检修要领	检修记录
驻车操纵杆自由行程与定位		
驻车操纵杆传动部分		
驻车制动器间隙		
驻车制动鼓磨损		
驻车制动蹄		
检修结论与维修建议		

五、检验评估

（1）查阅汽车制动系统的评价指标，并实施维修质量检验。

（2）检查诊断与排除汽车制动系统故障任务完成情况。

检验评估如表 2-16 所示。

表 2-16　检验评估

检验与评价内容	检 验 指 标	权重	自评	互评	总评
维修质量检验	驻车操纵杆拉动自如，定位良好 驻车操纵杆传动部分无松旷 驻车制动器间隙符合要求 驻车制动鼓、蹄无磨损				
检查任务完成情况	1. 完成任务过程情况 2. 任务完成质量 3. 在小组完成任务过程中所起作用				

续 表

检验与评价内容	检 验 指 标	权重	自评	互评	总评
专业知识	1. 能描述汽车驻车制动系统的组成 2. 能描述汽车驻车制动系统的应用情况 3. 能描述汽车驻车制动系统的功能 4. 会描述汽车驻车制动不良故障排除作业范围				
职业素养	1. 学习态度:积极主动参与学习 2. 团队合作:与小组成员一起分工合作,不影响学习进度 3. 现场管理:服从工位安排、执行实训室"5S"管理规定				

项 目 评 价

项目检验与评价

1. 检查训练任务:真实、完整、有效
2. 按各学习活动进行自评或互评

序号	任务检验与评估项目	标 准	课程权重	自我综合评价
1	诊断与排除汽车制动失效故障	1. 理解汽车制动控制系统的结构及工作原理,能分析汽车制动失效的原因 2. 掌握汽车制动主缸、轮缸、助力装置检修的规范,会进行相关检修作业 3. 会排除汽车制动失效故障,并按规范进行维修质量检验		
2	诊断与排除汽车制动不灵故障	1. 理解汽车制动器的结构及工作原理,会诊断汽车制动不灵的故障 2. 掌握汽车制动器主要部件的结构原理和检修规范,会进行相关检修作业 3. 会排除汽车制动不灵故障,并按规范进行维修质量检验		
3	诊断与排除汽车制动跑偏故障	1. 理解制动系统控制阀结构与控制原理,会检测汽车制动跑偏的故障 2. 掌握汽车制动系统控制阀主要部件的结构原理和检修规范,会进行相关检修作业 3. 会排除汽车汽车制动跑偏故障,并按规范进行维修质量检验		
4	诊断与排除汽车驻车制动不良故障	1. 理解汽车驻车制动不良系统的结构及工作原理,能分析汽车驻车制动不良的原因 2. 掌握汽车驻车制动系统的规范,会进行相关检修作业 3. 会排除汽车驻车制动不良故障,并按规范进行维修质量检验		

想一想：

卡车驻车制动系统与轿车驻车制动系统有什么区别？

练 习

一、填空题

1. 液压简单非平衡式制动器增势蹄的制动效果要比减势蹄约大_____。

2. 液压制动系管路磨损时，如不及时将故障排除，则该管路中的制动液重复踩制动踏板是将会_____漏失。

3. 液压鼓式制动器摩擦副中的旋转元件为_____。

4. 制动器分为盘式制动器和_____。

5. 制动踏板的自由间隙为_____。

6. 全盘式制动器摩擦副的固定元件和旋转元件都是_____形的。

7. 液压制动踏板自由行程反映了_____。

8. 液压制动踏板自由行程是通过改变_____调整。

二、选择题

1. 当液压制动系统动力不足时，连续踩下踏板的目的是（　　）。
   A. 增加系统内油液压强　　　　　　　B. 加大系统内油液流速
   C. 使蹄鼓间隙缩小　　　　　　　　　D. 使油液快速流回主腔

2. 盘式制动器在重型汽车和小客车上采用的主要原因和作用是（　　）。
   A. 制动力大　　　　　　　　　　　　B. 制动时不尖叫
   C. 制动热稳定性能好　　　　　　　　D. 便于调整

3. 汽车制动时出现轮胎滑移的主要原因之一是前后轮在制动时制动力不能按前后轮附着重量进行（　　）。
   A. 制动　　　　　　B. 比例分配　　　　　　C. 相等分配　　　　　　D. 抱死

4. 液压制动踏板自由行程反映了（　　）。
   A. 制动蹄与制动鼓间隙大小　　　　　B. 总泵推杆与活塞之间的间隙
   C. 制动凸轮偏转角度大小　　　　　　D. 制动凸轮轴凸轮磨损的程度

5. 鼓式制动器有内张型和外束型两种，外束型制动鼓以（　　）为工作面。
   A. 内圆柱面　　　　　B. 外圆柱面　　　　　C. 蹄片外表面　　　　　D. 内外圆柱面均可

6. 桑塔纳轿车后轮鼓式制动器为（　　）式。
   A. 平衡　　　　　　B. 简单非平衡　　　　　C. 单向平衡　　　　　D. 自动增力

7. 液压制动汽车，制动时一脚到底无制动，再踩几次仍无制动的原因是（　　）。

A. 无制动液   B. 个别车轮制动间隙过大

C. 制动管路中有气,造成制动不灵   D. 个别制动车轮制动分泵失效

8. 液压鼓式制动器摩擦副中的旋转元件为(   )。

    A. 制动鼓   B. 制动蹄   C. 轮毂   D. 制动盘

9. 液压制动汽车,制动时一脚刹车不灵,多踩几脚后才能制动的原因是(   )。

    A. 制动间隙大   B. 制动管路中有空气

    C. 制动间隙小   D. 制动间隙合适

10. 液压鼓式制动器摩擦副中的旋转元件为(   )。

    A. 制动鼓   B. 制动蹄   C. 轮毂   D. 制动盘

三、判断题

(　　) **1.** 在液压传动过程中,油的压力转化为作功的力,油的流量转化为运动速度。

(　　) **2.** 液压制动汽车,制动时一脚到底无制动,再踩几次无制动的原因之一是无制动液。

(　　) **3.** 液压制动踏板自由行程是通过调整制动蹄与制动鼓的间隙来调整。

(　　) **4.** 自增力式车轮制动器,两制动蹄提供的摩擦力是相等的。

(　　) **5.** 桑塔纳轿车前轮制动器为定钳盘式制动器。

(　　) **6.** 液压制动踏板自由行程是通过调整制动蹄与制动鼓的间隙来调整。

(　　) **7.** 非平衡式车轮制动器,两制动蹄提供的摩擦力是相等的。

(　　) **8.** 制动系统分为气压制动和液压制动。

(　　) **9.** 手制动盘与摩擦片的间隙应为 0.3 至 0.6 mm。

(　　)**10.** 双管路液压制动就是全车的所有车轮制动器的液压管路分属于两套各自独立的回路。

(　　)**11.** 驻车制动可以在汽车行驶过程中经常使用。

四、简答题

1. 盘式制动器的结构及工作原理是怎样的?

2. 盘式制动器的拆装步骤是怎样的?

3. 盘式制动器最常用的是什么形式?有哪些基本组成?盘式制动器有何特点?

4. 自增力鼓式制动器制动的间隙是怎样调整的?

5. 盘式制动器的就车拆卸是怎样的?

6. 鼓式车轮制动器有哪些常见形式?各有何特点?分别举出两种所应用的车型。

五、综合题

1. 分析制动不良的原因和排除方法。

2. 分析制动拖滞的原因和排除方法。

3. 试分析制动沉重的原因和排除方法。

项目三 诊断与排除汽车气压制动系统工作不良故障

Description 项目描述	一辆解放 CA1092 型汽车行驶中,发现制动不良等,进入维修厂进行维修。根据维修接待和车间检测结果,确认是一个综合故障。为了诊断与排除汽车气压制动系统综合故障,对汽车气压制动系统"制动不灵、制动拖滞"两个方面进行诊断与排除,直到彻底排除故障
Objects 项目目标	1. 能理解汽车气压制动系统的结构原理,会诊断与排除汽车气压制动系统工作不良故障 2. 掌握气压制动传动装置的结构和工作原理 3. 能理解汽车气压制动系统控制原理,会检修主要零部件
Tasks 项目任务	任务 3.1:诊断与排除汽车制动不灵故障:通过检测制动储气筒气压—检修制动控制阀—检修制动气室—检修制动踏板自由行程—检查制动器蹄鼓间隙等来排除汽车气压制动不灵故障,并检验维修质量 任务 3.2:诊断与排除汽车制动拖滞故障:检查制动鼓发热—检查控制阀—检查制动气室推杆是否过长—检查制动凸轮轴运动是否灵活—车轮制动器回位弹簧弹力不足—检查蹄鼓间隙—排除汽车制动拖滞故障,并检验其维修质量
Implementation 项目实施	任务 3.1:诊断与排除汽车气压制动不灵故障 任务 3.2:诊断与排除汽车气压制动拖滞故障

任务 3.1 诊断与排除汽车气压制动不灵故障

任务描述	针对维修接待和车间确认意见,本任务首先要通过对汽车气压制动系统进行制动气压检查、制动储气筒检查、制动控制阀检查、汽车制动气室膜片检查系列工作,排除汽车气压制动系统不灵故障
任务目标	1. 掌握汽车气压制动系统的结构及工作原理,能分析汽车制动系统不灵的原因 2. 领会汽车气压制动系统制动不灵故障排除规范 3. 会排除汽车气压制动不灵故障,并按规范进行维修质量检验

一、维修接待

一辆解放 CA1092 型汽车停驶很长时间,发现制动不良等,进入维修厂进行维修。现进行维修接待,准确填写接车问诊表,如表 3-1 所示。

表 3-1 维修接待与接车问诊表

1. 通过询问客户了解制动系统发生故障情况,填写接车问诊表
2. 车间检测初步确认结果及主要故障零部件

接 车 问 诊 表

车牌号:_____ 车架号:_____ 行驶里程:_____(km)

用户名:_____ 电话:_____ 来店时间:____/____

用户陈述及故障发生时的状况:**一辆解放 CA1092 型汽车停驶很久,使用时发现制动失效**

故障发生状况提示:**行驶速度、发动机状态、发生频度、发生时间、部位、天气、路面状况、声音描述**

接车员检测确认建议:**需进行综合维修**

车间检测确认结果及主要故障零部件:**需进行综合故障诊断与排除,必要时还需更换相应部件**

车间检查确认者:_____

外观确认:

功能确认:(工作正常√ 不正常×)
□音响系统 □门锁(防盗器) □全车灯光
□工具 □后视镜 □天窗 □座椅
□点烟器 □玻璃升降器 □玻璃

物品确认:(有√ 无×)

F

□贵重物品提示
□工具 □备胎 □灭火器
□其他( )
旧件是否交还用户 □是 □否
用户是否需要洗车 □是 □否

E

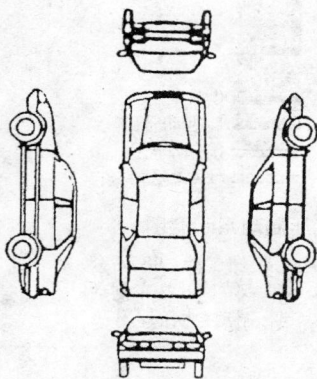

(请在有缺陷部位作标识)

● 检测费说明:本次检测的故障如用户在本店维修,检测费包含在修理费用内;如用户不在本店维修,请您支付检测费。本次检测费:¥_____元。
● 贵重物品:在将车辆交给我店检查修理前,已提示将车内贵重物品自行收起并保存好,如有遗失恕不负责。

接车员:_____ 用户确认:_____

二、信息收集与处理

(一)气压式制动传动装置

以发动机的动力驱动空气压缩机作为制动器制动的唯一动力源,而驾驶员的体力仅作为控制能源的制动系统称之为气压制动系统。制动时,驾驶员通过控制制动踏板的行程,来

控制制动气压的大小,从而得到不同的制动强度。其特点是:制动操纵省力、制动强度大、踏板行程小;但需要消耗发动机的动力;制动粗暴而且结构比较复杂。因此,一般在重型和部分中型汽车上采用。

1. 双回路气压制动系的组成和回路布置

双回路气压制动系是利用一个双腔(或三腔)的制动控制阀,二个或三个储气筒,组成两套彼此独立的回路,分别控制两桥(或三桥)的制动器。双回路气压制动系的组成和布置随车型而异,但总的工作原理是相同。下面以解放 CA1092 型汽车双回路气压制动系为例进行介绍。

图 3-1 所示为解放 CA1092 型汽车双回路气压制动系的示意图。它由气源和控制装置两部分组成。气源部分包括空气压缩机、调压装置、双针气压表、储气筒、低压报警开关和安全阀等。控制装置包括制动踏板、制动控制阀等。

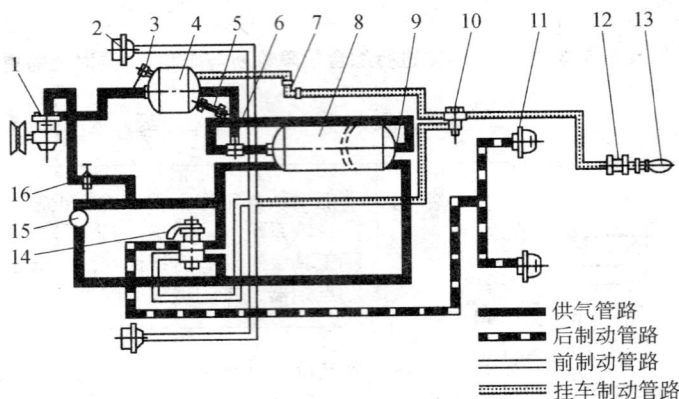

供气管路
后制动管路
前制动管路
挂车制动管路

图 3-1　解放 CA1092 型汽车双回路气压制动系示意图

1—空气压缩机;2—前制动气室;3—放气阀;4—湿储气筒;5—安全阀;6—三通管;7—低压警报开关;8—储气筒;9—单向阀;10—挂车制动阀;11—后制动气室;12—分离开关;13—连接头;14—制动控制阀;15—气压表;16—气压调节器

2. 气压制动系的工作过程

气压制动系工作时,由发动机驱动的活塞式空气压缩机 1 将压缩空气经单向阀压入湿储气筒 4,筒上装有安全阀 5 和供其他系统使用的放气阀 3。压缩空气在湿储气筒内冷却并进行油水分离,然后进入储气筒 8 的前、后腔。储气筒的前腔与制动控制阀 14 的上腔相连,以控制后轮制动,同时通过三通管与气压表 15 及气压调节器 16 相连。储气筒 8 后腔与制动控制阀 14 的下腔相连,以控制前轮制动,并通过三通管与气压表相连。气压表为双指针式,上指针指示储气筒前腔气压,下指针指示储气筒后腔气压。储气筒最高气压为0.8 MPa。

当驾驶员踩下制动踏板时,拉杆带动制动控制阀拉臂摆动,使制动控制阀 14 工作,储气筒前腔的压缩空气经制动控制阀 14 的上腔进入后制动气室 11,使后轮制动;同时储气筒后腔的压缩空气通过制动控制阀 14 下腔进入前制动气室 2,使前轮制动。当放松制动踏板时,制动控制阀使各制动气室通大气以解除制动。

由此可见,制动气室内建立的气压与制动器产生的制动力矩成正比,而制动气室内建立的气压又与踏板力和行程成正比。制动踏板踩到底时,制动气室内最高气压一般为0.5～0.8 MPa左右,但储气筒中的气压在任何时候都应高于或等于此值。

装于各储气筒进口处的单向阀用于防止压缩空气倒流。安全阀装在湿储气筒的后端。当调压阀出现故障,空气压缩机不能卸荷时,安全阀对储气筒减压。

(二) 气压制动系主要部件的构造及工作原理

1. 空气压缩机和调压阀

1) 空气压缩机

空气压缩机一般固定在发动机气缸的一侧,多由发动机通过皮带或齿轮来驱动,有的采用凸轮轴直接驱动。空气压缩机按缸数可分为单缸(如东风 EQ1091E 型汽车)和双缸(如解放 CA1092 型汽车)两种,其工作原理相同。

图 3-2 所示为东风 EQ1091E 型汽车采用的单缸风冷式空气压缩机。它固定在发动机气缸盖的一侧,由发动机通过皮带驱动,支架上有三道滑槽,可通过调整螺栓移动空气压缩机的位置来调整皮带的松紧度。

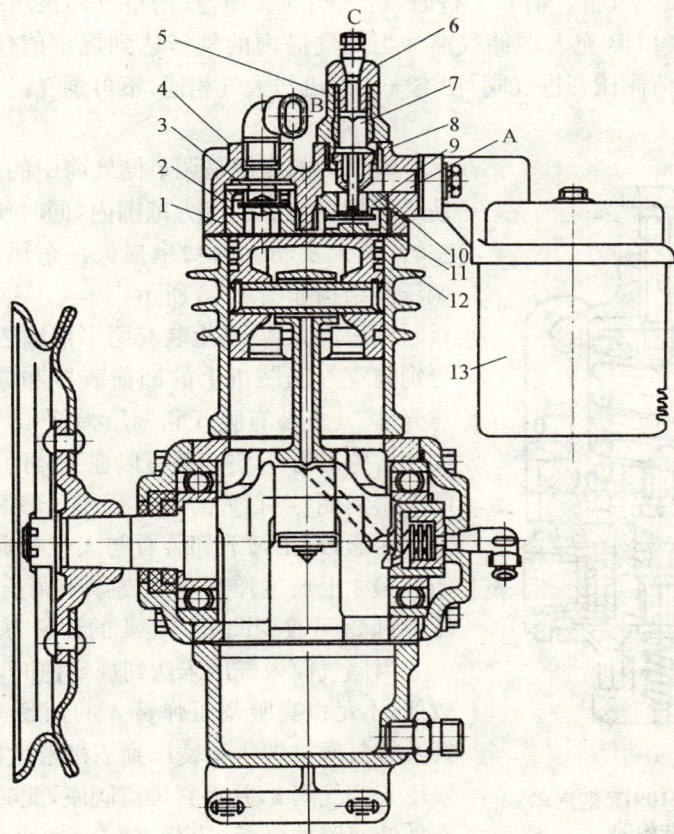

图 3-2　东风 EQ1091E 型汽车的空气压缩机

1—排气阀座;2—排气阀门导向座;3—排气阀;4—缸盖;5—卸荷装置壳体;6—定位塞;7—卸荷柱塞;8—柱塞弹簧;9—进气阀;10—进气阀座;11—进气阀弹簧;12—进气阀门导向座;13—空气滤清器;A—进气口;B—排气口;C—调压阀控制压力输入口

空气压缩机具有与发动机类似的曲柄连杆机构。铸铁制成的气缸体下端用螺栓与曲轴箱连接,缸体外铸有散热片。铝制气缸盖 4 用螺栓坚固于气缸体上端面,其间装有密封缸垫。缸盖上的进、排与室都装有一个方向相反的弹簧压紧于阀座的片状阀门,进气阀 9 经进气口 A 与空气滤清器 13 相通,排气阀门 3 经排气口 B 与湿储气筒相通。在空气压缩机进气阀 9 的上方设置有卸荷装置,它是由调压阀进行控制的,卸荷装置壳体 5 内镶嵌着套筒,其中装有卸荷柱塞 7 和柱塞弹簧 8。曲轴用球轴承支撑在曲轴箱座孔内,前端伸出与驱动皮带轮连接。润滑油由发动机主油道自空气压缩机曲轴后端中心的圆孔进入,通过曲轴和连杆上的油道润滑连杆轴承和活塞销,其他摩擦部位为飞溅润滑。在圆孔内装有弹簧及杯形油堵,油堵右端面有润滑油节流孔。弹簧两端轴向伸出部分插入曲轴内孔和杯形油堵相应小孔中,带动油堵随曲轴一起旋转。弹簧又使油堵端起油封作用,防止润滑油大量泄入曲轴箱影响发动机及空气压缩机的正常油压。从摩擦表面流下来的润滑油通过回油管接头流回发动机的油底壳。

空气压缩机工作时,活塞下行,进气阀 Q 开启,外界的空气即经空气滤清器 13 自进气口 A 和进气阀 9 被吸入气缸。活塞上行时,进气阀 9 关闭,缸内空气即被压缩,压力升高。顶开排气阀 3 经排气口 B 充入湿储气筒。当储气筒内的气压达到规定值($0.7 \sim 0.74$ MPa)后,调节机构使卸荷阀压开进气阀,使空气压缩机与大气相通,不再泵气。

2) 调压阀

调压阀的作用是调节储气筒中的压缩空气的压力,使之保持在规定的压力范围内,同时使空气压缩机卸荷空转,减少发动机的功率损失。东风 E01091E 型汽车调压阀结构如图 3-3 所示。

调压阀壳体 10 上装有两个带滤芯的管接头 7 和 9,分别与空气压缩机上的卸荷装置和储气筒相通。盖 1 与壳体 10 上装有膜 5 和调压弹簧 4。膜片中心用螺纹固连着空心管 6,空心管可以在壳体的中央孔内滑动,其间有密封圈,空心管的中心孔经上部的径向孔与膜片的下腔相通,调压阀下部装有与大气相通的排气阀 8。调压弹簧 4 上通过弹簧座 3 支撑于调压螺钉 2 上旋转调压螺钉 2,可改变调压弹簧 4 的预紧力。

当储气筒内气压未达到规定值时,膜片 5 下腔气压较低,不足以克服调压弹簧 4 的预紧力,膜片连同空心管及排气阀被调压弹簧压到下极限位置,空心管下端面紧压着排气阀 8,并将它推离阀座,此时由储气筒至卸荷室外的通路被隔断,卸荷室与大气相通,卸荷阀装置不起作用,空气压缩机对储气筒正常充气。

当储气筒气压升高到 $0.7 \sim 0.74$ MPa 时,膜片 5 下方气压作用力即克服调压弹簧 4 的预紧力而推动膜片向上拱曲,使空心管 6 和排气阀 8 随之上移,直到排气阀 8

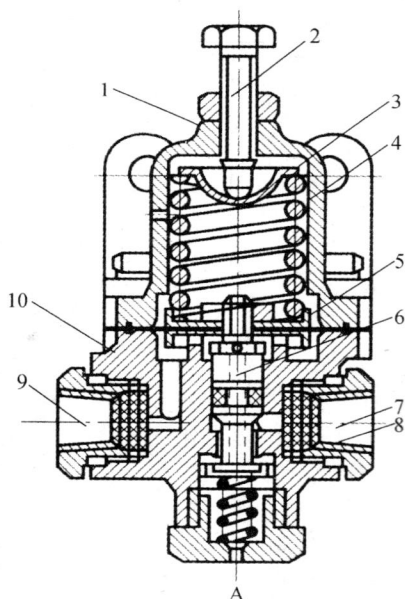

图 3-3　东风 EQ1091E 型汽车调压阀结构图

1—调压阀盖;2—调压螺钉;3—弹簧座;4—调压弹簧;5—膜片;6—空气管;7—接卸荷室管接头;8—排气阀;9—接储气筒管接头;Lo—壳体;A—排气口

压靠阀座而关闭,切断卸荷室与大气通路,并且空心管下端面也离开排气阀,出现一相应的间隙,如图 3-4 所示。于是储气筒中的压缩空气便沿图中箭头所标明的路线充入空气压缩机的卸荷室,迫使卸荷柱塞下移,使进气阀门开启。这时气缸与大气相通,空气压缩机卸荷空转,湿储气筒内气体压力也不再升高。

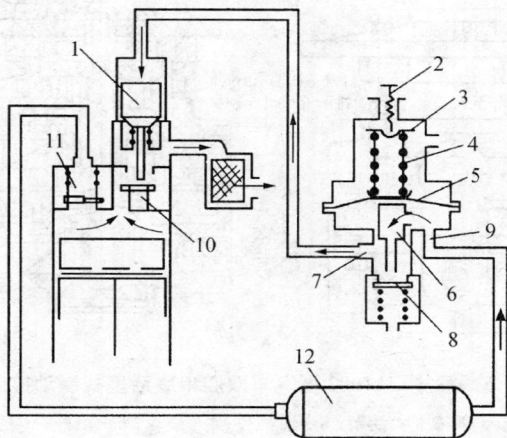

图 3-4 空气压缩机卸荷装置与调压阀工作原理示意图

1—卸压柱塞;2—调压螺钉;3—弹簧座;4—调压弹簧;5—膜片;6—空气管;7—接卸荷室管接头;8—调压阀的排气阀;9—接储气筒管接头;10—压缩机进气阀;11—压缩机排气阀;12—储气筒

随着储气筒内的压缩空气不断消耗,调压阀膜片 5 下方气压降低,膜片和空心管即在调压弹簧的作用下相应下移,当气压降至关闭气压 0.56~0.6 MPa 时,空气管下端将调压阀排气阀 8 打开。卸荷室与储气筒的通路被切断,而与大气相通,卸荷室的压缩空气即排入大气。卸荷柱塞 1 在其弹簧的作用下升高,空气压缩机的进气阀 10 又恢复正常,空气压缩机恢复对储气筒充气。

2. 制动控制阀

制动控制阀的作用是控制由储气筒充入制动气室或挂车制动控制阀的压缩空气量,从而控制制动气室中的工作气压,并有渐进变化的随动作用,即保证制动气室的气压与踏板行程有一定的比例关系。制动控制阀主要有双腔串联活塞式和双腔并联膜片式两种。

1) 双腔串联活塞式制动控制阀

图 3-5 所示为解放 CA1092 型汽车双腔串联活塞式制动控制阀。它由上盖 6、上壳体 7、中壳体 10 和下壳体 14 组成,并用螺钉连接在一起,其间装有密封垫。中壳体上的进气口 D 接后桥储气筒,出气口 A 接后桥制动气室;下壳体上的进气口 E 接前桥储气筒,出气口 B 接前桥制动气室。此外,上盖 6 上滑动地装有挺杆 5,其上端面与滚轮压靠在一起,外套有橡胶防尘罩。上下活塞与壳体间装有密封圈。下活塞由大小两个活塞套装在一起,小活塞 13 对大活塞 2 能进行单向分离。上阀门 11 滑动地套装在心管上,其外圆有密封隔套。下阀门 15 滑动地套在有密封圈的下壳体 4 中心孔中,中空的心管和小活塞 13 制成一体。

双腔串联活塞式制动控制阀工作情况如图 3-6 所示。

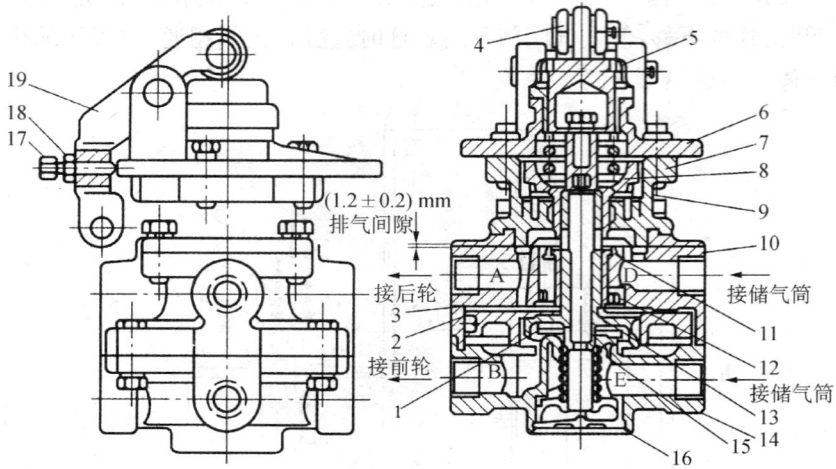

图 3－5　解放 CA1092 型汽车双腔串联活塞式制动控制阀

1—小活塞回位弹簧；2—大活塞；3—通气孔；4—滚轮；5—挺杆；6—上盖；7—上壳体；8—上活塞总成；9—上活塞回位弹簧；10—中壳体；11—上阀门；12—卡环；13—小活塞总成；14—下壳体；15—下阀门；16—排气阀；17—调整螺钉；18—锁紧螺母；19—拉臂；A，B—出气口；D，E—进气口

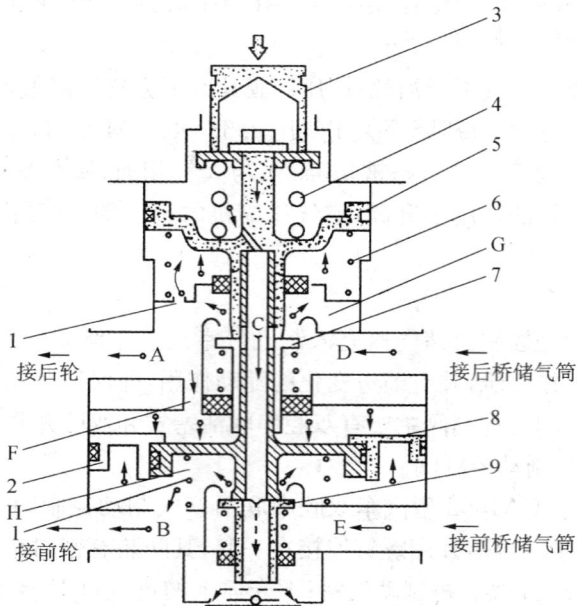

图 3－6　双腔串联活塞式制动控制阀的工作情况（制动时）

1—小活塞回位弹簧；2—大活塞；3—挺杆；4—平衡弹簧；5—上活塞总成；6—上活塞回位弹簧；7—上阀门；8—小活塞总成；9—下阀门；A，B—出气口；D，E—进气口；C—排气口；F，I—通气孔；G，H—气腔

制动时,驾驶员踩下制动踏板,拉臂通过滚轮、挺杆 3 使平衡弹簧 4 及上活塞 5 向下移动,消除排气间隙(上活塞 5 至上阀门 7 之间)而推开上阀门 7。此时,从储气筒前腔来的压缩空气经阀门 7 与中壳体阀座之间的进气间隙进入 G 腔,并经出气口 A 进入后制动气室,使后轮制动。与此同时,进入 G 腔的压缩空气通过通气孔 F 进入大活塞 2 及小活塞 8 的上方,使其下移推开下阀门 9,此时从储气筒后腔来的压缩空气经下阀门 9 与下壳体阀座之间的进气间隙进入 H 腔,并经出气口 B 充入前制动气室,使前轮制动。

当制动踏板保持在某一位置,即维持制动状态时,压缩空气在进入 G 腔的同时由通气孔 I 进入上活塞 5 的下方,并推动上活塞 5 上移,使 G 腔中的气压作用力与回位弹簧 6 的张力之和与平衡弹簧 4 的压紧力相平衡。与此同时,H 腔中的气压作用力与回位弹簧 1 的张力之和与下腔活塞上方的气压作用力相平衡,此时上阀门 7 和下阀门 9 均关闭,G 和 H 腔中的气压保持稳定状态,即为制动阀的平衡位置。

放松制动踏板时,作用在挺杆上的力消失,在回位弹簧作用下,心管下移,平衡弹簧恢复到原来装配长度,上活塞 5 上移到使下端与上阀门 7 之间形成排气间隙。后制动气室的压缩空气经 G 腔排气间隙和其下面的排气口 C 排入大气。与此同时,大活塞 2 及小活塞 8 受回位弹簧 1 张力的作用而上升,使下阀门 9 与下壳体阀座接触,从而关闭储气筒与前制动气室的通路。另一方面,由于大活塞 2 及小活塞 8 的上移,使小活塞的下端与 F 阀门 9 之间也形成排气间隙,前制动气室的压缩空气经 H 腔排气间隙以及下阀门 9 和排气口 C 排入大气中,制动解除。

若前桥回路失效,控制阀的上腔室仍能按上述方式工作,因此后桥制动回路照常工作。当后桥回路失效时,由于下腔室的下活塞上方建立不起控制气压而无法移动,上腔平衡弹簧将通过上活塞 5 推动小活塞 8 及心管使小活塞与大活塞单向地分离而下移,推开下阀门 9 使前桥制动回路建立制动气压、并利用小活塞和平衡弹簧的张力相互平衡起随动作用。

为了消除上活塞 5 与上阀门 7 的排气间隙(如图 3-5 所示,1.2 mm±0.2 mm)所踩下的踏板行程,称为制动踏板自由行程。通过调整排气间隙即可调整制动踏板的自由行程。

2)双腔并联活塞式制动控制阀

图 3-7 所示为东风 EQ1091E 型汽车双腔并联膜片式制动控制阀。它由彼此独立的前腔制动阀和后腔制动阀及两阀共用的平衡臂组、平衡弹簧组、拉臂及上体等部分组成。独立的左腔室与后桥储气筒和后桥控制回路连接;独立的右腔室与前桥储气筒和前桥控制回路连接。膜片组件的驱动形式是通过叉形拉臂 1、推压平衡弹簧 3、推杆 8、平衡臂 9 同步控制两腔的膜片心管。平衡弹簧无预紧力,膜片室制成挠曲型。

前桥腔室中有滞后机构,两腔室制动时,有时间差和气压差,且能调整其大小,使得前后桥制动能协调一致。滞后机构总成,包括推杆 29、密封柱塞 28、可调的滞后弹簧 25、调整螺帽 24 等机件,其壳体用螺纹装于阀体下端的螺纹孔内,并用密封圈密封。其上端作为两用阀门导向座及阀门弹簧支座,其中心孔与密封柱塞 28 滑动配合,并用密封圈 26 密封,下端螺纹孔装有调整螺帽 24,并用螺母 23 锁紧。转动调整螺帽 24,即可调整滞后弹簧 25 的预紧力。在滞后弹簧的张力作用下,经密封柱塞 28 使位于心管中心孔的推杆 29 上端支撑着心管,心管下端面与进气阀上端面保持 1.5 mm 的排气间隙。后桥腔室的下部,也装有和前桥腔室滞后机构相同的机件和相同的排气间隙,只是少了推杆使其滞后机构不起作用。这

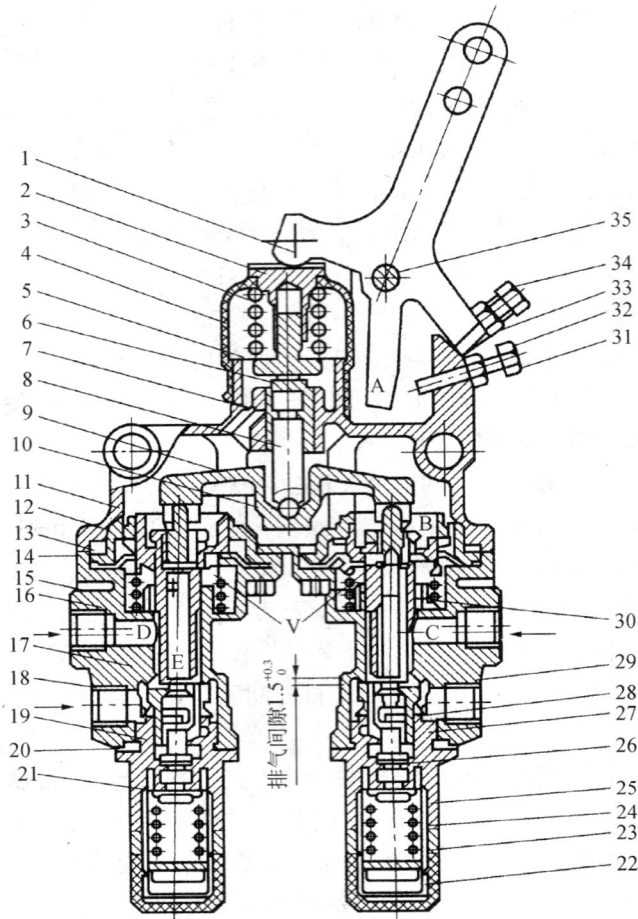

图 3 - 7　东风 E01091E 型汽车双腔并联膜片式制动控制阀

1—拉臂；2—平衡弹簧上座；3—平衡弹簧；4—防尘罩；5—平衡弹簧下座；
6—钢球；7—密封圈；8—推杆；9—平衡臂；10—钢球；11—上壳体；12—膜片压
紧圈；13—密封垫；14—钢球；15—膜片回位弹簧；16—膜片心管；17—下壳体；
18—两用阀总成；19—阀门回位弹簧；20—密封垫；21—柱塞泵；22—塑料罩；
23—锁紧螺母；24—调整螺母；25—滞后弹簧；26、27—密封圈；28—密封柱塞；
29—推杆；30—紧固螺钉；31—锁紧螺母；32—调整螺钉；33—锁紧螺母；34—调
整螺钉；35—拉臂轴；A—拉臂限位块；B—排气口；C—节流孔；D—进气阀口；
E—排气阀口；V—平衡气室

种对称布置,有利于配件的生产和更换。

双腔并联膜片式制动控制阀的工作情况如图 3 - 8 所示。

制动时,拉臂将平衡弹簧 2 和平衡臂 6 压下,推压两腔室的膜片和心管。由于后桥腔室
中无推杆和滞后弹簧的作用力,因此心管 8 首先将排气阀口 E 关闭,继而打开进气口 D 压缩
空气便经进气阀口充入后桥控制回路。此后,由于后桥腔室中平衡气室 V 不断充气(经节流
孔 C 进入),以及随着膜片和心管下移各回位弹簧的变形量增加,反抗平衡臂下移的作用力
将相应增大。与此同时,平衡臂 6 对前桥腔室膜片心管组的压力也随之增大,当足以克服前
桥膜片心管下移的阻力时,平衡臂右端也开始下移,并推开前桥腔室的进气阀,使前桥控制
回路也充气。

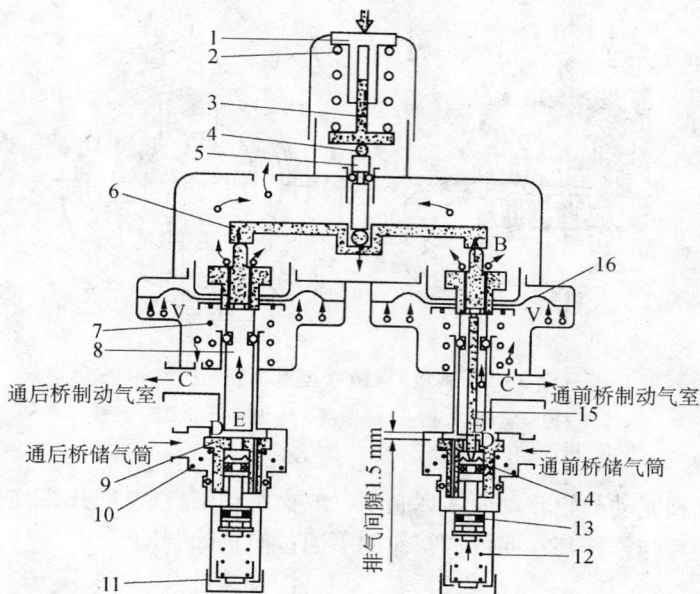

图 3 - 8 双腔并联膜片式制动控制阀的工作情况（不制动时）

1—平衡弹簧上座；2—平衡弹簧；3—平衡弹簧下座；4—钢球；5—推杆；6—平衡臂；7—膜片回位弹簧；8—膜片心管；9—两用阀总成；10—阀门回位弹簧；11—塑料罩；12—滞后弹簧；13—密封圈；14—密封柱塞；15—推杆；16—膜片总成；B—排气口；C—节流孔；D—进气阀口；E—排气阀口；V—平衡气室

压缩空气在充入前、后制动气室的同时，还经节流孔 C 进入膜片室的下腔，推动两腔的心管 8 上移，促使平衡臂等零件向上压缩平衡弹簧，此时两用阀 9 将进气阀口 D 和排气阀口 E 同时关闭，制动阀处于平衡状态，制动气室中的压缩空气不再增加也不减少，即维持制动。当需增加制动强度，可继续踩下制动踏板到某一位置，制动气室进气量增加，气压升高，当气压升高到进排气阀口又同时关闭时，制动阀又处于新的平衡状态。

放松制动踏板，两腔室的膜片心管上移，排气阀口 E 被打开。由于气压差的关系，排气将按后桥、前桥的顺序依次将压缩空气经心管和上体的排气口 B 进入大气。

如图 3 - 7 所示，通过调整螺钉 34，可使心管上下移动，使排气间隙达到规定值，从而保证制动踏板自由行程。通过调整螺钉 32 可限定摆臂的最大摆动位置，从而限制最大工作气压。

3. 制动气室

制动气室的作用是储气筒经过控制阀送来的压缩空气的压力转变为转动凸轮的机械力。解放 CA1092 型汽车和东风 EQ1091E 型汽车都采用膜片式制动气室。图 3 - 9 所示为解放 CA1092 型汽车制动气室。它由两个卡箍 7 将冲压的外壳 3、盖 2 和橡胶膜片 1 紧固在一起。膜片 1 将制动气室分为两腔，左腔有通气孔与制动阀输出管路相连，右腔通大气。弹簧 4 通过焊接在推杆 5 上的圆盘将膜片推至图示左极限位置。推杆的外端借连接叉 6 与制动器的制动调整臂相连。

当踩下制动踏板时，压缩空气自制动阀充入制动气室左腔，膜片 1 向右拱曲将推杆 5 推

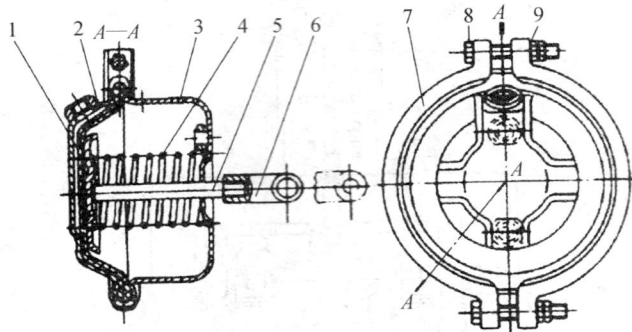

图 3 - 9　解放 CA1092 型汽车制动气室

1—橡胶膜片；2—盖；3—外壳；4—回位弹簧；5—推杆；
6—连接叉；7—卡箍；8—螺栓；9—螺母

出,使制动调整臂和制动凸轮转动而实现制动。放松制动踏板,左腔压缩空气经制动阀的排气口通入大气,膜片与推杆都在回位弹簧作用下回位而解除制动。

4. 快放阀

对于轴距较长的载货汽车,制动阀距制动气室较远,如果制动气室的放气经过制动阀,将使制动的解除过于迟缓,不利于汽车制动后的及时加速。因此不少汽车在制动阀与制动气室之间装有快放阀,使制动气室的气压更快撤除。

东风 EQ1091E 型汽车的膜片式快放阀的结构及工作原理如图 3 - 10 所示,它装在制动阀与制动气室的管路中并靠近制动气室处。

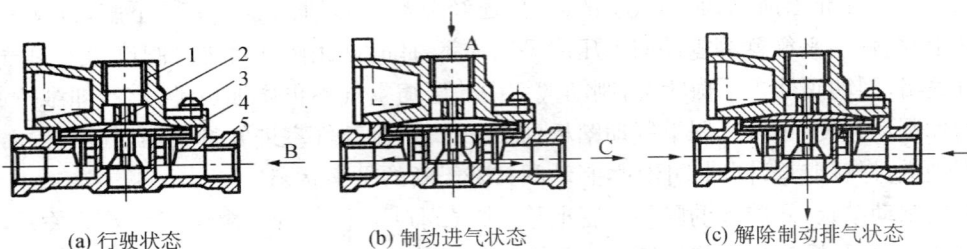

(a) 行驶状态　　　　(b) 制动进气状态　　　　(c) 解除制动排气状态

图 3 - 10　快放阀的工作状态

1—上壳体；2—膜片；3—紧固螺钉；4—密封垫；5—壳体；A—接气源；B、C—接制动气罋；D—排气口

制动时,由制动阀来的压缩空气进入 A 口后[图 3 - 10(b)],推动膜片 2 将排气口 D 切断,同时压下膜片四周使之弯曲,压缩空气沿下壳体 5 的径向沟槽,经 B、C 口分别通往左、右制动气室。解除制动时,制动气室的压缩空气经 B、C 口流回[图 12.67(c)],将膜片 2 顶起,关闭进气口 A,打开排气口 D,压缩空气直接从排气口 D 排入大气,不需迂回流经制动阀。

(三) 气压制动系的维修

一级维护时,检查制动管路和各部件接头应连接可靠,不漏气,各部支架螺栓、螺母紧固可靠,各制动拉杆的连接销安全、锁止可靠,各软管无老化漏气现象。

二级维护时,应检查制动阀、储气筒、制动气室、管路及接头等部位是否漏气;制动软管应无老化;制动控制阀进气迅速、排气畅通;制动气室推杆行程符合规定。

气压制动系各部的连接软管经长期使用后,会老化变质而漏气。因此,必须每年或每行驶 50 000 km 更换一次。

1. 空气压缩机的检修

空气压缩机工作时,不应有大量润滑油窜入储气筒中,经连续工作 24 h 后,储气筒中的润滑油达到 10~15 mL 时,应检查活塞与活塞环的磨损、后盖与油堵的密封、回油管是否畅通以及连杆大端与曲轴的轴向间隙等,根据发现的问题进行维修。

2. 储气筒的检修

储气筒内部应清洁,在 1 274~1 470 kPa 压力下作水压试验,储气筒应无渗漏现象,否则应更换。

3. 制动控制阀的检修与调整

1) 主要零件的检修

各类制动控制阀的主要失效是膜片破裂和变形,以及进、排气阀磨损或老化、弹簧弹力减退等。

(1) 膜片变形或破裂,应予以更换。

(2) 各弹簧的长度和弹力应符合标准,否则应更换,维护时也可加垫片进行调整。

(3) 排气阀的阀门有较深的擦伤或沟槽密封不严时,可用研磨法修复或更换。

(4) 壳体有裂纹或各接合面不平时应更换。

2) 装配与调整

现代汽车控制阀各零件间的装配关系,一般都由其尺寸确定,按相互位置关系装配即可。少数平衡弹簧有预紧度要求的,应按规定预紧度预紧。另外,各滑动配合表面和安装橡胶圈的槽中应涂适量的锂基润滑脂。

(1) 解放 CA1092 制动控制阀的调整(见图 3-5)。调整主要是通过拉臂上的调整螺钉调整拉臂的极限回位位置,同时调整排气间隙和踏板自由行程。在上、下排气间隙中,下阀门至心管间的排气间隙(1.7 mm)由零件尺寸公差保证,无需调整。而上活塞心管与上阀门间的排气间隙(1.2 mm±0.2 mm)是制动踏板处由行程(10~15 mm)的反映,拧进调整螺钉 17,该间隙及踏板自由行程减小;反之则增大。具体调整方法为:在 D 腔接压缩空气,拉动拉臂 19 使滚轮 4 压动挺杆 5 下移至刚好能从 A 腔开始进气,再慢慢放松拉臂至挺杆回升 1.2 mm±0.2 mm 时,转动调整螺钉 17 至刚好抵住壳体再锁止即可。

(2) 东风 EQ1091E 制动控制阀的调整(见图 3-7)。

① 排气间隙调整。拆下前、后腔柱塞座总成 21,用深度尺测量心管至阀座平面之间的距离,均应为 1.5 mm。若该间隙不符合要求,应用拉臂上的调整螺钉 34 进行调整。拧紧螺钉排气间隙变小;反之排气间隙变大,调整后将调整螺母 33 锁紧。此间隙反映到踏板上,即为制动踏板的自由行程,其标准为 10~15 mm。

② 最大制动气压调整:将制动踏板踩到底,调整螺钉 32 应与拉臂上的限位块 A 接触,这时最大制动气压应为 539~589 kPa。最大制动气压不符合规定应用调整螺钉 32 进行调整。

③ 前、后腔的压力差调整。在制动控制阀的前、后腔上各接一个气压表。踩下制动踏

板至任一位置不动,旋转后腔滞后弹簧下的调整螺帽 24。拧紧时,可使弹簧弹力增大,从而降低后腔的输出气压,应使后腔的输出气压较前腔低 9.8～39.2 kPa。再踩踏板检查一次,符合要求后将锁紧螺母 23 拧紧。

3) 密封性检查

控制阀装配调整后要进行密封性检查。解放 CA1092 的制动控制阀检查方法如下(见图 3-5)。

(1) 在制动控制阀上、下腔进气口与储气筒之间各串入一个 1 L 的容器和气压表,并用一个阀门控制气路的通断。

(2) 通入压力为 784 kPa 的压缩空气后再关闭阀门,检查进气口 D,E 腔的密封性,5 min 后,气压降低不得大于 24.5 kPa。

(3) 拉动拉臂至极限位置不动,用同样的方法检查排气口 A,B 的密封性,5 min 后压力降低不得大于 49 kPa。

制动控制阀的密封性可随车进行检查,停车后,若不踩制动踏板,在排气口处有漏气现象,说明进气阀处不密封;若踩下制动踏板,在排气口有漏气现象,说明排气阀处或膜片不密封。有上述情况,应拆开进行检查,如损坏应更换。

4) 制动气室检查

制动气室弹簧断裂、变形或弹力减弱时应更换;膜片有裂纹、变形或老化等应更换;外壳有裂纹、凹陷、变形或推杆磨损过大应更换。

装配制动气室,应分两次拧紧盖上的固定螺母,以防膜片变形。装合后,推杆应运动灵活;当制动气室气压达到 784～882 kPa 时应不漏气;当压力解除时,推杆应立即回到原位;当充入规定气压时,推杆行程应符合要求。

5) 气压制动系的就车检查

国家标准规定,在储气筒内的气压达到 600 kPa 时,在不制动的情况下,发动机熄火 3 min 后其气压降低不得大于 10 kPa。在气压为 600 kPa 的情况下,将制动踏板踩到底,待气压稳定后保持 3 min,单车气压下降不得超过 20 kPa;带挂车时,不得超过 30 kPa。

当发动机在中等转速下,4 min(列车为 6 min,城市铰接公共汽车和无轨电车为 8 min)内气压表的指示气压应从零升至起步气压(未标有起步气压者按 400 kPa 计)。储气筒在不继续充气的情况下,连续 5 次全制动后气压应不低于起步气压。

达不到上述要求时,应查明原因,并予以排除。

(四) 气压制动系的故障诊断

1. 制动不灵

1) 现象

与液压制动系的"制动不灵"相同。

2) 原因

制动不灵的实质,一是制动介质——压缩空气压力不足;二是由于各种原因造成摩擦片与制动鼓之间摩擦力矩下降,可依此分析故障的原因。

(1) 储气筒内气压不足或空气压缩机至储气筒管路不畅通。

(2) 制动控制阀进气阀开度过小、排气阀关闭不严、膜片破裂。

（3）制动管路凹瘪、不畅通、堵塞或漏气。

（4）制动气室膜片破裂、推杆行程太小或太大。

（5）制动踏板自由行程过大。

（6）制动蹄摩擦片与制动鼓（盘）的接触面积太小，或制动器间隙调整不当。

（7）制动蹄摩擦片质量欠佳或使用中表面硬化、烧焦、油污或铆钉头外露。

（8）制动鼓磨损过度或制动时变形严重。

（9）制动蹄与支撑销或制动凸轮轴与凸轮轴支架锈蚀或卡滞。

3）故障诊断

（1）首先检查制动蹄踏板自由行程。

（2）在不制动且发动机长时间运转的情况下观察气压表。如气压不足 392 kPa，而且长时间行驶也不上升，应查明故障是在空气压缩机还是管路。若气压上升缓慢或长时间不上升，发动机熄火后，气压也不下降，大都为压缩机故障；如皮带打滑，发动机熄火后，气压不断下降，说明存在漏气，可根据漏气声查找漏气部位。

（3）若气压足够 490 kPa，可踩下制动踏板，观察气压表指针，若气压下降过少，说明制动控制阀不良，如进气阀开度过小等；若踩下踏板后气压不断下降并有漏气声，说明制动控制阀至制动气室之间某处漏气，可循声查到漏气部位。

（4）察看制动气室推杆外伸情况。若外伸过短，说明气管有堵塞或者凸轮轴有锈蚀卡滞；若外伸过大，很可能是制动器间隙过大。

（5）上述检查均正常，则故障原因在制动器。如制动蹄粘油、太薄、铆钉外露、制动鼓失圆、磨出沟槽等，应拆开制动器检查。

2. 制动失效

1）现象

与液压制动系"制动失效"相同。

2）原因

（1）制动踏板至制动控制阀的连接脱开。

（2）储气筒无压缩空气。

（3）制动控制阀的进气阀打不开或排气阀严重关闭不严。

（4）制动控制阀膜片、制动气室膜片严重破裂或制动软管断裂。

（5）制动管路内结冰或油污严重而阻塞。

3）诊断方法

气压制动失效，应先看气压表有无气压。若气压正常，可检查制动踏板与制动控制阀拉臂是否脱节，制动控制阀调整螺钉是否正常。若均正常，则需拆检进气阀。若无气压，应拆下空气压缩机出气管，起动发动机听察有无泵气声。如泵气声正常，应查明出气管经储气筒到气压表一段有无严重漏气。如无泵气声，即应检修空气压缩机。

三、制订检修计划

制订汽车气压制动不灵故障检修计划，如表 3-2 所示。

表 3 - 2   制订检修计划

1. 查阅维修资料,了解汽车气压制动系类型特点
2. 查阅维修手册,熟悉汽车气压制动系检修规范
3. 查阅技术通报,熟练汽车气压制动系制动不灵故障检修流程
4. 收集汽车气压制动系统相关信息,分析汽车气压制动系制动不灵故障的原因
5. 查阅车辆维修资料,制订汽车气压制动系制动不灵故障检修流程

1. 车辆信息描述	车辆描述		
	气压制动系类型	空气压缩机	
		汽车调压阀	
		制动回路	
		制动控制阀类型	
2. 车辆气压制动不灵故障现象描述			
3. 汽车气压制动不灵故障原因分析,画出鱼刺图			
4. 汽车气压制动失效故障检修工作准备			

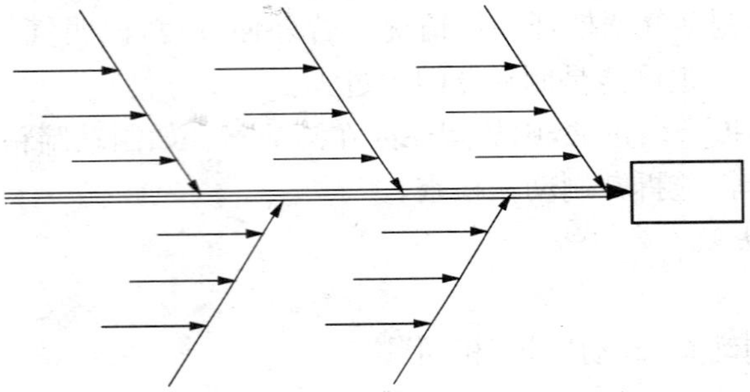

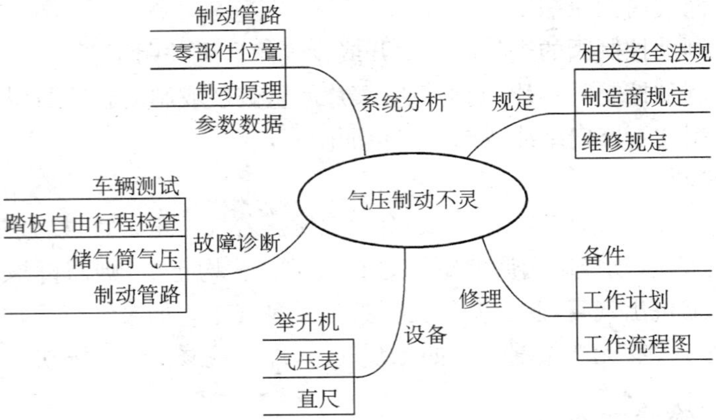

续　表

步骤	检修项目	操作要领	技术要求或标准	检修记录
1	储气筒			
2	空气压缩机			
3	制动控制阀			
4	制动管路			
5	制动气室			
6	制动踏板			
7	制动蹄、鼓			

（表格左侧合并单元格内容：5. 汽车气压制动不灵故障检修流程）

四、实施维修作业

按计划实施维修作业，如表 3 - 3 所示。

表 3 - 3　实施维修作业

汽车气压制动不良故障检修

1. 根据"汽车气压制动系制动不灵故障原因分析"和"汽车气压制动系制动不灵故障检修流程"，结合车辆实际情况，从简单到复杂、从外到里、从不拆到拆等故障诊断与排除原则，逐个收集相应检修规范等信息，并制订相应检修计划
2. 按检修规范和检修计划，逐步进行检修训练，最终排除故障

检查步骤	检修项目	操作要领	检修记录
1	汽车制动蹄踏板自由行程		
2	观察气压表，检查漏气		
3	察看制动气室推杆外伸情况		
4	制动控制阀进排气阀开度		
5	制动器检查		
检修结论与处理措施			

五、检验评估

（1）查阅汽车气压制动系统参数，并实施维修质量检验。

（2）检查诊断与排除汽车制动不灵故障任务完成情况。

检验评估内容如表 3 - 4 所示。

表 3-4　检验评估

检验与评价内容	检 验 指 标	权重	自评	互评	总评
维修质量检验	1. 储气筒内气压是否符合要求 2. 空气压缩机至储气筒管路畅通 3. 制动控制阀进气阀开度与排气阀开度正常 4. 制动管路无凹瘪、不畅通、堵塞或漏气 5. 制动气室无膜片破裂、推杆行程正常 6. 制动踏板自由行程符合规定 7. 制动器间隙正常 8. 制动蹄摩擦片质量良好无表面硬化、烧焦、油污或铆钉头外露 9. 制动鼓无过度磨损 10. 制动蹄与支撑销或制动凸轮轴与凸轮轴支架无锈蚀或卡滞				
检查任务完成情况	1. 能描述汽车气压制动系统主要部件的作用与原理 2. 在小组所扮演的角色,对完成任务过程中所起作用				
专业知识	1. 能描述汽车气压制动系的组成				
	2. 能描述汽车制动控制阀的分类				
	3. 能描述汽车制动控制阀的功能				
	4. 会描述汽车气压制动失效故障排除作业范围				
	5. 会描述汽车气压制动失效故障作业安全事项				
职业素养	1. 学习态度:积极主动参与学习				
	2. 团队合作:与小组成员一起分工合作,不影响学习进度				
	3. 现场管理:服从工位安排、执行实训室"5S"管理规定				

任务3.2　诊断与排除汽车拖滞故障

任务描述	通过任务 3.1 排除了汽车制动不灵故障,但在检验过程中发现制动拖滞。本任务继续诊断汽车气压制动系统的故障,并通过检修制动器主要部件来排除汽车制动拖滞故障
任务目标	1. 理解汽车凸轮制动器的结构及工作原理,会诊断汽车气压制动系统的故障 2. 理解汽车凸轮制动器主要部件的结构原理和检修规范,会进行相关检修作业 3. 会排除汽车制动拖滞故障,并按规范进行维修质量检验

一、维修接待

一辆一汽解放 1092 型汽车,发现制动拖滞;进入维修厂进行维修。现进行维修接待,准确填写接车问诊表,如表 3-5 所示。

表 3-5 维修接待与接车问诊表

1. 通过询问客户了解制动系统发生故障情况,填写接车问诊表
2. 车间检测初步确认结果及主要故障零部件

接 车 问 诊 表

车牌号:_____ 车架号:_____ 行驶里程:_____(km)
用户名:_____ 电话:_____ 来店时间:___/___

用户陈述及故障发生时的状况:**行驶中油耗大,制动鼓温度很高**

故障发生状况提示:**行驶速度、发动机状态、发生频度、发生时间、部位、天气、路面状况、声音描述**

接车员检测确认建议:**需进行综合维修**

车间检测确认结果及主要故障零部件:**需进行综合故障诊断与排除,必要时还需更换相应部件**

车间检查确认者:_____

外观确认:

（请在有缺陷部位作标识）

功能确认:(工作正常✓ 不正常×)
□音响系统 □门锁(防盗器) □全车灯光
□工具 □后视镜 □天窗 □座椅
□点烟器 □玻璃升降器 □玻璃

物品确认:(有✓ 无×)

□贵重物品提示
□工具 □备胎 □灭火器
□其他( )
旧件是否交还用户 □是 □否
用户是否需要洗车 □是 □否

● 检测费说明:本次检测的故障如用户在本店维修,检测费包含在修理费用内;如用户不在本店维修,请您支付检测费。本次检测费:¥ 元。
● 贵重物品:在将车辆交给我店检查修理前,已提示将车内贵重物品自行收起并保存好,如有遗失恕不负责。

接车员:_____ 用户确认:_____

二、信息收集与处理

(一) 凸轮式制动器

目前,所有国产汽车及部分外国汽车的气压制动系统中,都采用凸轮促动的车轮制动器,而且大多设计成领从蹄式。

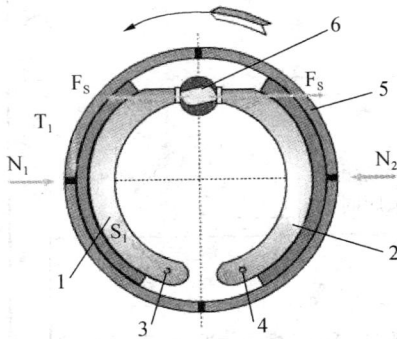

图 3 - 11　凸轮式制动器
1—前制动蹄；2—后制动蹄；
3、4—前、后制动蹄支点；5—制动鼓；
6—凸轮

制动时，制动调整臂在制动气室 1 的推杆作用下，带动凸轮轴 2 转动，使得两制动蹄压靠到制动鼓 3 上而制动。由于凸轮轮廓的中心对称性及两蹄结构和安装的轴对称性，凸轮转动所引起的两蹄上相应点的位移必然相等。如图 3 - 11 为凸轮式制动器工作原理示意图。

前、后制动蹄 1，2 在凸轮 6 的作用下，压向制动鼓 5，制动鼓 5 对制动蹄 1，2 产生摩擦作用。在摩擦力的作用下，前制动蹄 1 有离开凸轮 6 的趋势，致使凸轮 6 对制动蹄 1 的压力有所减弱；后制动蹄 2 有向凸轮 6 的趋势，致使凸轮 6 对制动蹄 2 的压力有所增强。

由于前制动蹄 1 有领蹄作用，后制动蹄 2 有从蹄作用，又有凸轮 6 对前制动蹄 1 促动力较小，对后制动蹄 2 促动力较大这一情况，所以，前后制动蹄片 1，2 的制动效果是接近的。

（二）车轮制动器的检修

1. 鼓式车轮制动器的检修与调整

1）制动鼓的检修

（1）用弓形内径规检测制动鼓的圆度。圆度不大于 0.125 mm，否则镗削修理；

（2）工作表面沟槽不明显（深度不大于 0.50 mm）；

（3）对轮毂轴承孔轴线的径向圆跳动不超过 0.50 mm，不得有裂纹和变形。

（4）工作面的磨损、烧蚀、油污的检测

2）制动蹄的检修

（1）制动蹄有裂纹或较大变形时，应更换。

（2）摩擦片磨损不超过极限，无破裂，无严重烧蚀和油污。

（3）摩擦片或制动鼓经磨（镗）削加工后，两者的接触面积应在 70% 左右。

（4）摩擦片的松脱检查，有则更换。

3）制动器其他零件的检修

（1）制动蹄回位弹簧有裂纹或变形，更换。其自由长度和弹力应符合技术要求。

（2）制动凸轮表面如有明显的不均匀磨损，应更换，也可堆焊后按样板加工修复。

（3）制动底板应无裂纹或明显变形，其紧固螺栓螺母或铆钉不得松动。

4）修刹车

要求摩擦片与制动鼓的接触面应两头接触，中间不接触，接触面积应在 70% 左右。

5）鼓式车轮制动器的装配与调整

（1）装配时为便于制动鼓安装，偏心销、调整凸轮等应转至最小位置。

（2）制动器的全面调整：在更换制动蹄重新加工制动鼓后，或因拆卸制动器破坏了蹄鼓间隙时，需要对制动器进行全面调整。如 CA1091 汽车简单非平衡式车轮制动器两制动蹄上端间隙是通过凸轮调整，下端是通过蹄片支承销进行调整。其调整步骤如下：

① 松开制动蹄支承销锁紧螺母和凸轮轴支架的紧固螺母。

② 脱开制动调整臂和制动气室推杆上的连接叉。

③ 转动蹄片支承销轴，使轴端支承销标记朝内相对。

④ 拉动调整臂，转动凸轮，使蹄上端与鼓贴紧，并在此状态下转动制动蹄支承销，使蹄下端消除间隙。在这个位置上拧紧凸轮轴支架的紧固螺母和制动蹄销的锁紧螺母（注意保持制动蹄在调好的位置上不动）。

⑤ 调整制动气室推杆长度，连接制动气室推杆连接叉和调整臂，使制动状态时推杆与调整臂夹角为 90°。然后转动蜗杆使制动鼓和制动蹄达到规定间隙：靠近蹄片轴一端（下端）为 0.2～0.5 mm，靠近凸轮轴一端（上端）为 0.4～0.7 mm。

（3）制动器的局部调整：制动蹄摩擦片磨损后制动气室推杆行程过大时，为减小蹄鼓间隙，可仅通过凸轮进行局部调整。调整方法是：先顺转蜗杆轴使蹄鼓间隙消除，再倒转蜗杆轴使制动蹄与鼓达到规定间隙（一般为 3～5 响）。局部调整时，不要拧松制动蹄销的锁紧螺母和改变凸轮轴的安装位置，以防破坏蹄鼓的正确贴合。

（4）注意事项：

① 制动器的调整应在轮毂轴承预紧力调好后进行。

② 盘式制动器不能因有自调功能而在装复后直接进行路试，应先踏几次制动踏板使间隙自调到规定值，以防因分泵内制动液不足无制动效能而造成行车事故。

（三）故障诊断与排除

1. 制动拖滞

1）现象

与液压制动系"制动拖滞"相同。

2）原因

（1）制动踏板自由行程太小，致使制动控制阀的排气阀开启程度太小。

（2）制动控制阀膜片回位弹簧或排气阀弹簧疲劳、折断。

（3）制动控制阀的排气阀橡胶阀发胀、发黏、损伤或阀门口污垢、胶质过多。

（4）制动蹄回位弹簧疲劳、拉断或脱落，制动器间隙过小或调整不当。

（5）制动凸轮轴与凸轮轴支架或制动蹄与支撑销锈蚀或卡滞。

（6）制动踏板卡滞或踏板回位弹簧疲劳、拉断、脱落等。

（7）制动气室膜片（活塞）回位弹簧疲劳、折断。

（8）其他方面原因，如轮毂轴承松动，半轴套管松动、制动软管老化不畅通等。

3）故障诊断

（1）汽车路试并有意使用制动器，行驶一定里程后，停车检查各车轮制动鼓的温度。如果全部车轮制动鼓都发热，则为全轮拖滞，故障在制动控制阀、制动踏板上；如果个别制动鼓发热，则为个别车轮拖滞，故障在制动气室或车轮制动器上。

（2）若全轮拖滞，可踩下制动踏板并抬起，若制动灯不灭，排气阀不排气或排气缓慢，则为制动控制阀故障，应检修制动控制阀。一般为排气间隙太小、排气阀弹簧或阀门不良等。若制动阀良好，应检查制动踏板能否彻底回位。

（3）若个别车轮拖滞，可踩下并抬起制动踏板，观察制动气室推杆回位情况。若回位缓慢或不回位,拆开制动气室推杆与调整臂的连接后推杆也不回位,则为制动气室弹簧疲劳、拆断或弹力太小所致。否则是制动凸轮轴锈蚀或变形所致运动发卡。若推杆回位正常,但制动蹄不能回位,则为制动蹄与支撑销锈蚀或制动蹄回位弹簧故障所致。否则应调整制动器间隙或轮毂轴承预紧度。

2. 制动跑偏

1）现象

与液压制动系"制动跑偏"相同。

2）原因

主要是由于左、右两侧车轮制动力不同所致。

（1）左右两侧车轮制动器的某些参数相差较大,如制动器间隙、制动摩擦片材料或磨损程度、蹄与鼓接触面积、制动鼓内径及回位弹簧拉力等。

（2）左右轮轮胎气压不一、直径不一、花纹不一或花纹深度不一。

（3）单边车轮制动器进水或油污、制动鼓变形严重和磨出沟槽。

（4）左右两侧车轮制动凸轮转角相差太大。

（5）左右两侧车轮制动气室推杆外露长度不一,伸张长度不等。

（6）左右两侧车轮制动软管与制动气室膜片新旧程度不一样。

除上述这些原因外,还有其他方面的原因,如负前束,两钢板弹簧弹力不等,车架变形及前桥移位等。

3）故障诊断

发生制动跑偏时,说明方向相反的一侧车轮制动力不足。应首先检查轮胎气压和制动器间隙,若正常则检查制动气室推杆的外伸长度及制动时的伸出长度。必要时应拆检制动器。

三、制订检修计划

制订汽车气压制动系制动拖滞故障计划:

（1）查阅维修资料,了解车辆制动器类型特点。

（2）查阅维修手册,熟悉车辆气压制动系检修规范。

（3）查阅技术通报,熟练车辆气压制动系制动拖滞故障检修流程。

检修计划如表3-6所示。

表3-6　制订检修计划

		车辆描述	
1. 车辆信息描述	制动系类型	空气压缩机	
		制动回路	
		制动控制阀	
		制动器类型	

续 表

2. 汽车制动拖滞故障原因分析，画出鱼刺图	
3. 汽车制动拖滞故障检修工作准备	

步骤	检修项目	操作要领	技术要求或标准	检修记录
1	路试	有意使用制动器	制动鼓温度	
2	踏板自由行程	检查踏板	EQ1092 为 12～18 mm	
3	制动控制阀	检查控制阀排气间隙	1.2 ± 0.2 mm	
4	制动气室	检查推杆复位情况	卡滞情况	
5	制动鼓	检查制动鼓间隙	是否过小	
6	轮毂轴承	检查是否轮毂轴承	是否松动	

(步骤 1～6 对应左侧："4. 汽车制动拖滞故障检修流程")

四、实施维修作业

收集汽车气压制动系统检修相关信息，制订汽车气压制动系主要部件的检修规范，并实施维修作业，如表 3-7 所示。

表 3-7   实施维修作业

汽车路试,有意使用制动器,行驶一定里程后停车检查各轮制动鼓温度。如果全部制动鼓发热则故障在制动控制阀,如果部分制动鼓发热则为制动器故障

汽车路试	检查内容	操作要领	检修记录
	1	在平坦的路面上以每小时 40 km 路试 2~5 km 左右,感觉有无行驶阻力	
	2	在路上进行制动,检查踏板抬起后制动有无解除	
	3	停驶后,检查制动鼓温度,如个别制动鼓发热,则为制动器故障,如全部制动鼓发热,则为制动控制阀故障	

若确定制动控制阀有故障,应先检查制动踏板自由行程。若无自由行程或太小,应予调整。若自由行程正常,可旋松排气阀试验。如有好转,则为排气阀调整垫片过薄,仍无好转,可检查排气阀复位弹簧及胶座。以上均正常时,则应检查制动控制阀推杆是否锈蚀。若制动踏板不完全抬起,一般是踏板至制动控制阀拉臂传动犯卡

检修制动阀	检查内容	操作要领	检修记录
	1	检查制动踏板自由行程	
	2	检查排气阀间隙、复位弹簧及胶座	
	3	制动控制阀推杆是否锈蚀	

检修制动器	检查内容	操作要领	检修记录
	1	检查制动蹄鼓间隙及制动蹄回位弹簧是否过软	
	2	检查制动气室推杆复位及制动凸轮轴锈蚀和变形情况	

检修结论			

五、检验评估

(1) 查阅汽车气压制动系统的评价指标,并对照各指标实施维修质量检验。

(2) 检查诊断与排除汽车气压制动拖滞故障任务完成情况。

检验评估内容如表 3-8 所示。

表 3-8   检验评估

检验与评价内容	检 验 指 标	权重	自评	互评	总评
维修质量检验	踏板自由行程				
	蹄鼓间隙				
	排气间隙				
	制动鼓温度				

续 表

检验与评价内容	检验指标	权重	自评	互评	总评
检查任务完成情况	1. 能描述汽车气压制动系统主要部件的作用与原理				
	2. 在小组完成任务过程中所起作用				
职业素养	1. 学习态度:积极主动参与学习				
	2. 团队合作:与小组成员一起分工合作,不影响学习进度				
	3. 现场管理:服从工位安排、执行实训室"5S"管理规定				

练 习

一、填空题

1. 汽车气压制动系是利用发动机的_____驱动空气压缩机,并把压缩机空气储存起来,作为动力的来源。

2. 东风 EQ1090E 型采用_____控制阀,解放 CA1091 型汽车采用_____的控制阀。

二、选择题

1. 气压制动式汽车行驶时,将制动踏板踩到底,仍无制动效果的原因是( )。

A. 个别轮制动气室失效   B. 制动系统中无气压

C. 各轮制动鼓与制动蹄间隙过小   D. 制动鼓与制动蹄间隙合适

2. 在行驶中气压制动的大小是驾驶员通过( )控制。

A. 空压机   B. 制动气室   C. 继动阀   D. 制动阀

3. 气压制动式汽车,制动跑偏的原因之一是( )。

A. 各轮制动间隙过大   B. 各轮制动间隙过小

C. 同一轴上两个制动鼓的间隙不一致   D. 制动进气压过高

三、判断题

( ) **1.** 气制动式汽车行驶时,将制动踏板踩到底,仍无制动效果的原因之一是制动系统中无气压。

( ) **2.** 若踏板有效行程减少,最大工作气压就会时大时小。

( ) **3.** 气压制动系是利用发动机的动能驱动空气压缩机并把压缩空气储存在气筒内作为动力的来源。

( ) **4.** 气压制动系大多用于轿车上。

( ) **5.** 气压制动器的驱动力完全由气压产生。

四、简答题

1. 气压制动控制阀主要有哪两种?画图说明其基本组成、工作原理及调整部位。

2. 试述串联活塞式气压制动控制阀的检修方法。

项目四　**汽车制动防抱死系统维护**

Description 项目描述	本项目是驾驶员或初学者对汽车 ABS 系统的认识,并进行相关操作及日常维护。通过本项目的学习,使学生理解汽车 ABS 系统工作原理,认识汽车 ABS 系统的结构,具备维护汽车 ABS 系统系统的相关技能,能对汽车 ABS 系统进行日常维护
Objects 项目目标	1. 收集汽车 ABS 系统操作规范相关信息 2. 能描述汽车 ABS 系统工作原理,认识汽车 ABS 系统的结构 3. 能根据汽车 ABS 系统日常维护作业规范,实施维护作业
Tasks 项目任务	任务 1:ABS 的日常维护
Implementation 项目实施	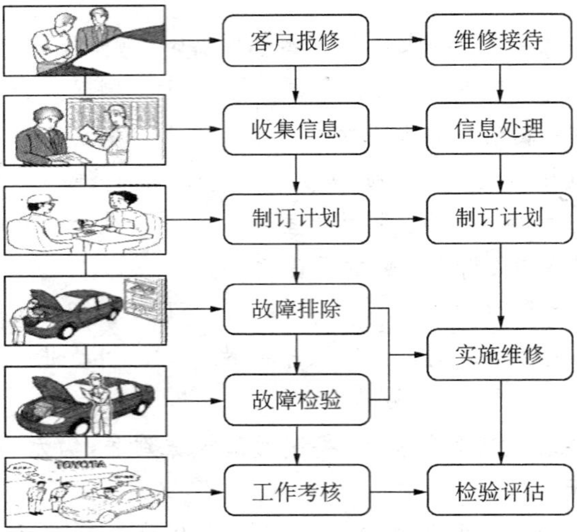

一、维修接待

维修接待,准确填写接车问诊表,如表 4-1 所示。

表 4-1　维修接待与接车问诊表

1. 通过询问客户了解 ABS 使用情况,填写接车问诊表
2. 车间检测初步确认结果:需进行日常维护

接 车 问 诊 表

车牌号:_____　　车架号:_____　　行驶里程:_____(km)

用户名:_____　　电话:_____　　来店时间:____ /____

用户陈述及故障发生时的状况:

故障发生状况提示:**行驶速度、发动机状态、发生频度、发生时间、部位、天气、路面状况、声音描述**

接车员检测确认建议:**需进行维修**

车间检测确认结果及主要故障零部件:**需进行日常维护**

车间检查确认者:_____

外观确认:

（请在有缺陷部位作标识）

功能确认:(工作正常✓　不正常×)
- □音响系统　　□门锁(防盗器)　　□全车灯光
- □工具　　　　□后视镜　　　　　□天窗　　　□座椅
- □点烟器　　　□玻璃升降器　　　□玻璃

物品确认:(有✓　无×)

F

- □贵重物品提示
- □工具　　　□备胎　　　□灭火器
- □其他(　　　　　　　　　)
- 旧件是否交还用户　　□是　□否
- 用户是否需要洗车　　□是　□否

E

- 检测费说明:本次检测的故障如用户在本店维修,检测费包含在修理费用内;如用户不在本店维修,请您支付检测费。本次检测费:¥　　　　元。
- 贵重物品:在将车辆交给我店检查修理前,已提示将车内贵重物品自行收起并保存好,如有遗失恕不负责。

接车员:_____　　　　用户确认:_____

二、信息收集与处理

(一) 汽车 ABS 概述

1. 汽车 ABS 制动系统的发展

10 年前,如果轿车安装有 ABS(防抱死制动系统),不但说明该车的安全性能出类拔萃,而且档次也相当高级。今天,安装 ABS 的轿车已经相当普遍,经济型车也安装有 ABS。随着对汽车安全性能的要求越来越高,一些中、高档级的轿车已经不满足于 ABS,还安装了

ASR(驱动防滑系统,又称牵引力控制系统)或者 ESP(电控行驶平稳系统),使汽车的安全性能进一步提高。

ABS 技术是英国人霍纳摩尔 1920 年研制发明并申请专利,早在 20 世纪 30 年代,ABS 就已经在铁路机车的制动系统中应用,目的是防止车轮在制动过程中抱死,导致车轮与钢轨局部急剧摩擦而过早损坏。1936 年德国博世公司取得了 ABS 专利权。

20 世纪 40 年代末期,为了缩短飞机着陆时的滑行距离、防止车轮在制动时跑偏、甩尾和轮胎剧烈磨耗,飞机制动系统开始采用 ABS,并很快成为飞机的标准装备。

20 世纪 50 年代防抱制动系统开始应用于汽车工业。1951 年 Goodyear 航空公司装于载重车上;1954 年福特汽车公司在林肯车上装用法国航空公司的 ABS 装置。

1978 年 ABS 系统有了突破性发展。博世公司与奔驰公司合作研制出三通道四轮带有数字式控制器的 ABS 系统,并批量装于奔驰轿车上。由于微处理器的引入,使 ABS 系统开始具有了智能,从而奠定了 ABS 系统的基础和基本模式。

20 世纪 80 年代中期以后,借助于电子控制技术的进步,ABS 的更为灵敏、成本更低、安装更方便、价格也更易被中小型家用轿车所接受。

2. 我国的 ABS 现状

我国对 ABS 的研究现状开始于 20 世纪 80 年代初。目前,我国政府已制订车辆安全性方面的强制性法规,GB12676—1999《汽车制动系统结构、性能和试验方法》,规定首先在重型车和大客车上安装电子控制式 ABS。GB7258—2004《机动车运行安全技术条件》又具体规定了必须安装的车型和时间。规定决质量大于 12 000 kg 的长途客车和旅游客车总质量大于 16 000 kg 允许挂接总质量大于 10 000 kg 的挂车的货车及总质量大于 10 000 kg 的挂车必须安装 ABS。

我国有许多单位和企业从事 ABS 的研制工作,东风汽车公司、重庆公路研究所、北京理工大学、清华大学、上海汽车制动系统有限公司和山东重汽集团等。其中山东重汽集团引进国际先进技术进行研究已取得了一些进展。重庆公路研究所研制的适用于中型汽车的气制动 FKX - ACI 型 ABS 装置已通过国家级技术鉴定,但各种制动情况的适应性还有待提高。清华大学研制的适用于轻型和小型汽车的液压 ABS 系统,北京理工大学和上海汽车制动系统有限公司致力于轿车的液压 ABS 系统的研究,已分别取得初步成果。

根据国内外的一些研究动态和高档轿车的实际应用表明,ABS 技术将沿着以下几个方面继续发展:

(1) ABS 和驱动防滑控制装置 ASR 一体化。ABS 以防止车轮抱死为目的,ASR 是防止车轮过分滑转,ABS 是为了缓解制动,ASR 是为了施加制动。由于两者技术上经较接近,且都能在低附着路面上充分体现它们的作用,所以将两者有机地结合起来。

(2) ABS/ASR 与自动巡航系统(ACC)集成。自动巡航控制系统(ACC)的目的是在巡航行驶时自动把车速限制在一个设定的速度,并且能够根据前方车辆的行驶善,自动施加制动或加速使其保持在一定的安全距离内行驶。在遇到障碍物时,可以自动施加制动,把车速调整到安全范围内。由于 ABS/ASR 和 ACC 都要用到相同的轮速采集系统,制动压力调节装置以及发动机输出力矩调节装置,因此 ABS/ASR/ACC 集成化系统,不仅可以大大降低成本,而且可以提高汽车的整体安全性能。

（3）减小体积，降低重量。为了提高汽车的安全性能，增加了一些装置，汽车的重量了随之增加，对燃料经济性不利。所以新增设的各种装置必须在保证安全性的前提下，尽量地减少重量。

（4）随着 ABS 与新一代制动系统的结合，ABS 有了更快的响应速度，更好的控制效果，而且更容易与其他电子系统集成。

（二）汽车 ABS 制动系统组成

ABS 通常都由 ABS 控制器（包括电子控制单元、液压单元、液压泵等）、四个车轮转速传感器、ABS 故障警告灯、制动警告灯等组成，在不同的 ABS 系统中，制动压力调节装置的结构形式和工作原理往往不同，电子控制装置的内部结构和控制逻辑也可能不尽相同，如图 4-1 所示。

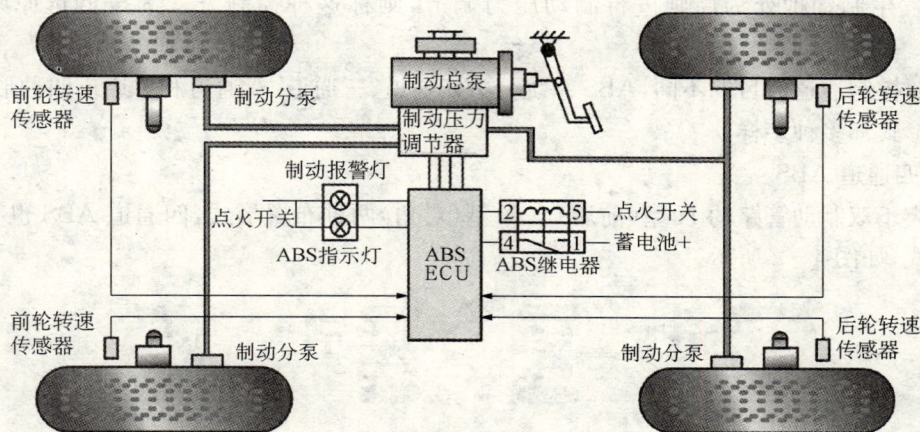

图 4-1 ABS 系统组成与结构图

（三）汽车 ABS 制动系统的控制方式及布置形式

1. ABS 的控制方式

汽车在形式过程中，各车轮与路面之间的附着系数是不一样的，这可能是由于各轮胎充气压力相差较大、载荷分布不均或路面质量不一样所造成的。由于不同附着系数使两边车轮的制动力不一样，从而产生偏转力矩引起制动跑偏。目前 ABS 采用的控制方式主要有低选控制和单独控制。

1）低选控制

当汽车前桥或后桥的左右车轮与地面之间的附着系数不一样时，附着系数小的一次车轮容易出现抱死，为了不让车轮抱死，制动系统采用由路面附着系数小的一侧车轮的运动状态来控制制动力。该控制方式下，同轴的两个车轮有各自的车轮转速传感器，共用一个压力调节器和电子控制器通道，其附着系数利用率比较低。

2）单独控制

根据各个车轮制动所需的制动力采用单独控制，以便能产生更好的制动效果。汽车采用单独控制时，每个车轮都有自身的监测和控制系统。在各种道路条件下，每个车轮都尽量处于最佳制动状态。但当在左右轮附着系数较大的路面上制动时，则会产生较大的偏转力矩失去稳定性。

2. ABS 的传感器布置形式和控制通道数量

有时可以听到人们说 2/2、4/3、4/4 系统,其代表的含义是,第一个数字为轮速传感器数目,第二个数字表示控制通道数。例如,4/3 代表四传感器、三个控制通道,前轮各一个控制通道,后轮共用一个通道。

ABS 系统中,能够独立进行制动压力调节的制动管路称为控制通道。

如果对某车轮的制动压力可以进行单独调节,这种控制方式称为独立控制;如果对两个(或两个以上)车轮的制动压力一同进行调节,则称这种控制方式为一同控制。在两个车轮的制动压力进行一同控制时,如果以保证附着力较大的车轮不发生制动抱死为原则进行制动压力调节,称这种控制方式为按高选原则一同控制;如果以保证附着力较小的车轮不发生制动抱死为原则进行制动压力调节,则称这种控制方式为按低选原则一同控制。

按照控制通道数目的不同,ABS 系统分为四通道、三通道、双通道和单通道四种形式,而其布置形式却多种多样。

1) 四通道 ABS

对应于双制动管路的 H 型(前后)或 X 型(对角)两种布置形式,四通道 ABS 也有两种布置形式,如图 4-2 所示。

(a) 四通道四传感器双管路H型ABS　　(b) 三通道四传感器双管路X型ABS

图 4-2　四通道四传感器 ABS

为了对四个车轮的制动压力进行独立控制,在每个车轮上各安装一个转速传感器,并在通往各制动轮缸的制动管路中各设置一个制动压力调节分装置(通道)。

由于四通道 ABS 可以最大限度地利用每个车轮的附着力进行制动,因此汽车的制动效能最好。但在附着系数分离(两侧车轮的附着系数不相等)的路面上制动时,由于同一轴上的制动力不相等,使得汽车产生较大的偏转力矩而产生制动跑偏。因此,ABS 通常不对四个车轮进行独立的制动压力调节。

2) 三通道 ABS

四轮 ABS 大多为三通道系统,而三通道系统都是对两前轮的制动压力进行单独控制,对两后轮的制动压力按低选原则一同控制,如图 4-3 所示。

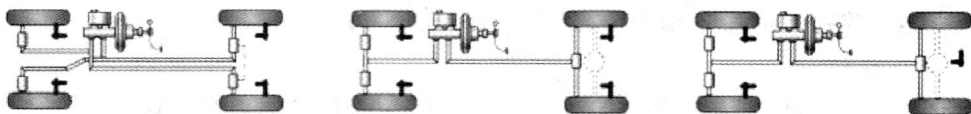

(a) 三通道四传感器双管路H型ABS　　(b) 三通道四传感器双管路X型ABS　　(c) 三通道三传感器双管路H型ABS

图 4-3　三通道 ABS

按对角布置的双管路制动系统中,虽然在通往四个制动轮缸的制动管路中各设置一个制动压力调节分装置,但两个后制动压力调节分装置却是由电子控制装置一同控制的,实际上仍是三通道 ABS。由于三通道 ABS 对两后轮进行一同控制,对于后轮驱动的汽车可以在变速器或主减速器中只设置一个转速传感器来检测两后轮的平均转速。

汽车紧急制动时,会发生很大的轴荷转移(前轴荷增加,后轴荷减小),使得前轮的附着力比后轮的附着力大很多(前置前驱动汽车的前轮附着力约占汽车总附着力的 70%～80%)。对前轮制动压力进行独立控制,可充分利用两前轮的附着力对汽车进行制动,有利于缩短制动距离,并且汽车的方向稳定性却得到很大改善。

3)双通道 ABS

双通道 ABS 在按前后布置的双管路制动系统的前后制动管路中各设置一个制动压力调节分装置,分别对两前轮和两后轮进行一同控制。两前轮可以根据附着条件进行高选和低选转换,两后轮则按低选原则一同控制,如图 4-4 所示。

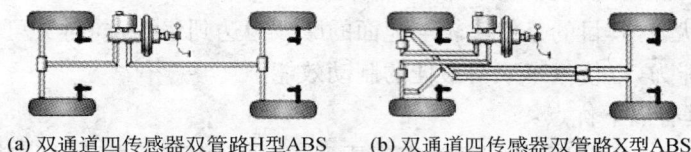

(a) 双通道四传感器双管路H型ABS　　(b) 双通道四传感器双管路X型ABS

图 4-4 双通道 ABS

对于后轮驱动的汽车,可以在两前轮和传动系中各安装一个转速传感器。当在附着系数分离的路面上进行紧急制动时,两前轮的制动力相差很大,为保持汽车的行驶方向,驾驶员会通过转动转向盘使前轮偏转,以求用转向轮产生的横向力与不平衡的制动力相抗衡,保持汽车行驶方向的稳定性。但是在两前轮从附着系数分离路面驶入附着系数均匀路面的瞬间,以前处于低附着系数路面而抱死的前轮的制动力因附着力突然增大而增大,由于驾驶员无法在瞬间将转向轮回正,转向轮上仍然存在的横向力将会使汽车向转向轮偏转方向行驶,这在高速行驶时是一种无法控制的危险状态。

双通道 ABS 多用于制动管路对角布置的汽车上,两前轮独立控制,制动液通过比例阀(P 阀)按一定比例减压后传给对角后轮。

对于采用此控制方式的前轮驱动汽车,如果在紧急制动时离合器没有及时分离,前轮在制动压力较小时就趋于抱死,而此时后轮的制动力还远未达到其附着力的水平,汽车的制动力会显著减小。而对于采用此控制方式的后轮驱动汽车,如果将比例阀调整到正常制动情况下前轮趋于抱死时,后轮的制动力接近其附着力,则紧急制动时由于离合器往往难以及时分离,导致后轮抱死,使汽车丧失方向稳定性。

由于双通道 ABS 难以在方向稳定性、转向操纵能力和制动距离等方面得到兼顾,因此目前很少被采用。

4)单通道 ABS

所有单通道 ABS 都是在前后布置的双管路制动系统的后制动管路中设置一个制动压力调节装置,对于后轮驱动的汽车只需在传动系中安装一个转速传感器。对于后轮驱动的汽车,可以在两前轮和传动系中各安装一个转速传感器。当在附着系数分离的路面上进行紧急制动时,两前轮的制动力相差很大,为保持汽车的行驶方向,驾驶员会通过转动转向盘使前轮偏转,以求用转向轮产生的横向力与不平衡的制动力相抗衡,保持汽车行驶方向的稳定性。

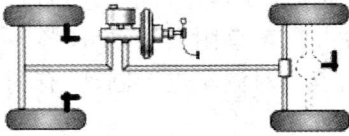

图4-5　单通道三传感器双管路 H 型 ABS

在两前轮从附着系数分离路面驶入附着系数均匀路面的瞬间,以前处于低附着系数路面而抱死的前轮的制动力因附着力突然增大而增大,由于驾驶员无法在瞬间将转向轮回正,转向轮上仍然存在的横向力将会使汽车向转向轮偏转方向行驶,这在高速行驶时是一种无法控制的危险状态,如图4-5所示。

（四）汽车 ABS 制动系统的功能

ABS 可在汽车制动时根据车轮的运动养成自动调节车轮的制动压力,防止车轮抱死,其实质就是使传统的制动过程变为瞬间的控制过程,即在制动时使车轮与地面达到"抱而不死,死而不抱"的状态,其目的是使车轮与地面的摩擦力达到最大,同时又可以避免后轮侧滑和前轮丧失转向能力,以使汽车取得最佳的制动效能。

因此,ABS 具有以下优点:

（1）缩短制动距离。ABS 能保证汽车在雨后、冰雪及泥泞路面上获得较高的制动效能,防止汽车侧滑甩尾(松散的沙土和积雪很深的路面除外)。

（2）保持汽车制动时的方向稳定性;保持汽车制动时的转向稳定性。

（3）减少汽车制动时轮胎的磨损。ABS 能防止轮胎在制动过程中产生剧烈的拖痕,提高轮胎使用寿命。

（4）减少驾驶员的疲劳强度(特别是汽车制动时的紧张情绪)。

（五）汽车 ABS 制动系统正确的使用方法

（1）要保持足够的制动距离。

（2）切忌反复踩制动踏板。应踩下制动踏板,应使施加在制动踏板上的力持续且稳定。

（3）ABS 的正常时,会产生液压工作噪声和制动踏板震颤。这属于正常现象。在紧急制动时,应直接将加速踏板踩到底,且不放松。

（4）不要忘记控制转向盘。

（5）在行车中应留意仪表板上的 ABS 警告灯情况,如发现闪烁或长亮,说明已不具 ABS 功能,但常规制动系统仍起作用,应尽快到修理厂检修。

（6）要保持装在车轮传感器探头及齿圈的清洁。

（7）应严格按规定的轮胎气压标准加气,同时要保持同轴轮胎气压的均衡,严禁使用不同规格的轮胎。

三、制订维护计划

制订汽车 ABS 制动系统维护计划,如表4-2所示。

表 4－2　制订维护计划

一辆桑塔纳 2000GSi 型轿车 ABS 系统一直正常工作,但当行驶 6 000 km 时,ABS 故障警报灯常亮不灭		
1. 车辆 ABS 系统类型信息描述	**车辆描述**	
	车辆 ABS 系统描述信息描述	
2. 车辆 ABS 系统安全使用描述		在检修 ABS 系统之前,认真阅读如下注意事项: 1. 系统发生故障由 ABS 警告灯(K47)和制动装置警告灯(K118)指示。某些故障只能在车速超过 20 km/h 后才能被检测到 2. 制动不良时,区分故障类型 3. 确定为 ABS 故障后,应首先对 ABS 的外观进行检查,检查制动油路和泵及阀有无泄露、导线的接头和插接器有无松脱,蓄电池电压是否亏电。在检查线路故障时,也不应漏检保险器 4. 若外观检查正常,应用故障诊断仪或人工调取的方式查询故障代码,检查故障所在 5. 不要轻易拆检 ECU 和液压控制器件,如果怀疑其有问题,可用替换法检查 6. 开始修理前,应关闭点火开关,从蓄电池上拆下接地线 7. 把 ABS、ECU 和液压控制单元分开后,必须把液压控制单元放在专用支架上以免在搬运中碰坏阀体 8. 拆卸前必须彻底清洁连接点和支承面,决不要使用像汽油、稀释剂等类似的清洁剂 9. 制动系统打开后不要使用压缩空气,也不要移动车辆 10. 拆下的部件如果不能立刻完成修理工作,必须小心地盖好或者用塞子封闭。已保证部件的清洁 11. 更换配件时,必须使用质量良好的配件。配件要在安装前才从包装内取出 12. 维修 ABS 制动系统完成作业后,按规定加装制动液后,要对系统进行放气 13. 在试车中,至少进行一次紧急制动。当 ABS 正常工作时,会在制动踏板上感到有反弹,并可感觉到车速迅速降低而且平稳
3. 汽车 ABS 系统日常维护计划	➢ 传感器检查与维护 ➢ 液控单元检查与维护 ➢ 储液罐检查与维护 ➢ 系统接头检查与维护	

续　表

4. 车辆 ABS 系统结构描述(打开发动机盖,观察各部件的安装情况,在图上标注部件名称)	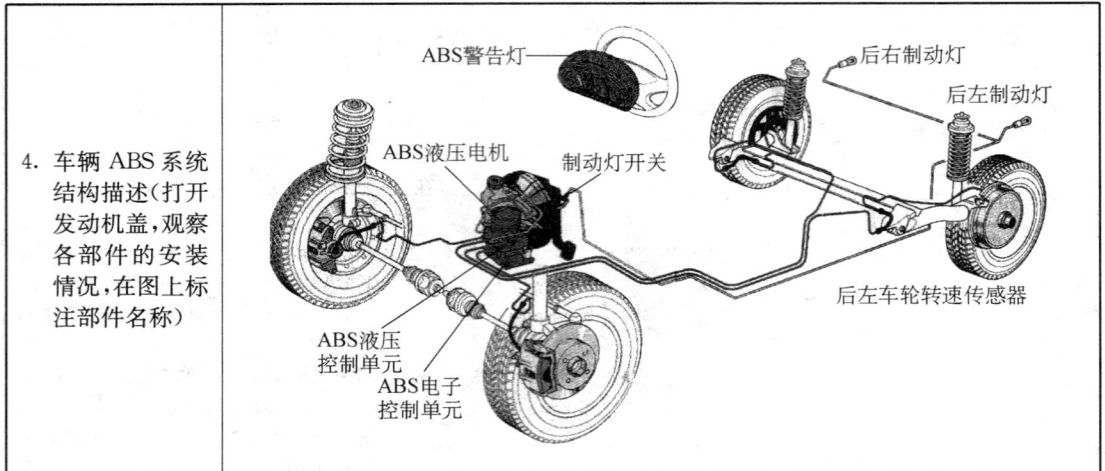

四、实施维护作业

根据汽车 ABS 维护作业计划实施维护作业。

1. 车辆信息描述	车辆描述			
	车辆 ABS 系统类型描述			
2. ABS 日常维护				
3. 汽车 ABS 日常维护	检查项目	作业要领	技术标准	检查记录
	传感器	1. 传感线圈电阻的检测 2. 转子齿圈的检测 3. 传感器输出信号的检测		
	液控单元	先接通点火开关,直至液压泵停止运转,接着再等 3 分钟,使整个液压系统处于稳定状态,察看压力表		
	储液罐	检查液面是否处于规定位置		
	系统接头	1. 各管路接头是否有油污 2. 各管路接头解除是否良好		
检查与维护结论				

五、检验评估

(1) 检查训练任务:真实、完整、有效。

(2) 按各学习活动进行自评或互评。

检验评估内容如表 4 - 3 所示。

表 4-3　检验评估

评价指标	检验说明	检验记录
维护检查项目	➤ 传感器检查与维护 ➤ 液控单元检查与维护 ➤ 储液罐检查与维护 ➤ 系统接头检查与维护	

评价内容	检 验 指 标	权重	自评	互评	总评
检查任务 完成情况	1. 完成任务过程情况				
	2. 任务完成质量				
	3. 在小组完成任务过程中所起作用				
专业知识	1. 能描述汽车 ABS 的组成				
	2. 能描述汽车 ABS 的应用情况				
	3. 能描述汽车 ABS 的功能				
	4. 会描述汽车 ABS 日常维护作业范围				
	5. 会描述汽车 ABS 日常维护作业安全事项				
职业素养	1. 学习态度:积极主动参与学习				
	2. 团队合作:与小组成员一起分工合作,不影响学习进度				
	3. 现场管理:服从工位安排、执行实训室"5S"管理规定				
综合评议 与建议					

项目五　诊断与排除汽车 ABS 系统故障

Description 项目描述	一辆桑塔纳 2000GSi 型轿车 ABS 系统一直正常工作,但当行驶 6 000 km 时,ABS 故障警报灯常亮不灭
Objects 项目目标	1. 能理解汽车 ABS 系统的结构原理 2. 会使用诊断仪、万用表组件检查 ABS 系统,并能对相关部件进行修复及排除故障 3. 能够对 ABS 系统相关组件进行拆解、检查,熟悉各组件的工作原理常见故障
Tasks 项目任务	任务 5.1:车轮转速传感器的检修:通过传感器的检查—感应线圈,齿圈,探头的检查—诊断与排除轮速传感器的故障,并检验维修质量 任务 5.2:ABS 控制器的检修:检查电磁阀线圈,管路连接等情况—排除 ABS 系统控制器故障,并检验维修质量 任务 5.3:故障阅读仪操作方法及功能简介
Implementation 项目实施	任务 5.1:车轮转速传感器的检修 任务 5.2:ABS 控制组件的检修 任务 5.3:故障阅读仪操作方法及功能简介

任务 5.1　诊断与排除车轮转速传感器的故障

任务描述	针对维修接待和车间确认意见,本任务首先要对汽车轮速传感器进行外部检查
任务目标	1. 理解汽车 ABS 系统的结构及工作原理,能分析汽车轮速传感器故障的原因 2. 学会汽车 ABS 传感器检查方法

一、维修接待

一辆桑塔纳 2000GSi 型轿车 ABS 系统一直正常工作,但当行驶 6 000 km 时,ABS 故障警报灯常亮不灭。按照表 5 - 1 完成待修车辆的维修接待,并准确填写接车问诊表。

表 5-1　维修接待与接车问诊表

1. 通过询问客户了解 ABS 发生故障情况,填写接车问诊表
2. 车间检测初步确认结果及主要故障零部件

接 车 问 诊 表

车牌号:_____　　车架号:_____　　行驶里程:_____(km)

用户名:_____　　电话:_____　　来店时间:____/____

用户陈述及故障发生时的状况:**一辆桑塔纳 2000GSi 型轿车 ABS 系统一直正常工作,但当行驶 6 000 km 时,ABS 故障灯常亮不灭**

故障发生状况提示:**行驶速度、发动机状态、发生频度、发生时间、部位、天气、路面状况、声音描述**

接车员检测确认建议:**需进行综合维修**

车间检测确认结果及主要故障零部件:**需进行综合故障诊断与排除,必要时还需更换相应部件**

车间检查确认者:_____

外观确认:

(请在有缺陷部位作标识)

功能确认:(工作正常✓　不正常✕)
- □音响系统　　□门锁(防盗器)　　□全车灯光
- □工具　　□后视镜　　□天窗　　□座椅
- □点烟器　　□玻璃升降器　　□玻璃

物品确认:(有✓　无✕)
- □贵重物品提示
- □工具　　□备胎　　□灭火器
- □其他(　　　　　　)
- 旧件是否交还用户　□是　□否
- 用户是否需要洗车　□是　□否

- 检测费说明:本次检测的故障如用户在本店维修,检测费包含在修理费用内;如用户不在本店维修,请您支付检测费。本次检测费:¥　　　　　元。
- 贵重物品:在将车辆交给我店检查修理前,已提示将车内贵重物品自行收起并保存好,如有遗失恕不负责。

接车员:_____　　用户确认:_____

二、信息收集与处理

(一) 汽车 ABS 系统轮速传感器结构与原理

在各种控制方式的 ABS 中均有轮速传感器,它利用电磁感应原理(电磁感应式)或霍尔原理(霍尔式)检测车轮转速,并把轮速转换成脉冲信号送至 ABS 电脑。一般轮速传感器都安装在车轮上,有些后轮驱动的车辆,检测后轮速度的传感器安装在差速器内,通过后轴转速来检测,故又称之为轴速传感器。车速传感器又称测速雷达,用在以车轮滑移率为控制参数的 ABS 中,它用来检测车速并向 ABS 电脑输送车速信号,此信号还同时用于速度表、里

程表及自动变速器控制等,如图 5 - 1 所示。

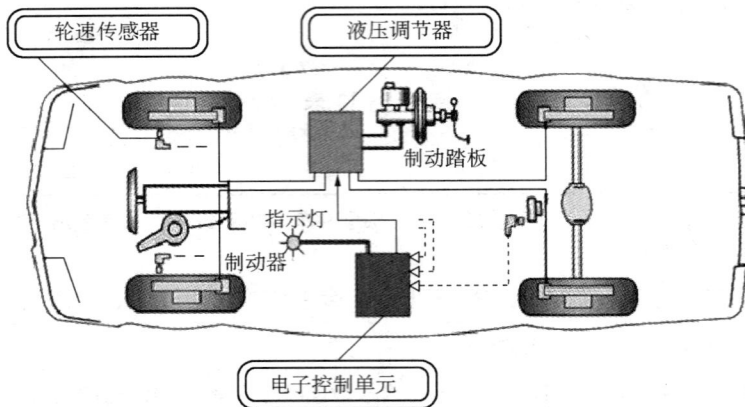

图 5 - 1　轮速传感器在车上的位置

1. 电磁感应式轮速传感器

电磁感应式轮速传感器是一种通过磁通量变化产生感应电压的装置。车轮转速传感器的作用是将车轮的转速信号传给 ABS 电子控制单元。MK20 - I 型 ABS 系统共有 4 个车轮转速传感器,前轮的齿圈(43 齿)安装在传动轴上,转速传感器安装在转向节上,如图 5 - 2(a) 所示。后轮的齿圈(43 齿)安装在后轮毂上,转速传感器则安装在固定支架上,如图 5 - 2(b) 所示。通常,传感头与齿圈之间的间隙约为 1 mm。

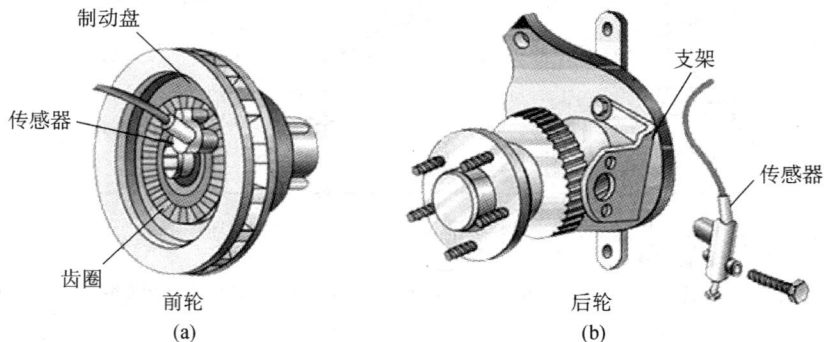

图 5 - 2　轮速传感器位置

传感器由电磁感应式传感头和磁性齿圈组成。传感头由永久磁芯和感应线圈组成,齿圈由铁磁性材料制成。极轴同永磁体相连,感应线圈套在极轴的外面。极轴头部结构有凿式和柱式两种,如图 5 - 3 所示。

对于不同形状的极轴传感头,一般相对于齿圈的安装方式也不同。凿式极轴轮速传感头通常垂直于齿圈安装,而柱式,安装时则必须轴向垂直于齿圈。

当齿圈旋转时,齿顶与齿隙轮流交替对向磁芯,当齿圈转到齿顶与传感头磁芯相对时,传感头磁芯与齿圈之间的间隙最小,由永久磁芯产生的磁力线就容易通过齿圈,感应线圈周围的磁场就强,如图 5 - 4(a)所示;而当齿圈转动到齿隙与传感头磁芯相对时,传感头磁芯与

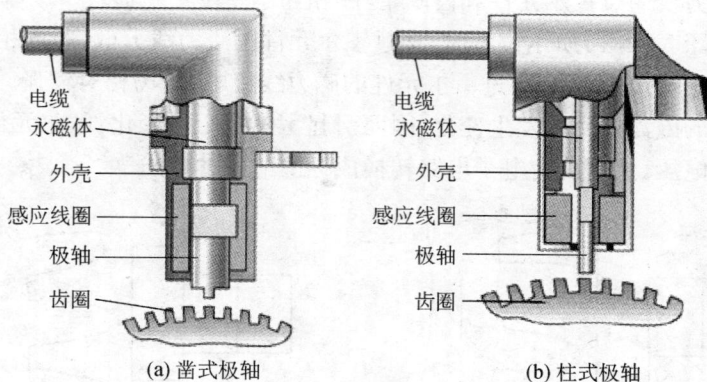

(a) 凿式极轴　　　　　　　(b) 柱式极轴

图 5 - 3　传感器结构

齿圈之间的间隙最大,由永久磁芯产生的磁力线就不容易通过齿圈,感应线圈周围的磁场就弱,如图 5 - 4(b)所示。此时,磁通迅速交替变化,在感应线圈中就会产生交变电压,交变电压的频率将随车轮转速成正比例变化。电子控制单元可以通过转速传感器输入的电压脉冲频率进行处理来确定车轮的转速、汽车的参考速度等。

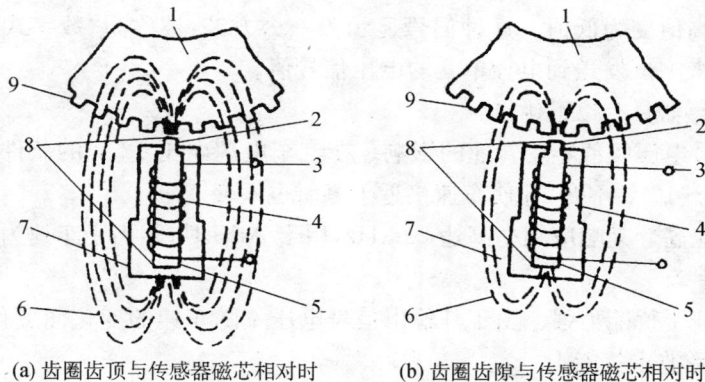

(a) 齿圈齿顶与传感器磁芯相对时　　　　(b) 齿圈齿隙与传感器磁芯相对时

图 5 - 4　车轮转速传感器工作原理

1—齿圈；2—磁芯端部齿；3—感应线圈端子；4—感应线圈；5—磁芯套；
6—磁力线；7—磁场；8—磁芯；9—齿顶

由于信号的强度随车速、传感部件间隙和传感器污染状态等因素变化,这种传感器在低速时容易错误地激活 ABS 系统控制单元。

当传感器顶尖和齿圈之间的间隙不符合规范时,就会产生不正确的空气间隙。若灰尘粘结在传感器顶尖上,就会造成传感器污染。两者都会导致产生的信号较弱,这种弱信号会错误地激活控制单元。

此类传感器可以使用示波器、数字式电压/电阻计来进行检测。目前,国内外 ABS 系统的控制范围为 15～160 km/h,对要求控制速度范围扩大到 8～260 km/h 以致更大,电磁感应式轮速传感器很难适应。

2. 霍尔式轮速传感器

霍尔式轮速传感器也是由传感头和齿圈组成,传感头由永磁体、霍尔元件和电子电路组成。永磁体的磁力线通过霍尔元件和齿圈,齿圈相当于一个集磁器。

当齿圈位于图 5-5(a)所示位置时,穿过霍尔元件的磁力线分散,磁场相对较弱;而当齿圈位于图 5-5(b)所示位置时,穿过霍尔元件的磁力线集中,磁场相对较强。齿圈转动时,使得穿过霍尔元件的磁力线密度发生变化,因而引起霍尔电压的变化,霍尔元件将输出一个毫伏级的准正弦波电压,然后再由电子电路转换成标准的脉冲电压。

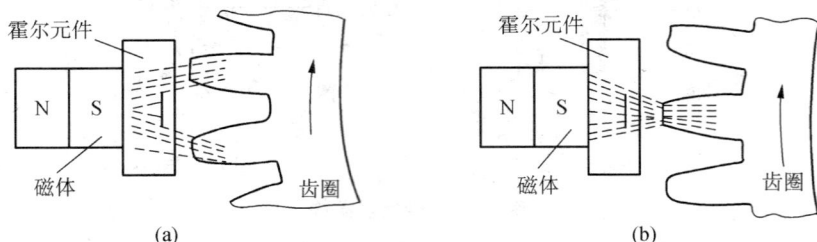

图 5-5   霍尔式轮速传感器原理示意图

霍尔式轮速传感器正在被广泛的应用,因为它们更加精确,受电子信号干扰小。信号强度在任何车速都相同,导线也不需要绞缠。控制单元发送工作电压到传感器。然后,轮速传感器返回一个微弱的电压信号给控制单元。当传感器顶尖通过齿圈上的高低齿牙时,返回的电压信号就从高值变为低值。这种信号显示为一个方波,被称为"数字式的"。可用数字万用表或示波器来测试发送到电控单元的电压信号值。

霍尔轮速传感器具有以下优点:

(1) 输出信号电压幅值不受转速的影响。在汽车电源电压 12 V 的条件下,其输出信号电压保持在 11.5~12 V 不变,即使车速接近于零时也不变。

(2) 频率响应高。其响应频率高达 20 kHz,用于 ABS 时,相当于车速为 100 km/h 时所检测的信号频率。

(3) 抗电磁波干扰能力强。由于其输出信号电压不随车速的变化而变化,且幅值高,故具有很强的抗电磁波干扰能力。

(二) 汽车 ABS 系统其他信号的输入

(1) 汽车减速度传感器仅用在四轮驱动的控制系统中,它用来检测汽车制动时的减速度,识别是否是冰雪等易滑路面。

(2) 制动踏板开关是 ABS 电控单元的输入信号之一,用来启动对车轮速度的监控;使自动变速器中的变速器锁止离合器脱开;同时也使制动灯点亮。

(3) 压力传感器控制液压泵的运转,对于装有低压警告灯的车辆,仪表板上的指示灯会亮。这种传感器通常使用在液压助力制动系统上。

(4) 制动液液面高度信号主要检查储油箱中液面是否下降到某一规定的数值。液面下降到一定的高度,防抱死系统就不再工作,红色警告灯就会被点亮。在某些车上,黄色防抱死制动系统灯也会同时被点亮。

(5) 点火和蓄电池电压信号:当点火开关打开时,出发功率继电器,然后发送电压信号给网管模块,所有的数据被传送到这里,再被分送到其他合适的模块。网管模块在网络上发出信号,指出点火开关已经打开,或者蓄电池提供电压给网管模块。当点火或者蓄电池信号出现变化,表明点火已经关闭或者蓄电池不再提供电压,ABS 电控单元就会被关闭。

（6）车速传感器通常和车速里程表驱动装置相连。

（三）ABS 传感器的检修

传感器传感插头脏污或传感器的空气间隙没有达到要求,都会使传感器不能正常工作,这就需定期对传感器进行适当的调整,以使其恢复正常的工作状态。

如果发现车轮速度传感器工作不良,应用数字万用表测量其线圈的电阻。电阻大为断路,电阻小,表明有短路,均需要更换传感头。

1. 前轮转速传感器的检修（以桑塔纳 Gsi 为例）

1）前轮毂及齿圈的拆卸

（1）检查前轮齿圈:

① 前轮轴承损坏或轴承轴向间隙过大时,会影响前轮传感器的间隙。举升起前轮,使之离地,用双手转动前轮判断前轮摆动是否异常。若轴承轴向间隙过大。则要检查齿圈轴向摆差,轴向摆差应不大于 0.3 mm。

② 若前轮轴承损坏或轴向间隙过大,则应更换轴承。

③ 若出现齿圈轴向摆差过大而引起传感器与齿圈擦碰。造成齿圈变形或齿数残缺不全,则应更换前轮齿圈。

④ 若前轮齿圈完好无损。但被泥泞或脏物堵塞。应清除齿圈空隙中的脏物。

（2）前轮转速传感器输出电压的检查:

① 检查前轮转速传感器与齿圈之间的间隙是否符合规定。标准值为 1.10～1.97 mm。

② 顶起前轮。松开驻车制动。

③ 拆下 ABS 电线束,在线束插接器处测量。

④ 以 30 r/min 的转速转动前轮,用万用表或示波器测量输出电压。左前轮测量端子为 4 和 11（图 5-6）。右前轮的测量端子为 3 和 18。用万用表测量时。前轮转速传感器输出电压应为 70～310 mV;用示波器测量时。其输出电压应为 3.4～14.8 mV。

⑤ 若输出电压不符合规定,应检查传感器是否有故障、传感器电阻值是否在

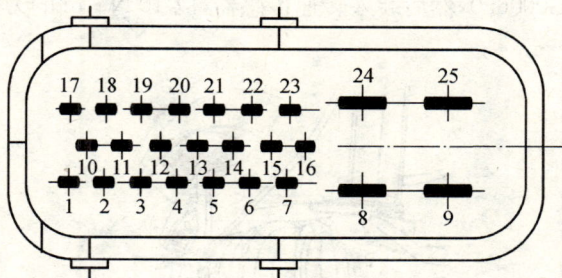

图 5-6　ECU 端子

1.0～1.3 kΩ 之间、齿圈与车轮转速传感器之间的间隙（在齿圈上取 4 点检查）是否过大、线束安装是否有误差。

（3）拆卸:

① 如图 5-7 所示,拆带齿圈的前轮毂,用 200 mm 拉具 1 的两个活动臂先钩住前轮轴承壳中的两边（只有一个位置才能钩住）。

② 在前轮毂要压出的中心放一块专用压块（见图 5-8）。

③ 转动顶尖,使拉具顶住专用压块,将前轮毂连同齿圈一起顶出。

④ 拆下齿圈的十字槽固定螺栓。

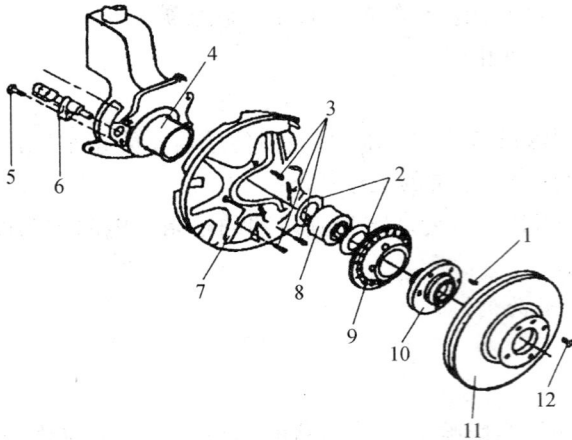

图 5-7   前轮转速传感器和前轮轴承的安装位置

1—固定齿圈螺钉套；2—前轮轴承弹性挡圈；3—防尘板紧固螺栓(拧紧力矩 10 N·m)；4—前轮轴承壳；5—转速传感器紧固螺栓(拧紧力矩 10 N·m)；6—转速传感器(右前 G45/左前 G47)；7—防尘板；8—前轮轴承；9—齿圈；10—轮毂；11—制动盘；12—十字槽螺栓

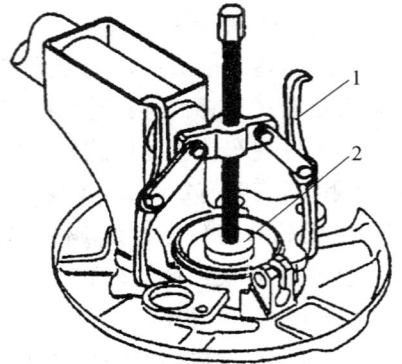

图 5-8   拆卸前轮毂及齿圈

1—拉具；2—专用压块

2) 前轮转速传感器的拆装

前轮转速传感器左、右不能互换，零件也不同。

(1) 先拔下传感器导线插头，如图 5-9 箭头所示，再拧下内六角紧固螺栓，拆下前轮转速传感器。

(2) 安装前轮转速传感器之前，先清洁传感器的安装孔内表面，并涂上固体润滑膏 G000650，然后装入转速传感器，以 10 N·m 的力矩拧紧内六角紧固螺栓，最后插上导线插头。

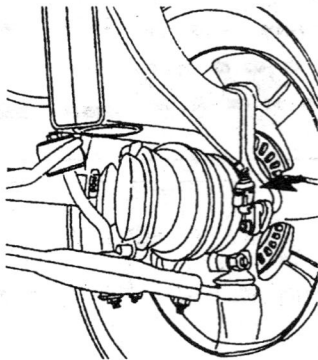

图 5-9   拆卸前轮转速传感器

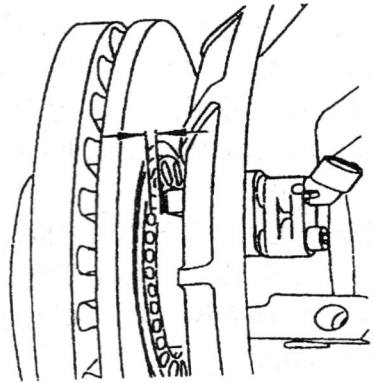

图 5-10   检查齿圈轴向摆差

3) 前轮齿圈的检查

(1) 前轮轴承损坏或轴承轴向间隙过大时，会影响前轮传感器的间隙。举升起前轮，使之离地，用双手转动前轮感觉前轮摆动是否异常。若轴承轴向间隙过大，则要检查齿圈轴向摆差，如图 5-10 所示。轴向摆差应不大于 0.3 mm。

（2）若前轮轴承损坏或轴向间隙过大时,则应更换轴承。

（3）若出现齿圈轴向摆差过大而引起传感器与齿圈擦碰,造成齿圈变形或齿数残缺不全,则应更换前轮齿圈。

（4）若前轮齿圈完好无损,但被泥泞或脏物堵塞,应清除齿圈空隙中的脏物。

4）检查前轮转速传感器输出电压的检查

（1）检查前轮转速传感器与齿圈之间的间隙是否符合规定,标准值为 1.10～1.97 mm。

（2）顶起前轮,松开驻车制动。

（3）拆下 ABS 电线束,在线束插接器处测量。

（4）以 30 r/imn 的转速转动前轮,用万用表或示波器测量输出电压。左前轮接线柱为 4 和 11,右前轮接线柱为 3 和 18。用万用表测量时,前轮转速传感器输出电压应为 70～310 mV;用示波器测量时,输出电压应为 3.4～14.8 mV。

（5）若输出电压不符合规定时,检查传感器是否有故障;检查传感器电阻值（1.0～1.3 kΩ）;在齿圈上取四点检查齿圈与车轮转速传感器之间的间隙是否过大;检查电线束安装是否有误差。

2. 后轮转速传感器的检修

1）后轮转速传感器的拆装（见图 5-11）

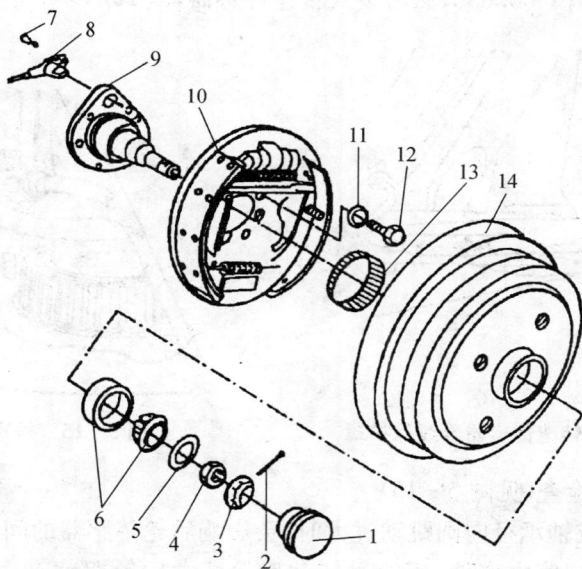

图 5-11　后轮转速传感器和后轮轴承的安装位置

1—轮毂盖;2—开口销;3—螺母防松罩;4—六角螺母;5—止推垫圈;6—车轮锥轴承;7—固定转速传感器内六角螺栓（拧紧力短 10 N·m）;8—转速传感器（右后 G44/左后 G46）;9—车轮支承短轴;10—后轮制动器总成;11—弹簧垫圈;12—六角螺栓（拧紧力矩 60 N·m）;13—转速传感器齿圈;14—制动鼓

后轮转速传感器左、右能互换,零件号也相同。

(1) 先翻起汽车后座垫,拔下后轮转速传感器的连接插头,如图 5－12 所示。

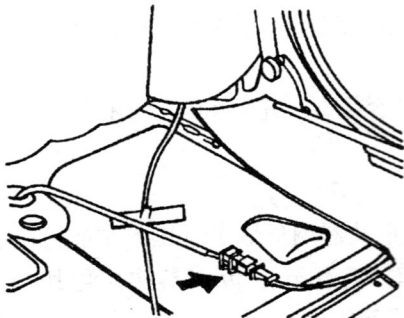

图 5－12　拔下后轮传感器连接插头

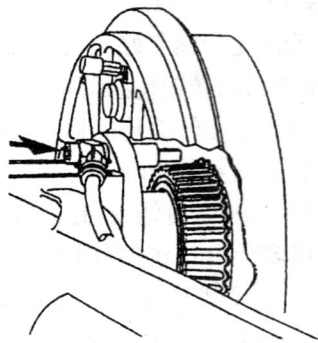

图 5－13　拆下传感器紧固螺栓

(2) 拧下传感器的内六角紧固螺栓,然后拆下后轮转速传感器,如图 5－13 所示。

(3) 按图 5－14 箭头所示方向取下后梁上的转速传感器导线保护罩,拉出导线和导线插头。

安装与拆卸顺序相反,但注意安装后轮转速传感器之前,先清洁传感器的安装孔内表面,并涂上固体润滑膏 G000650,然后装入转速传感器,以 10 N·m 的力矩拧紧内六角螺栓。

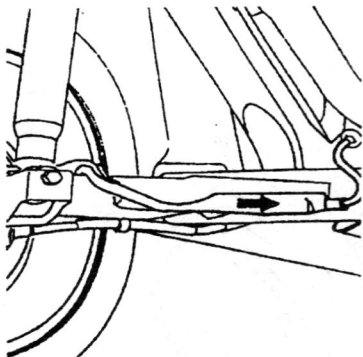

图 5－14　取下转速传感器导线保护罩

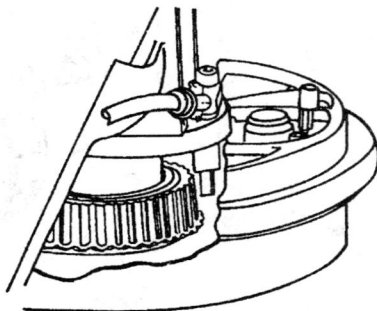

图 5－15　检查后轮齿圈

2) 后轮齿圈的检查(见图 5－15)

后轮轴承损坏或轴承径向圆跳动过大时,会影响后轮传感器的间隙。

(1) 举升起后轮,使之离地,用双手转动后轮感觉后轮摆动是否异常。若后轮摆动过大,则要检查后轮轴承的径向圆跳动,径向圆跳动标准值为≤0.05 mm。

(2) 若后轮轴承径向圆跳动过大,则需要调整螺母,调节后轴承的间隙,或者更换后轴承。

(3) 若齿圈变形、或有严重磨损痕迹或齿数残缺不全,则应更换后轮齿圈。

(4) 若后轮齿圈完好无损,但被脏物堵塞,应清除齿圈空隙中的脏物。

3) 后轮转速传感器输出电压的检查

(1) 检查后轮转速传感器与齿圈之间的间隙是否符合规定,标准值为 0.42～0.80 mm。

（2）顶起前轮，松开驻车制动。

（3）拆下 ABS 电线束，在线束插接器处测量。

（4）以 30 r/min 的转速转动后轮，用万用表或示波器测量输出电压。左后轮接线柱为 2 和 10，右后轮接线柱为 1 和 17。用万用表测量时，后轮转速传感器输出电压应大于 260 mV；用示波器测量时，输出电压应大于 12.2 mV。若输出电压不符合规定时，检查传感器是否有故障；检查传感器电阻值（1.0～1.3 kΩ）；在齿圈上取四点检查齿圈与车轮转速传感器之间的间隙是否过大；检查电线束安装是否有误差。

三、制订检修计划

制订汽车 ABS 传感器故障检修计划，如表 5-2 所示。

表 5-2　检修计划

1. 查阅维修资料，了解车辆 ABS 类型特点
2. 查阅维修手册，熟悉车辆 ABS 检修规范
3. 查阅技术通报，熟练车辆 ABS 传感器故障检修流程
4. 收集车辆 ABS 传感器相关信息，分析故障的原因
5. 查阅车辆维修资料，制订汽车 ABS 传感器故障检修流程

1. 车辆信息描述	车辆描述		
	传感器布置形式和通道数量		
	ABS 系统控制方式		

2. 车辆 ABS 传感器故障现象描述	

3. 汽车 ABS 传感器故障原因分析	

4. 汽车 ABS 传感器故障检修工作准备	

5. 汽车 ABS 传感器故障检修流程	步骤	检修项目	操作要领	技术要求或标准	检修记录

四、实施维修作业

按计划实施维修作业,如表5-3所示。

表5-3   实施维修作业

汽车 ABS 传感器故障检修

1. 根据"汽车 ABS 传感器故障原因分析"和"汽车 ABS 传感器故障检修流程",结合车辆实际情况,从简单到复杂、从外到里、从不拆到拆等故障诊断与排除原则,逐个收集相应检修规范等信息,并制订相应检修计划

2. 按检修规范和检修计划,逐步进行检修训练,最终排除故障

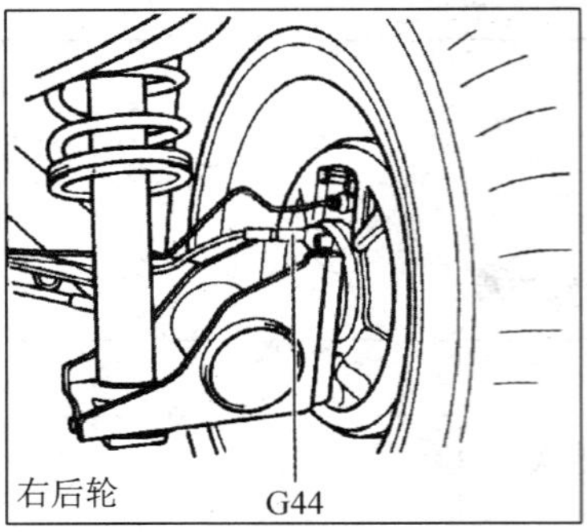

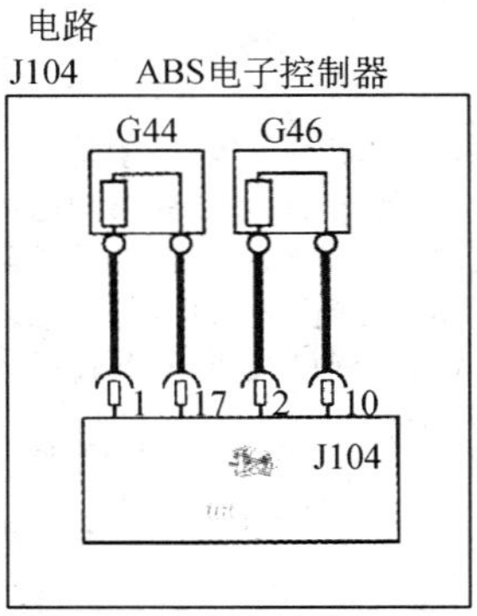

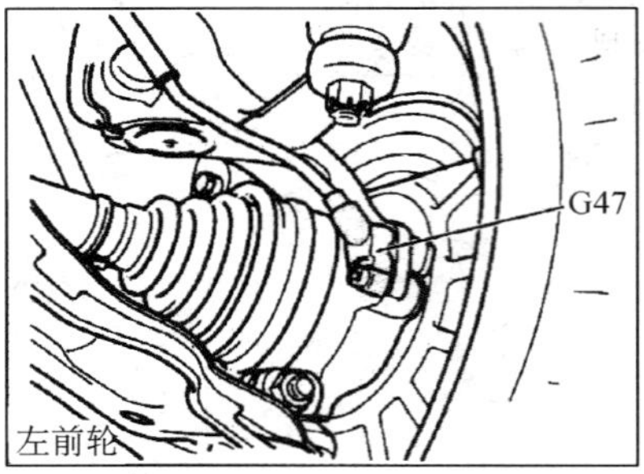

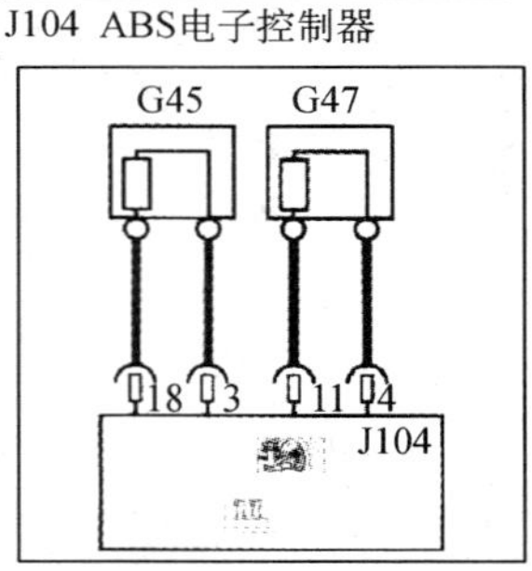

检查步骤	检 查 内 容	检修记录
汽车 ABS 外观检查	确定为 ABS 故障后,应首先对 ABS 的外观进行检查,检查制动油路和泵及阀有无泄漏、导线的接头和插接器有无松脱,蓄电池电压是否亏电。检查保险是否接触不良或烧断	

轮速传感器的检查	如果对汽车 ABS 外部检查是正常的,则需要进一步对汽车轮速传感器进行检查。		
	检查对象	检查要领	检查记录
	前轮摆动情况		
	前轮转速传感器输出电压的检查		

续 表

检查对象	检查要领	检查记录
轮速传感器的检查	前轮转速传感器与齿圈之间的间隙	
	后轮摆动情况	
	后轮转速传感器输出电压的检查	
	后轮转速传感器与齿圈之间的间隙	

五、检验评估

查阅汽车 ABS 轮速传感器输出电压,并实施维修质量检验评估,如表 5-4 所示。

表 5-4 检验评估

检验与评价内容	检验指标	权重	自评	互评	总评
检查任务完成情况	1. 能描述汽车 ABS 传感器的作用与原理 2. 在小组所扮演的角色,对完成任务过程中所起作用				
职业素养	1. 学习态度:积极主动参与学习				
	2. 团队合作:与小组成员一起分工合作,不影响学习进度				
	3. 现场管理:服从工位安排、执行实训室"5S"管理规定				

任务 5.2 诊断与排除 ABS 控制组件故障

任务描述	通过任务 5.1 排除了汽车 ABS 传感器故障,但在检验过程中发现 ABS 控制组件存在故障。本任务通过检修 ABS 控制组件来排除汽车 ABS 故障
任务目标	1. 理解汽车 ABS 控制组件各部分结构及工作原理 2. 理会汽车 ABS 控制组件中主要部件的结构原理和检修规范,会进行相关检修作业 3. 会排除汽车 ABS 控制组件故障,并按规范进行维修质量检验

一、维修接待

一辆桑塔纳 2000GSi 型轿车 ABS 系统一直正常工作,但当行驶 6 000 km 时,ABS 故障警报灯常亮不灭。按照表 5-5 完成待修车辆的维修接待,准确填写接车问诊表。

表 5 - 5　维修接待与接车问诊表

1. 通过询问客户了解 ABS 故障情况，填写接车问诊表
2. 车间检测初步确认结果及主要故障零部件

接 车 问 诊 表

车牌号：_____　　车架号：_____　　行驶里程：_____（km）
用户名：_____　　电话：_____　　来店时间：_____/_____

用户陈述及故障发生时的状况：**一辆桑塔纳 2000GSi 型轿车 ABS 系统**，**车行驶中出现 ABS 故障灯常亮不灭**

故障发生状况提示：**行驶速度、发动机状态、发生频度、发生时间、部位、天气、路面状况、声音描述**

接车员检测确认建议：**需进行综合维修**

车间检测确认结果及主要故障零部件：**需进行综合故障诊断与排除，必要时还需更换相应部件**

车间检查确认者：_____

外观确认：

（请在有缺陷部位作标识）

功能确认：（工作正常√　不正常×）
□音响系统　　□门锁（防盗器）　　□全车灯光
□工具　　　　□后视镜　　□天窗　　□座椅
□点烟器　　　□玻璃升降器　　　　□玻璃

物品确认：（有√　无×）

□贵重物品提示
□工具　　□备胎　　□灭火器
□其他（　　　　　　　）
旧件是否交还用户　□是　□否
用户是否需要洗车　□是　□否

● 检测费说明：本次检测的故障如用户在本店维修，检测费包含在修理费用内；如用户不在本店维修，请您支付检测费。本次检测费：¥　　　元。
● 贵重物品：在将车辆交给我店检查修理前，已提示将车内贵重物品自行收起并保存好，如有遗失恕不负责。

接车员：_____　　用户确认：_____

二、信息收集与处理

（一）ABS 控制组件

ABS 系统主要控制组件包括：ABS 电控单元、液压控制单元以及泵总成。

1. ABS 电控单元（ECU）

电控单元的主要任务是连续监测接受四轮速度传感器送来的脉冲信号，并进行测量比较，分析放大的和判别处理，计算出轮速成，车速及制动滑移率，再进行逻辑比较，分析四轮

的制动情况,一量判断出车轮将要被抱死,即立刻进入防抱死控制状态,通过电子控制装置的输出级向液压调节装置发出指令,以控制通往制动轮缸油路上电磁阀的通断,来调节制动轮缸的制动压力,防止车轮抱死。

ABS - ECU 的基本电路,如 5 - 16 所示。为确保系统工作的安全可靠性,在许多 ABS - ECU 中采用了两套完全相同的微处理器,一套用于系统控制,另一套则起监测作用,它们以相同的程序执行运算,一旦监测用 ECU 发现其计算结果与控制用 ECU 计算结果不相符,则 ECU 立即让制动系统退出 ABS 控制,只维持常规制动,以保证系统更加安全。

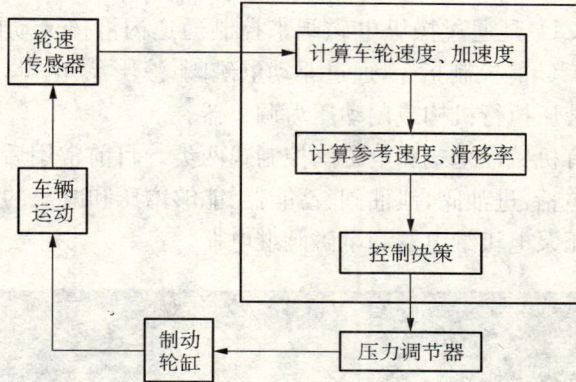

图 5 - 16　ABS 控制作用方框示意图

ABS - ECU 的基本电路结构主要由以下几部分组成(见图 5 - 17):

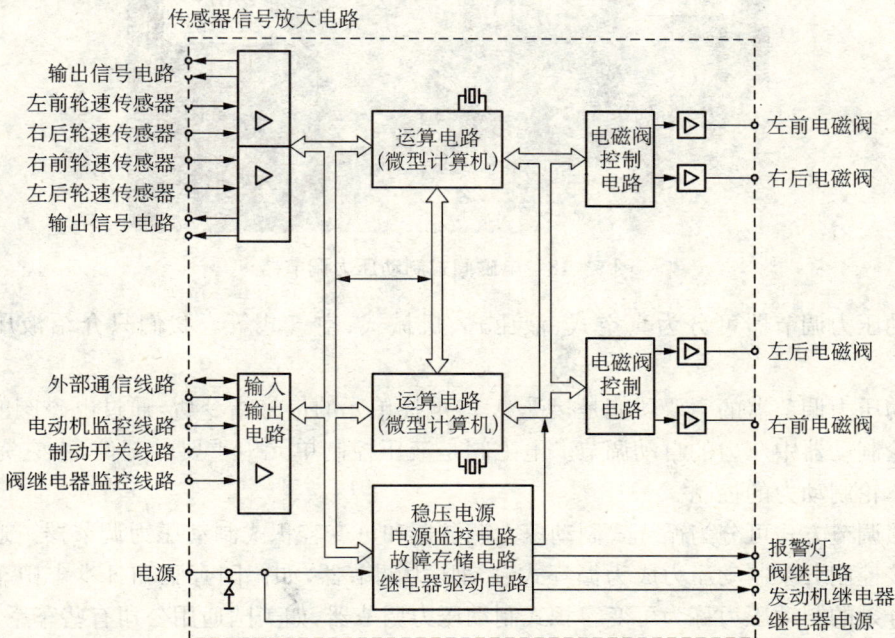

图 5 - 17　ABS - ECU 的基本电路示意图

（1）输入级电路是以完成波形转换、抑制干扰和放大信号为目的，将轮速传感器输入的信号经过整形放大后，输给运算电路。

（2）运算电路是根据输入信号运算电磁阀的控制参数。

（3）输出级电路是利用微机产生的电磁阀控制参数信号，控制大功率三极管向电磁阀线圈提供控制电流。

（4）安全保护电路首先是稳定 ABS‑ECU 工作电压，同时监控放大电路、ECU 运算电路和输出电路的故障信号。

2. 液压控制单元

液压控制单元（HCU）是通过操纵电磁阀来控制通道内液体流动的。它安装在总泵与分泵之间，接受来自 ECU 的控制指令，通过驱动电磁阀、液压泵、电机，直接或间接地控制制动力的大小。也称为液压执行机构或制动压力调节器。

制动压力调节器有机械柱塞式和电磁阀控制式两类。目前常用后者，如图 5‑18 所示。制动压力调节器主要包括：进油阀，泄油阀、蓄能器、能够增压和减压的液压泵，此外，还包括由电控装置控制的液压泵电机继电器和电磁阀继电器。

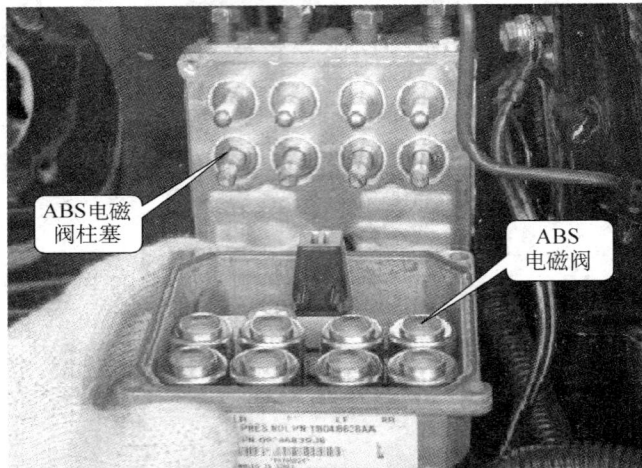

图 5‑18　电磁阀式制动压力调节器

制动压力调节器可分为真空式、液压式、机械式、空气式等。我们只介绍液压式控制单元。

制动压力调节器的主要功能是接受 ABS 电控单元的信号指令后，通过电磁阀的工作来实现车轮制动器中压力的自动调节。电磁阀是液压控制单元中重要的部件，由它完成 ABS 系统各车轮制动力的控制。

按照调节方式可分为循环式制动压力调节器和可变容积式制动压力调节器。通常把电磁阀直接控制分泵制动压力成为循环式制动压力调节器，如德国奔驰和日本丰田车系把间接控制分泵的制动压力称为可变容积式制动压力调节器，如美国通用公司有些车系。

3. 循环式制动压力调节器

此种形式的制动压力调节器是在制动总缸与轮缸之间串联一电磁阀，直接控制轮缸的制动压力。这种压力调节系统的特点是制动压力油路和 ABS 控制压力油路相通。常用的电磁阀型式有三位三通电磁阀(图 5-19)和二位二通电磁阀。

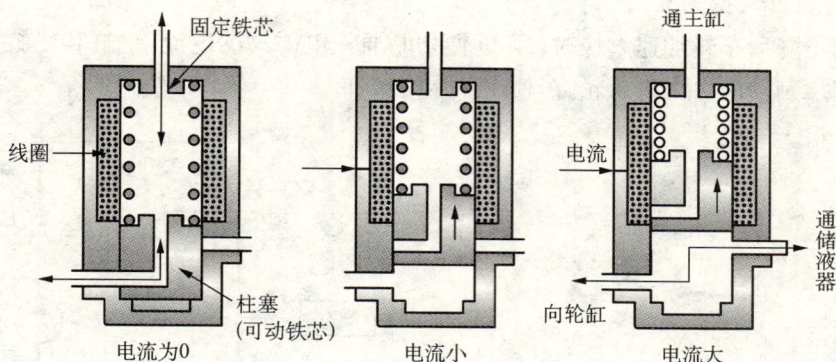

图 5-19　三位三通电磁阀示意图

1) 三位三通电磁阀式制动压力调节器

电磁阀中的移动柱塞有电磁线圈直接控制,阀上有三个孔分别通制动总泵、分泵和蓄能器。电磁线圈流过的电流由 ECU 控制,能使阀处于"增压"、"保压"和"减压"三个工作位置。

该系统的工作原理如下:

(1) 常规制动:

常规制动过程中,ABS 系统不工作。电磁线圈中无电流通过,电磁阀处于"升压"位置,此时制动主缸与轮缸直通,由制动主缸来的制动液直接进入轮缸,轮缸压力随主缸压力而增减。此时回油泵也不需工作。

(2) 保压过程(见图 5-20):

当轮速传感器发出抱死危险信号时,ECU 向电磁线圈通入一个较小的保持电流(约为最大电流的 1/2)时,电磁阀处于"保压"位置。此时主缸、轮缸和回油孔相互隔离密封,轮缸中的制动压力保持一定。

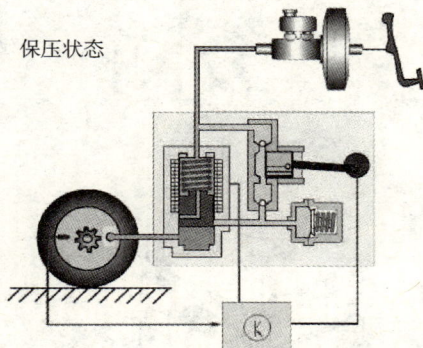

图 5-20　保压过程

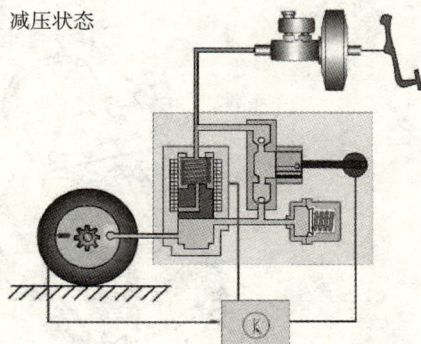

图 5-21　减压过程

(3) 减压过程(见图 5-21):

如果在"保持压力"命令发出后,仍有车轮抱死信号,ECU 即向电磁线圈通入一个最大电流,电磁阀处于"减压"位置,此时电磁阀将轮缸与回油通道或储液室接通,轮缸中制动液经电磁阀流入储液室,轮缸压力下降。

(4) 增压过程(见图 5 - 22):

当压力下降后车轮加速太快时,ECU 便切断通往电磁阀的电流,主缸和轮缸再次相通,主缸中的高压制动液再次进入轮缸,使制动压力增加。

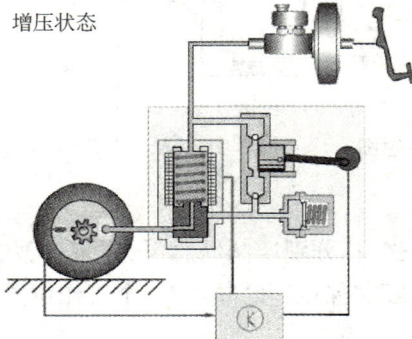

图 5 - 22　增压过程

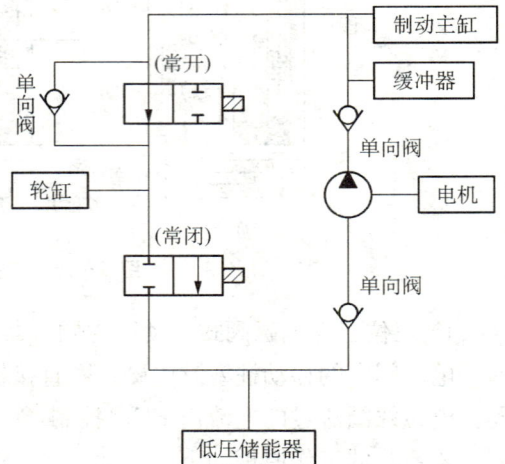

图 5 - 23　二位二通电磁阀压力调节器

2) 二位二通电磁阀式制动压力调节器

二位二通电磁阀式制动压力调节器的基本组成如图 5 - 23 所示。

其中,进油电磁阀常开、回油电磁阀常闭。该制动压力调节器在总泵与分泵之间的通道采用两个两位两通电磁阀取代一个三位三通电磁阀,实现 ABS 的"保压"、"减压"、"增压"控制,工作可靠性提高。

在 ABS - ECU 的控制下,制动压力调节器通过进、回油电磁阀的开闭,直接控制各轮缸的制动压力。在各种模式下进、回油电磁阀的状态,如图 5 - 24 所示,ABS 工作模式如表 5 - 6 所示。

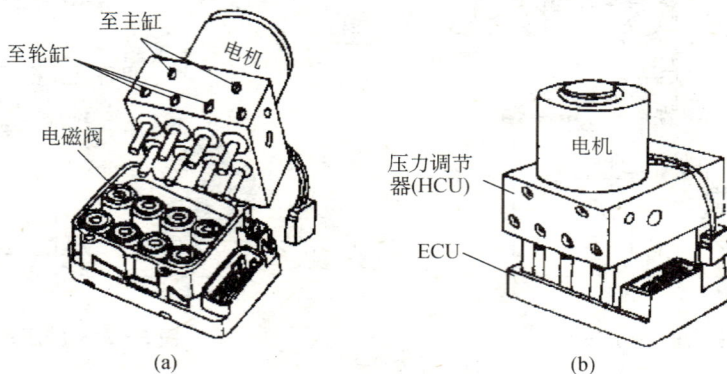

(a)

(b)

图 5 - 24　ABS 控制器

表 5－6　二位二通电磁阀压力调节器工作情况

ABS 工作模式	进油电磁阀	出油电磁阀	电动液压泵
增压模式	不通电 打开	不通电 关闭	不通电 不运转
保压模式	通电 关闭	不通电 关闭	不通电 不运转
减压模式	通电 关闭	通电 打开	通电 运转

（二）ABS 控制器的检修

ABS 控制器及其附件分解图如图 5－25 所示。

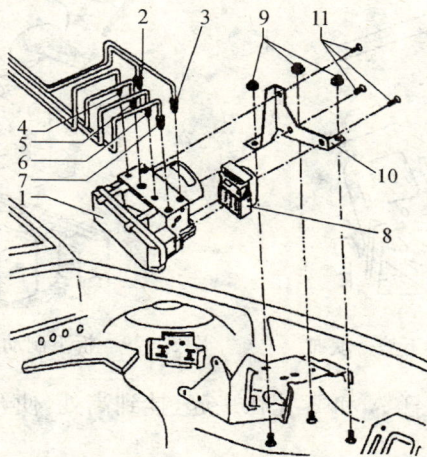

图 5－25　ABS 控制器及其附件分解图

1—ABS 控制器；2—制动主缸后活塞与液压控制单元的制动管接头（拧紧力矩 15 N·m）；3—制动主缸前活塞与液压控制单元的制动管接头（拧紧力矩 15 N·m）；4—液压控制单元与右前制动轮缸的制动管接头（拧紧力矩 15 N·m）；5—液压控制单元与左后制动轮缸的制动管接头（拧紧力矩 15 N·m）；6—液压控制单元与右后制动轮缸制动管接头（拧紧力矩 15 N·m）；7—液压控制单元与左前制动轮缸的制动管接头（拧紧力矩 15 N·m）；8—ABS 控制器线束插头（25针插头）；9—ABS 控制器支架紧固螺栓（拧紧力矩 20 N·m）；10—ABS 控制器支架；11—ABS 控制器安装螺栓（拧紧力矩 10 N·m）

1. ABS 控制器的拆卸

（1）关闭点火开关，拆下蓄电池及支架。

（2）从 ECU 上拔下 25 针插头，如图 5－26 所示。

（3）踩下踏板，并用踏板架定位，如图 5－27 所示。

（4）在 ABS 控制器下垫一块布，用来吸干从开口处流出的制动液，如图 5－28 所示。

（5）拆下制动主缸到液压控制单元的制动油管 A 和 B，如图 5－29 所示，并做上记号，立即用密封塞将开口部塞住。

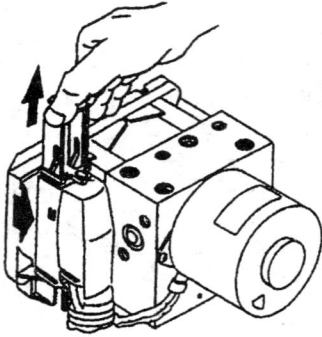

图 5‑26　拔下 ECU 25 针插头

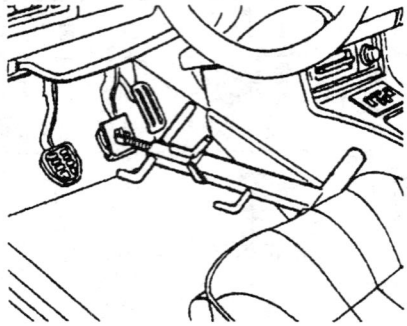

图 5‑27　用踏板架固定制动踏板

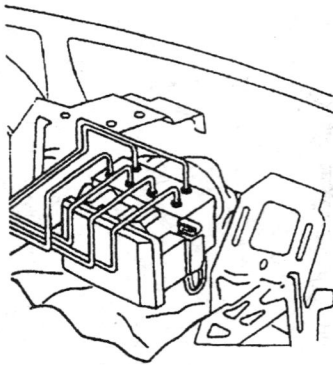

图 5‑28　在 ABS 控制器下垫一块布

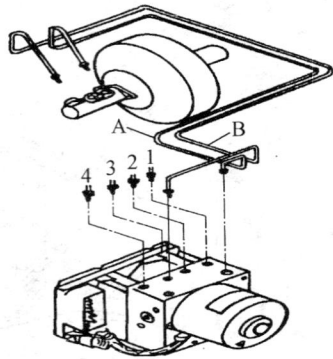

图 5‑29　拆下制动油管 A 和 B1～4 油管

（6）用软铅丝把制动油管 A 和 B 扎在一起，挂到高处，使开口处高于制动储液罐的油平面。

（7）拆下液压控制单元通到各轮的制动油管，并做上记号，立即用密封塞将开口部塞住，如图 5‑30 所示。

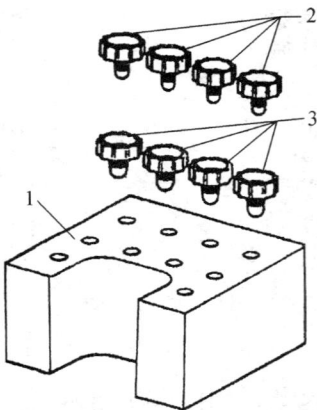

图 5‑30　制动油管密封塞

1—专用支架；2、3—阀体开口孔的密封塞

在操作过程中必须特别小心，不能使制动液渗入到 ABS‑ECU 壳体中去。如果制动液渗漏到控制器中去，会使触点腐蚀，损坏系统。如果壳体脏，可用压缩空气吹净。

（8）把 ABS 控制器从支架上拆下来。

2. ABS 控制器的分解

（1）压下接头侧的锁止扣，拔下控制单元上液压泵（V64）电线插头。

（2）用专用套筒扳手拆下 ABS‑ECU 与液压控制单元的四个连接螺栓，如图 5‑31 所示。

（3）将液压控制单元与电子控制单元分离。注意：拆下液压控制单元时要直拉，别碰坏阀体。

（4）在 ABS‑ECU 的电磁阀上盖一块不起毛的布。

（5）把液压控制单元和液压泵安放在专用支架上，以免在搬运时碰坏阀体。

3. ABS 控制器的装配

（1）装配场地必须清洁，不允许有灰尘及脏物。

（2）把 ABS 液压控制单元和 ECU 装成一体，用专用套筒扳手拧紧新的螺栓，扭矩不得超过 4 N·m。

（3）插上液压泵电线插头，注意锁扣必须到位。

4. ABS 控制器的安装

ABS 液压控制单元开口处的密封塞，只有在制动油管要装上去的时候才能拆下，以免异物进入制动系统。

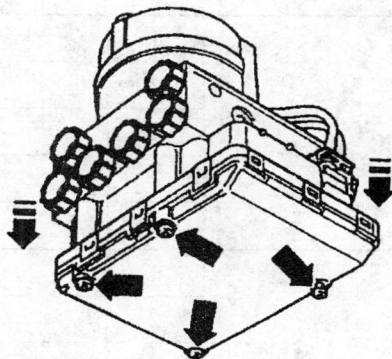

图 5 - 31　拆下 ABS - ECU 与液压控制单元的连接螺栓

（1）将 ABS 控制器装到架上，以 10 N·m 的力矩拧紧固定螺栓。

（2）拆下液压口处的密封塞，装上各轮制动油管，检查油管位置是否正确，以 20 N·m 的力矩拧紧管接头。

（3）装上连接主缸的制动油管 A 和 B，以 20 N·m 的力矩拧紧管接头。

（4）插上 ABS - ECU 线束插头。

（5）对 ABS 系统充液和放气。

（6）如果 ABS - ECU 更换新的，必须对 ECU 重新编码。

（7）打开点火开关，ABS 警告灯须亮 2 s 后再熄灭。

（8）使用 V. A. G1552 故障诊断仪，先清除故障存储，再查询故障代码。

（9）试车检测 ABS 功能，须感到踏板有反弹。

三、制订检修计划

制订汽车 ABS 控制组件故障检修计划，如表 5 - 7 所示。

表 5 - 7　汽车 ABS 控制组件故障检修计划

1. 查阅维修资料，了解 ABS 控制组件类型特点 2. 查阅维修手册，熟悉 ABS 控制组件检修规范 3. 查阅技术通报，熟练 ABS 控制组件检修流程			
1. 车辆信息描述	车辆描述		
	制动压力调节器类型		
2. ABS 控制器的拆卸	步骤	操作要领	示意图
	1		
	2		
	3		
	4		
	5		
	6		
	7		
	8		

续 表

3. ABS 控制器的分解	1	
	2	
	3	
	4	
	5	
4. ABS 控制器的安装	1	
	2	
	3	
	4	
	5	
	6	
	7	
	8	
	9	

四、实施维修作业

收集 ABS 制动压力调节器检修相关信息,制定汽车制动压力调节器主要部件的检修规范,并实施维修作业。

五、检验评估

(1) 查阅汽车 ABS 制动压力调节器的评价指标,并对照各指标实施维修质量检验。

(2) 检查诊断与排除 ABS 制动压力调节器故障任务完成情况。

检验评估如表 5-8 所示。

表 5-8　检验评估

检验与评价内容	检 验 指 标	权重	自评	互评	总评
检查任务完成情况	1. 能描述汽车 ABS 制动压力调节器部件的作用与原理				
	2. 在小组完成任务过程中所起作用				
职业素养	1. 学习态度:积极主动参与学习				
	2. 团队合作:与小组成员一起分工合作,不影响学习进度				
	3. 现场管理:服从工位安排、执行实训室"5S"管理规定				

任务 5.3 故障阅读仪功能简介及操作

任务描述	通过任务 5.1、5.2 可以排除 ABS 中传感器,控制组件的故障。本任务通过对汽车故障阅读仪功能及操作方法介绍,可以诊断出 ABS 中的某些故障代码。通过对故障代码的阅读,可以对故障范围进行检测并予以排除
任务目标	1. 学会使用汽车故障诊断仪 2. 通过对故障代码的阅读,可以确定故障范围,并能够予以排除

V. A. G1552 故障阅读仪操作方法及功能简介:ABS 系统故障诊断可使用 V. A. G1552 故障诊断仪来操作。参考使用说明书填写表 5 - 9。

表 5 - 9 V. A. G1552 操作

1. V. A. G1552 操作方法		
2. 功能简介		
3. 查询和清除 故障代码		

1. V. A. G1552 故障阅读仪操作方法及功能简介

ABS 系统故障诊断可使用 V. A. G1552 故障诊断仪来操作。

1) V. A. G1552 操作方法

(1) 在断电情况下,将 V. A. G1552 故障诊断仪与诊断插座连接后,打开点火开关。

(2) 键入"03"后按"Q"键,即进入 ABS 工作环境。

（3）键入所需的功能代码。

（4）键入"06"后按"Q"键，退出。

（5）在断电后，拆下 V. A. G.1552 故障诊断仪。

2）功能简介

功能 01 -状态信息显示；功能 02 -故障查询；功能 03 -液压控制单元诊断；功能 04 -加液排气；功能 05 -清除故障代码；功能 06 -结束，退出；功能 07 -控制器编码；功能 08 -测量数据显示（如轮速信号等）。

3）功能键

C 键——取消，更改输入数据及当前菜单；Q 键——确认输入；→键——下一步；HELP 键——帮助信息。

2. 查询和清除故障代码

在功能选择处输入 02，按 Q 键将显示故障数量。之后按"→"键，将依次显示每一故障的故障代码和内容。

在功能选择处输入 05，按 Q 键即可清除故障代码。如果故障代码无法清除，表示这个故障代码代表的故障一直存在。如果存储的故障可以消除，表示这是一个偶发性故障，须在实车行驶时才能重新检测到。

故障代码的显示方式，如表 5 - 10 所示。

表 5 - 10　故障代码显示方式

系统问题		显示代码
目前没有问题 （ABS 警告灯不亮）	以前不曾发生	无故障代码
	以前曾发生	偶发性故障代码
故障仍存在 （ABS 警告灯亮）		非偶发性故障代码
		偶发性故障代码和非偶发性故障代码

1）查询故障代码

（1）将 V. A. G1552 与诊断接口相连接，如图 5 - 32 所示，如果屏幕上无显示，则应检查自诊断的插口，打开点火开关，屏幕显示：

图 5 - 32　V. A. G1552 与诊断接口的连接

Test of vehicle systems	HELP
Insert address word XX	
汽车系统测试	帮助
输入地址指令 XX	

（2）输入地址码 03"制动电子系统"。屏幕显示：

Test of vehicle systems	Q
03 Brake electronics	
汽车系统测试	确认
03 -制动电子系统	

（3）按 Q 键确认。屏幕显示：

3A0 907 379 ABS ITT AE 20 GI VOD	
Coding 04505	WCS XXXXX
3A0 907 379 ABS ITT AE 20 GI VOD	
编码 04505	WCS XXXXX

其中：3A0 907 379 ABS 为控制单元零件号；ITT AE 20 GI 为公司 ABS 产品型号；VOD 为软件版本；Coding 04505 为控制单元编码号；WCS XXXXX 为维修站代码。

（4）按"→"键，屏幕显示：

Test of vehicle systems	HELP
Select function XX	
汽车系统测试	帮助
选择功能 XX	

（5）输入地址码 02"查询故障代码"功能。屏幕显示：

Test of vehicle systems	Q
02 - Interrogate fault memory	
汽车系统测试	确认
02 -查询故障代码	

（6）按 Q 键确认。然后在显示器上出现所存储的故障数量，或者"未发现故障"：

X   Faults recognized
发现 X 个故障

No   faults recognized
未发现故障

（7）按→键，所显示的故障依次显示出来。故障显示完毕后，按→键返回初始位置。

2）清除故障代码和结束输出

（1）查询故障代码后，屏幕显示：

Test of vehicle systems Select function XX	HELP
汽车系统测试 选择功能 XX	帮助

（2）输入地址码05"清除故障代码"功能。屏幕显示：

Test of vehicle systems 05 - Erase fault memory	Q
汽车系统测试 05 -清除故障代码	确认

（3）按 Q 键确认，屏幕显示：

Test of vehicle systems Fault memory is erased!	HELP
汽车系统测试 故障存储已被清除	帮助

（4）按 → 键，如果在屏幕上出现显示"Attention! Fault memory has not been interrogated（注意：故障存储未被查询），则检测过程有缺陷，应遵循正确的检测过程，即先查询再清除故障代码。屏幕显示：

Test of vehicle systems Select function XX	HELP
汽车系统测试 选择功能 XX	帮助

（5）输入06"结束输出"功能。屏幕显示：

Test of vehicle systems 06 - end output	Q
汽车系统测试 06 -结束输出	确认

（6）按 Q 键确认。屏幕显示：

Test of vehicle systems Enter address XX	HELP
汽车系统测试 输入地址指令 XX	帮助

（7）输入地址码 02"查询故障代码"功能。关闭点火开关,拔下 V. A. G1552 故障阅读仪的插头。打开点火开关后,ABS 的警告灯 K47 和制动系警告灯 K118 亮约 2 s 后必须熄灭。

3. 知识拓展

1）滑动率与附着系数的关系

（1）汽车在制动时,车速与轮速之间产生速度差,车轮发生滑动现象。滑动率的定义为:

$$\lambda = \frac{车速 - 轮速}{车速} \times 100\%,轮速 = 车轮转速 \times 车轮半径$$

在非制动状态（滑动率为 0）下,制动附着系数等于 0;在制动状态下,滑动率达到最优滑动率时,制动附着系数最大,在此之前的区域为稳定区域;之后,随着滑动率的增大制动附着系数反而减少,侧向附着系数也下降很快,汽车进入不稳定区域,特别是当滑动率为 100% 时,侧向附着系数接近于 0,也就是汽车不能承受侧向力,这是很危险的（见图 5 - 33）。所以应将制动滑动率控制在稳定区域内。附着系数的大小取决于道路的材料、状况以及轮胎的结构、胎面花纹和车速等因素。

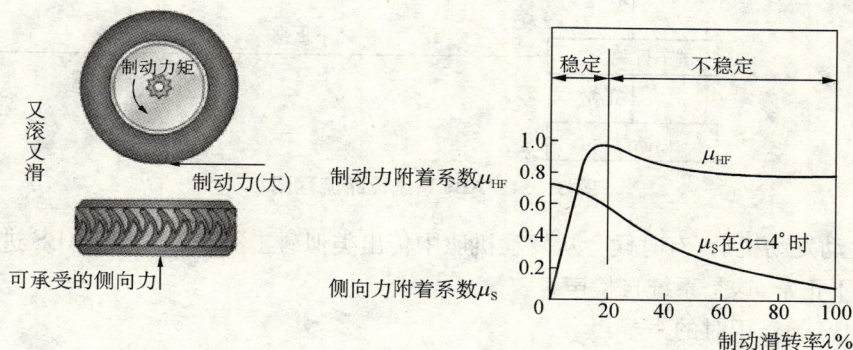

图 5 - 33　滑动率与制动力、侧向力附着系数的关系

（2）汽车的制动过程

在制动时车轮由于制动力矩的作用,地面给车轮一个制动力。随着制动力矩的增大,制动压力增大,车轮速度开始降低,滑动率和车轮转矩增大。可以认为在最优滑动率之前,车轮转矩和制动力矩同步增长,这就是说,在该阶段车轮减速度和制动力矩增大速度成正比且在该区域制动主要是滑转。但是,继续增大制动力矩,滑动率超过最优滑动率后进入不稳定区域,车轮的滑转程度不断增加,制动附着系数将减少,侧向附着系数将迅速降低。最终使车轮速度大幅度减少直至车轮抱死,这期间的车轮减速度非常大。轮胎印迹的变化经历了车轮自由滚动、制动和抱死三个过程。

2）ABS 系统故障诊断流程

ABS 系统故障诊断流程如图 5 - 34 所示。

3）故障诊断时的注意事项

ABS 采用电子液压控制,因此在 ABS 系统正常工作情况下出现表所列现象是正常的,并不是故障。

```
┌────┐      ┌──────────────────────┐      ┌────────────────┐
│开始│─────▶│在断电状态下连接V.A.G1552│─────▶│点火开关转至"ON"│
└────┘      └──────────────────────┘      └────────────────┘
                                                   │
┌──────────────────────┐   ┌─────────┐   ┌──────────────────────┐
│参考无故障代码检查表进行检查│◀──│能通讯否？│◀──│在地址处输入03(电子制动)│
└──────────────────────┘   └─────────┘   └──────────────────────┘
                               │
                    ┌──────────────────────┐
                    │在功能处输入02(故障查询)│
                    └──────────────────────┘
```

偶发性故障(显示带"/SP")	持续性故障
清除故障代码	记录故障代码
参照偶发性故障诊断要点维修	参照故障代码检查表进行维修

将点火开关转至"OFF"，拆下VAG1552　◀──　清除故障代码

不正常

试车行驶检查

正常

诊断结束

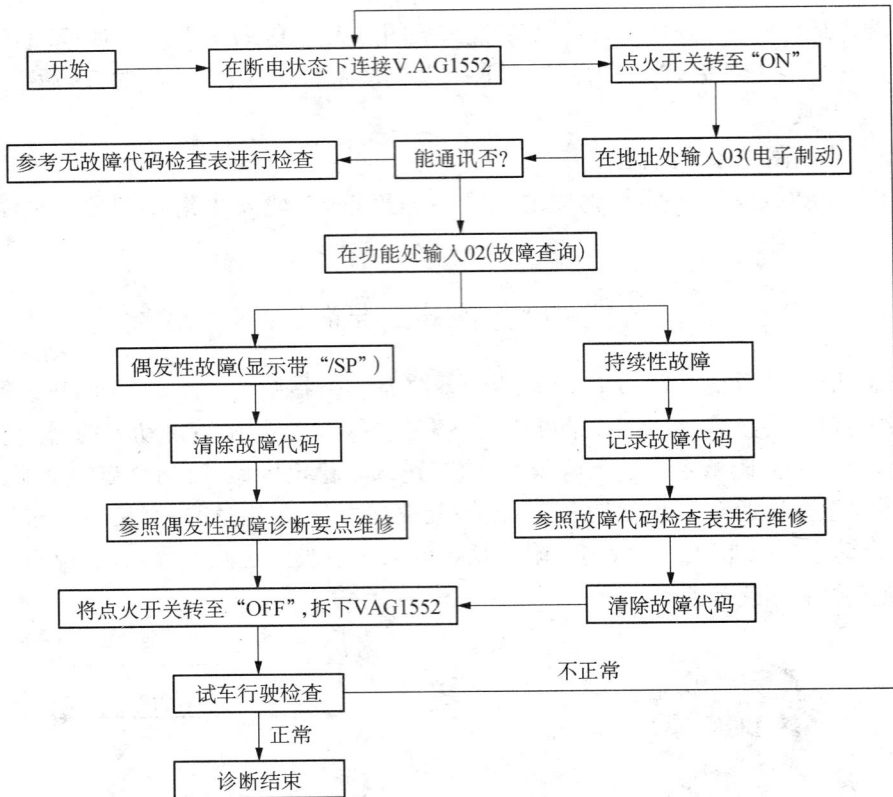

图 5-34　ABS 系统诊断流程图

（1）发动发动机后，有时候会从发动机舱中传出类似碰击的声音，这是 ABS 进行自检的声音，并非不正常，这是系统自检声音：

（2）ABS 起作用时的声音：

① ABS 液压单元内电动机的声音。

② 与制动踏板振动一起产生的声音。

③ ABS 工作时，因制动而引起悬架碰击声或轮胎与地面接触发出吱嘎声。

（3）在积雪或是砂石路面上，有 ABS 的车辆的制动距离有时候会比没有 ABS 车辆的制动距离长。因此须提醒驾驶人在上述路面行驶时应加倍小心。

4）偶发性故障的维修要点

在电子控制系统中，在电气回路和输入输出信号的地方，可能出现瞬时接触不良问题，从而导致偶发性故障或在 ECU 自检时留下故障代码。如果故障原因持续存在，那么只要按照故障代码检查表就可以发现不正常的部位，不过有时候故障发生的原因会自行消失，所以不容易找出问题的原因。在这种情况下，可按下列方式模拟故障，检查故障是否再现。

（1）当振动可能是主要原因时：将接头轻轻地上下左右摇动；将线束轻轻地上下左右摇动；将传感器轻轻地上下左右摇动；将其他运动件（如车轮轴承等）轻轻摇动。

如果线束有扭断或因拉得太紧而断裂，就必须更换新件，尤其是传感器在车辆运动时因为悬架系统的上下移动，可能造成短暂的断/短路。因此检查传感器信号时必须进行实车行驶试验。

（2）当过热或过冷可能是主要原因时：用吹风机加热被怀疑有故障的部件；用冷喷雾剂检查是否有冷焊现象。

（3）当电源回路接触电阻过大可能是主要原因时：打开所有电器开关，包括前照灯和后除霜开关。

如果此时故障没有再现，就必须等到下次故障再出现时才能诊断维修。一般来说，偶发性故障只会愈变愈糟，不会变好。

5）ABS－ECU 插座、电气线路图

ABS－ECU 插座如图 5－35 所示，电气线路如图 5－36 所示。

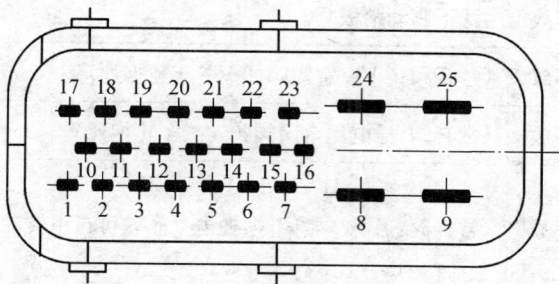

图 5－35　ABS－ECU 插座

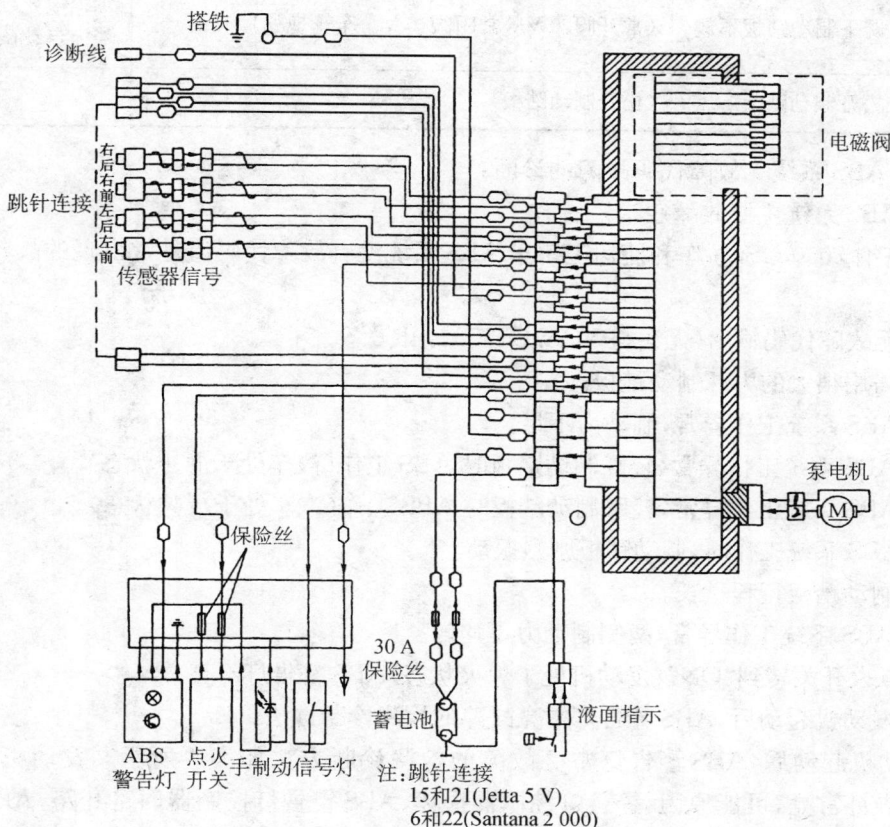

图 5－36　ABS－ECU 电气线路图

6）液压控制单元诊断

（1）液压控制单元诊断步骤

使用 V.A.G1552 可对液压控制单元进行诊断。在功能选择处输入 03 之后，按表 5 - 11 所列步骤进行操作。

表 5 - 11　诊断步骤

步骤	操作者动作	屏幕显示	正常时的结果
01		（液压泵测试）	
02	踩下制动踏板不放	（踩下制动踏板）	
03	踩下制动踏板不放	（常开阀：0 V　常闭阀：0 V　车轮抱死）	车轮抱死
04	踩下制动踏板不放	（常开阀：通电　常闭阀：0 V　车轮抱死）	车轮抱死
05	踩下制动踏板不放	（常开阀：通电　常闭阀：通电　车轮可自由转动）	车轮可自由转动，踏板回弹，可听见泵电机工作噪声
06	踩下制动踏板不放	（常开阀：通电　常闭阀：0 V　车轮可自由转动）	车轮可自由转动
07	踩下制动踏板不放	（常开阀：0 V　常闭阀：0 V　车轮抱死）	车轮抱死　踏板自动微微下沉
08	松开制动踏板	（松开制动踏板）	

（2）ABS 系统无故障代码故障的诊断：

① ABS 系统主要故障症状：

桑塔纳 2000 GSi 轿车和捷达王轿车 ABS 系统没有故障代码但是常出现的故障症状主要有：

　　a. 无故障代码输出（无法与 V.A.G1552 通讯）。

　　b. 需用很大的力踩制动踏板。

　　c. ABS 系统工作异常，制动力不足。

　　d. ABS 系统工作异常，轻踩制动踏板时 ABS 工作（汽车处于静止状态）。

　　e. ABS 系统工作异常，轻踩制动踏板时 ABS 工作（汽车处于行驶状态）。

　　f. ABS 系统工作时，制动踏板剧烈振动。

　　g. 制动踏板行程过长。

　　h. ABS 系统工作异常，两侧制动力不均匀。

　　i. 点火开关转到"ON"（发动机处于熄火状态）ABS 警告灯不亮。

② 发动机起动后，ABS 警告灯常亮故障的检测诊断方法：

发动机起动后，ABS 警告灯常亮故障的检测诊断方法如表 1 所示。发动机起动后，ABS 警告灯常亮，可能原因：警告灯控制器损坏、ABS 警告灯控制器回路开路，ABS - ECU 损坏。

检查 ECU 和 ABS 警告灯控制器之间的电线是否开路	是 →	更换线束
↓ 不是		
检查 ABS 警告灯控制器	不正常 →	更换
↓ 正常		
更换 ABS‑ECU		

③ 点火开关在"ON"位置（发动机熄火），ABS 警告灯不亮故障的检测诊断方法：

点火开关在"ON"位置（发动机熄火），ABS 警告灯不亮故障的检测诊断方法如表 2 所示。点火开关在 ON 位置（发动机熄火），而 ABS 警告灯不亮，可能原因：保险丝烧毁、ABS 警告灯灯泡烧毁、电源线路断路或者 ABS 警告灯控制器损坏。

检查中央电器盒内的 ABS 警告灯保险丝	不正常 →	更换			
↓ 正常					
检查中央电器盒保险丝插座	不正常 →	修理保险丝插座			
↓ 正常					
拆开 ABS‑ECU 接头，点火开关 ON 警告灯是否亮	否 →	检查 ABS 警告灯灯泡是否烧毁	是 →	更换	
↓ 是		↓ 否			
检查 ABS 线束中连接 ABS 警告灯控制器和 ECU 的电线是否短路搭铁		检查 ABS 线束中警告灯电源回路和接地回路是否开路	不正常 →	更换线束	
↓ 是		↓ 正常			
更换线束		检查警告灯电源回路及搭铁回路插接器	不正常 →	修理插接器	
		↓ 正常			
		故障是否再现	否 →	参见偶发性故障维修要点	
		↓ 是			
		更换警告灯控制器			

④ ABS 工作异常故障检测诊断方法

ABS 工作异常故障检测诊断方法如表 2 所示。ABS 工作异常，可能原因：a. 传感器安装不当；b. 传感器线束有问题；c. 传感器损坏；d. 齿圈损坏；e. 传感器沾附异物；f. 车轮轴承损坏。

说明：这个问题与驾驶状况及路面条件密切相关，所以不容易进行故障诊断。然而，如果没有故障代码记忆，可进行下列检查。

传感器安装是否正确	否 →	将其正确安装		
↓是	不正常			
检查传感器输出电压	→	检查各个传感器	不正常 →	更换
↓正常		↓正常		
用 V. A. G1552 作液压控制单元诊断		检查各个传感器齿圈	不正常 →	更换
↓不正常		↓正常		
更换 ABS HCU		检查车轮轴承间隙	不正常 →	修理或更换
		↓正常		
		检查 ABS - ECU 插座及中间插接器	不正常 →	修理接头
		↓正常		
		故障是否再现	否 →	参见偶发生故障维修要点
		↓是		
		拆下 ABS - ECU，检查 ABS 电线束下列接线柱间的电阻值是否符合标准值（标准值：1.0～1.3 kΩ），测量时同时摇动传感器线束和插接器：左前：4 - 11 右前：3 - 18 左后：2 - 10 右后：1 - 17	不正常 →	修理线束或插接器
		↓正常		
		更换 ABS HCU		

⑤ 制动踏板行程过长故障检测诊断方法

制动踏板行程过长故障检测诊断方法如表 4 所示。制动踏板行程过长，可能原因：a. 漏制动液；b. 常闭阀泄漏；c. 系统中有空气；d. 制动盘严重磨损。

说明：先以目视检查是否有外部泄漏或机械故障。用排气方法检查系统中是否有空气。有 V. A. G1552 液压单元功能测试检查常闭阀是否泄漏。

目视检查液压管接头是否泄漏	不正常 →	按要求拧紧管接头
↓ 正常	不正常 →	
检查制动盘磨损情况		更换制动盘
↓ 正常		
检查驻车制动调节装置	不正常 →	更换驻车制动调节装置
↓ 正常		
排气检查	不正常 →	重新排气
↓ 正常		
用 V. A. G1552 液压控制单元诊断检查常闭阀密封性能	不正常 →	更换 HCU(液压控制单元)

7) 加液与排气

(1) 温式 HCU：

当备件为湿式 HCU 时，更换 HCU 后只需按常规制动系统进行加液与排气即可。

(2) 干式 HCU：

当备件为干式 HCU 时，更换 HCU 后，除要按常规制动系统进行加液与排气外，还需对 HCU 的第二回路进行排气，用 V. A. G1552 进行操作时的步骤如下：

① 按常规制动系统进行加液排气，直至透明胶管中无气泡出现。

② 将 V. A. G1552 与诊断插座连接。

③ 在地址处输入 03，按 Q 键。

④ 在功能选择处输入 04，按 Q 键。

⑤ 在组号输入处输入 01，按 Q 键。

⑥ 踩下制动踏板并保持，液压泵工作，踏板回弹。

⑦ 松开制动踏板，将左右前制动钳放气螺钉松开，按↑键。

⑧ 踩制动踏板 10 次，将左右前制动钳放气螺钉拧紧，按↑键。

⑨ 上述(6)(7)(8)步再重复进行 7 次。

⑩ 排气结束，按→键回到"功能选择"菜单。

⑪ 在功能选择处输入 06，按 Q 键。

⑫ 结束。

8) ABS 制动液的选用及更换

(1) ABS 制动液的选用(见表 5 - 12)

ABS 装置工作时，制动系统产生的摩擦热比未装 ABS 装置的车高，制动液的恶化变质也会相对早地出现，如果在制动液变质的情况下继续使用，将会使主缸、轮缸、油压控制器等产生损伤、吸湿率增加，使制动力下降。因此，要对装有 ABS 装置车辆的制动液进行从严选用，严格遵守汽车制造厂商推荐的更换周期。另外还要根据使用条件，在必要时提前进行更换。由于 ABS 系统较常规制动系统更为复杂，因此在选用、更换及补充制动液时应特别注意：

① 在 ABS 系统中，制动液的通路更长、更曲折，致使制动液在流动过程中受到的阻力较大；另外，在 ABS 系统中，运动零件更多、更精密，这些运动零件对润滑的要求也更高，因此，ABS 系统所选用的制动液必须具有恰当的粘度。

② 在 ABS 系统中，制动液反复经历压力增大和减小的循环，因而，制动液的工作温度和压力较常规制动系统中的制动液更高，这就要求制动液具有更强的抗氧化性能，以免制动液中形成胶质、沉积物和腐蚀性物质。

③ 在 ABS 系统中，有更多的橡胶密封件和橡胶软管，这就要求在用的制动液不能对橡胶密封件产生较强的溶胀变形作用。

④ 在 ABS 系统中，有更多、更为精密的金属零件，因此，要求所选用的制动液具有较好的耐腐蚀性，以免对金属零件产生锈蚀。

⑤ 在 ABS 系统中，有更长、更复杂的管路，因此，要求所选用的制动液具有较高的沸点，以免制动液发生汽化使制动系统产生气阻。

根据以上特点，ABS 系统一般都选用 DOT4 的制动液。尽管 DOT5 的制动液具有更高的沸点，但是，由于 DOT5 是硅基制动液，会对橡胶件产生较强的损害。因此，在 ABS 系统中，一般不选用 DOT5 的制动液。但是，由于 DOT3 和 DOT4 是醇基制动液，具有较强的吸湿性，随着使用时间的延长，其中的含水量会不断增多。当制动液中含有较多的水分时，会使制动压力调节装置中的精密零件发生锈蚀，在寒冷的气候条件下，还会使制动液的粘度变大，影响制动液在制动系统中的流动，使制动变得迟缓，导致制动距离延长。另外，制动液中的含水量会对制动液的沸点产生非常明显的影响，发生气阻现象。DOT3 和 DOT4 制动液一般经过 12 个月的使用以后其中的含水量为 2%，经过 18 个月的使用以后，其中的含水量平均可达 3%，因此，建议您每隔 12 个月更换一次制动液。

表 5－12　符合国际标准的 DOT 制动液规格

DOT 规格等级	沸点/℃	吸湿沸点/℃	运动粘度/cSt[①]	备　注
DOT3	205 以上	140 以上	1 500 以下	1. 沸点是含水量为 0 状态下的温度；
DOT4	230 以上	155 以上	1 800 以下	2. 吸湿沸点是含水量为 3.5% 状态下的温度；
DOT5	260 以上	180 以上	900 以下	3. 运动粘度是用 cSt 为单位表示的－40℃的粘度。

（2）制动液的更换及补充方法

在对具有液压动力或助力的 ABS 系统进行更换或补充制动液时，应按如下程序进行：

① 先将新制动液加至储液室的最高液位标记处。

② 如果需要对 ABS 系统中的空气进行排除，应按规定的程序进行空气排除。

③ 将点火开关置于点火位置，反复地踩下和放松制动踏板，直到电动泵开始运转为止。

④ 待电动泵停止运转后，再对储液室中的液位进行检查。

⑤ 如果储液室中的制动液液位在最高液位标记以上，先不要泄放过多的制动液，而应

---

①　1 cSt = 10^{-6} m^2/s。

重复以上③和④步骤。

⑥ 如果储液室中的制动液液位在最高液位标记以下,应向储液室再次补充新的制动液,使储液室的制动液液位达到最高标记处。但切不可将制动液加注到超过储液室的最高液位标记,否则,当蓄能器中制动液排出时,制动液可能会溢出储液室。

在 ABS 系统中,ABS 电控单元通常根据液位开关输入的信号对储液室的制动液液位进行监测。当制动液液位过低时,ABS 系统将会自动关闭,因此,应定期对储液室中的制动液液位进行检查,并及时补充制动液。

练 习

一、填空题

1. 评价制动效能的主要评价指标有_____、_____和_____。

2. 电控 ABS 由_____、_____和_____组成。

3. 车速传感器主要由_____和_____组成。

4. 传感器头从外形上可分为_____、_____和_____等。

5. 根据用于不同制动系统的 ABS,制动压力调节器主要有_____。

6. 液压制动压力调节器主要由_____、_____和_____等组成。

7. 可变容积式调节器的基本结构,主要由_____、_____、_____和_____组成。

8. 按 ECU 所依据的控制参数不同分类,ABS 可分为_____和_____。

9. ABS 按制动压力调节器结构不同分类:_____和_____。

10. ABS 按功能和布置形式不同分类:_____和_____。

11. ABS 按控制通道数目分类:_____、_____和_____。

12. 循环式制动压力调节器在汽车制动过程中,ECU 控制流经制动压力调节器电磁线圈的电流大小,使 ABS 出于_____、_____减压三种状态。

13. 丰田凌志 LS400ABS 制动压力调节器中的 3/3 电磁阀主要由_____、_____和单向阀等组成。

14. 本田车系 ABS 采用_____控制方式,每个车轮上有一个制动压力调节器调节制动压力。

15. 本田车系 ABS 的制动压力调节器由_____、_____、_____、油泵、储能器、压力开关等组成。

二、单项选择题

1. 菱形极轴式传感器头安装位置是( )。
   A. 径向垂直于齿圈安装 B. 轴向相切于齿圈
   C. 以上两个都正确 D. 以上两个都错误

2. 凿式极轴式车速传感器头的安装位置是( )。

A．径向垂直于齿圈安装 　　　　B．轴向相切于齿圈

C．以上两个都正确 　　　　D．以上两个都错误

3. 为保证传感器无错误信号输出，安装车速传感器时应保证其传感器头与齿圈间留有一定的空气隙，约为（　　　）。

A．5 mm 　　　B．1 mm 　　　C．0.01 mm 　　　D．1 um

4. 汽车后轮上的车速传感器一般固定在后车轴支架上，转子安装于（　　　）。

A．车架 　　　B．轮毂 　　　C．驱动轴 　　　D．车轮转向架

5. 下列叙述不正确的是（　　　）。

A．制动时，转动方向盘，会感到转向盘有轻微的振动。

B．制动时，制动踏板会有轻微下沉。

C．制动时，ABS 继电器不断的动作，这也是 ABS 正常起作用的正常现象。

D．装有 ABS 的汽车，在制动后期，不会出现车轮抱死现象。

6. 当滑移率为 100％时，横向附着系数降为（　　　）。

A．100％ 　　　B．50％ 　　　C．0 　　　D．都不正确

7. 为了避免灰尘与飞溅的水、泥等对传感器工作的影响，在安装前需车速传感器加注（　　　）。

A．机油 　　　B．工作液 　　　C．润滑脂 　　　D．AT 油

8. 循环式制动压力调节器是在制动总缸与轮缸之间（　　　）一个电磁阀，直接控制轮缸的制动压力。

A．串联 　　　B．并联 　　　C．都可以 　　　D．以上答案均不正确

9. 循环式制动压力调节器在升压过程中，电磁阀处于"升压"位置，此时电磁线圈的通入电流为（　　　）。

A．0 　　　B．较小电流 　　　C．最大电流 　　　D．均不正确

10. 循环式制动压力调节器在保压过程中，电磁阀处于"保压"位置，此时电磁线圈的通入电流为（　　　）。

A．0 　　　B．较小电流 　　　C．最大电流 　　　D．均不正确

11. 循环式制动压力调节器在减压过程中，电磁阀处于"减压"位置，此时电磁线圈的通入电流为（　　　）。

A．0 　　　B．较小电流 　　　C．最大电流 　　　D．均不正确

三、名词解释

1. 滑移率。

2. 制动时汽车的方向稳定性。

3. 循环式调节器。

4. 可变容积式调节器。

5. 吸温沸点。

四、判断题

（　　）**1.** 评价制动性能的指标主要有制动效能和制动稳定性。

（　　）**2.** 制动效能主要取决于制动力的大小，而制动力仅与制动器的摩擦力矩。

（　　）**3.** 纵向附着系数在滑移率为 50％左右时最大。

（　　）**4.** 地面制动力的最大值等于制动器制动力。

（　　）**5.** 汽车前轮上的传感器一般固定在车轮转向架上，转子安装在车轮轮毂上、与车轮同步转动。

（　　）**6.** G 传感器有水银型、摆型和应变仪型。

（　　）**7.** 制动压力调节器的功用是接受 ECU 的指令，通过电磁阀的动作来实现车轮制动器制动压力的自动调节。

（　　）**8.** 装有制动真空助力器的制动系统，在进行排气操作前，首先要把制动助力控制装置接通，使制动系统处于助力状态。

（　　）**9.** ABS 排气时间要比普通系统短，消耗的制动液也少。

（　　）**10.** 刚刚放出的制动液不能马上添回储液罐，需在加盖的玻璃瓶中静置 12 小时以上，待制动液中的气泡排尽后才能使用。

（　　）**11.** 汽车制动时产生侧滑及失去转向能力与车轮和地面间的横向附着力无。

（　　）**12.** 车轮抱死时将导致制动时汽车稳定性变差。

（　　）**13.** 电控 ABS 主要由传感器、电子控制单元、和执行机构组成。

（　　）**14.** 对于柱式极轴式传感器来说，其安装方式需将其轴垂直于齿圈。

（　　）**15.** 对于凿式极轴式传感器来说，其安装方式需将其轴垂直于齿圈。

（　　）**16.** 为了避免灰尘与飞溅的水、泥等对传感器工作的影响，在安装前需车速传感器加注机油。

（　　）**17.** 在可变容积式压力调节器中，常规制动时，电磁线圈无电流通过。

（　　）**18.** 在可变容积式压力调节器中，减压时，电磁线圈无电流通过。

（　　）**19.** 在可变容积式压力调节器中，保压时，电磁线圈无电流通过。

（　　）**20.** 本田车系 ABS 采用四传感器/四轮独立控制方式。

（　　）**21.** 装有 ABS 的车辆在初始检查中，执行器发出工作噪声，这表明系统有故障。

（　　）**22.** 当 ABS 系统出现故障时，汽车不能行驶，应当及时送修。

（　　）**23.** 车轮转速传感器中传感头磁芯与齿圈之间的间隙越小，永久磁芯产生的磁力线就越不容易通过，所以线圈周围的磁场就越弱。

五、简答题

1. 按不同的分类方式，可将 ABS 分为哪些种类？

2. 简述电控 ABS 是如何工作的。

3. 故障码的显示方式有哪几种？

4. 车速传感器的故障有哪些？如何检查？

5. ECU 的故障检查方法有哪些？

6. 对 ABS 制动液有哪些要求？

7. ABS 常见故障有哪些？

8. 如何调取与清除丰田车系故障码？

9. 简述压力调节器的故障检查方法。

10. 制动系统排气应注意哪些问题？

项目六　诊断与排除牵引力和稳定控制系统故障

Description 项目描述	本项目是对汽车牵引力和稳定控制系统故障进行相关诊断和排除。通过本项目的学习,使学生理解汽车牵引力和稳定控制系统的工作原理,认识汽车汽车牵引力和稳定控制系统的结构,具备拆装汽车牵引力和稳定控制系统的相关技能,能对汽车牵引力和稳定控制系统的常见故障进行诊断和排除
Objects 项目目标	1. 能够描述汽车牵引力和稳定控制系统的功用、组成及工作原理 2. 能够对 ASR 常见故障进行检修 3. 能够对 ESP 常见故障进行检修
Tasks 项目任务	任务 6.1:诊断与排除 ASR 系统故障 任务 6.2:诊断与排除 ESP 系统故障
Implementation 项目实施	

任务 6.1　诊断与排除 ASR 系统故障

一、维修接待

　　一辆上海大众帕萨特汽车在正常行驶过程中仪表板上的 ASR 灯突然亮起(按 ASR 开关无效,只有关闭点火开关重新起动发动机后,ASR 灯才能恢复正常),进入维修厂进行维修,现进行维修接待,准确填写接车问诊表,如表 6-1 所示。

表 6-1　接车问诊表

1. 通过询问客户了解车辆 ASR 系统出现的异常情况,填写接车问诊表
2. 车间检测初步确认结果:需进行常规检查

接 车 问 诊 表

车牌号:_____　　车架号:_____　　行驶里程:_____(km)
用户名:_____　　电话:_____　　来店时间:____/_____

用户陈述及故障发生时的状况:一辆上海大众帕萨特汽车在正常行驶过程中仪表板上的 ASR 灯突然亮起(按 ASR 开关无效,只有关闭点火开关重新起动发动机后,ASR 灯才能恢复正常)

故障发生状况提示:行驶速度、发动机状态、发生频度、发生时间、部位、天气、路面状况、声音描述

接车员检测确认建议:需对进行 ASR 系统进行综合检修

车间检测确认结果及主要故障零部件:需对 ASR 系统进行综合检修,必要时还需更换相应部件

车间检查确认者:_____

外观确认:

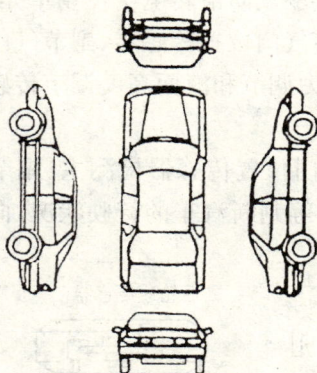

（请在有缺陷部位作标识）

功能确认:(工作正常√　不正常×)
□音响系统　□门锁(防盗器)　□全车灯光
□工具　　　□后视镜　　□天窗　　□座椅
□点烟器　　□玻璃升降器　□玻璃

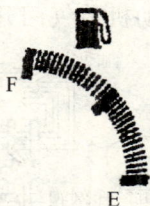

物品确认:(有√　无×)
□贵重物品提示
□工具　　□备胎　　　□灭火器
□其他(　　　　　　　　)
旧件是否交还用户　□是　□否
用户是否需要洗车　□是　□否

- 检测费说明:本次检测的故障如用户在本店维修,检测费包含在修理费用内;如用户不在本店维修,请您支付检测费。本次检测费:¥_____元。
- 贵重物品:在将车辆交给我店检查修理前,已提示将车内贵重物品自行收起并保存好,如有遗失恕不负责。

接车员:_____　　用户确认:_____

二、信息收集与处理

(一) ASR 的组成

汽车驱动防滑控制(Anti Slip Regulation)系统简称 ASR,是应用于车轮防滑的电子控制系统。有些车系称为牵引力控制系统(Traction Control System,TCS)。

汽车打滑是指汽车车轮的滑转,车轮的滑转率又称滑动率。

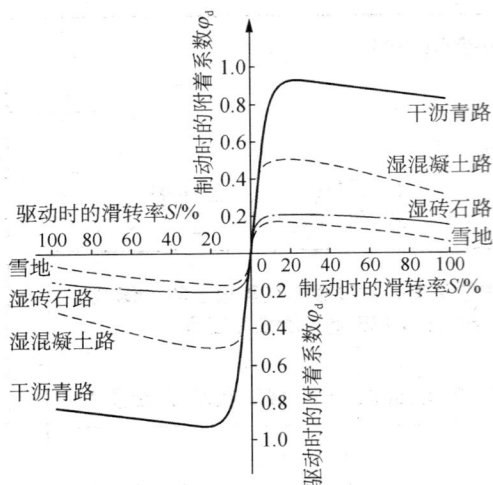

图 6-1　滑转率与附着系数之间的关系

驱动车轮的滑动率 $S_d = (v_c - v)/v_c \times 100\%$；

式中 v_c 是车轮圆周速度；v 是车身瞬时速度。

1. 滑动率与纵向附着系数的关系（见图 6-1）

（1）附着系数随路面的不同而呈大幅度的变化。

（2）在各种路面上，$S_d = 20\%$ 左右时，附着系数达到峰值。

（3）上述趋势无论制动还是驱动几乎一样。

ASR 系统就是利用控制器控制车轮与路面的滑动率，防止汽车在加速过程中打滑，特别是防止汽车在非对称路面或转弯时驱动轮的空转，以保持汽车行驶方向的稳定性，操纵性和维持汽车的最佳驱动力以及提高汽车的平顺性。

2. 典型的 ASR 系统（见图 6-2）

它由 ASR 选择开关、车轮转速传感器、防抱死制动和驱动防滑转电子控制单元、制动主继电器、制动执行装置、制动灯开关。节气门继电器、主节气门位置传感器、副节气门位置传感器、副节气门执行器。液压调节装置。故障指示灯、压力调节和液面高度调节传感器和执行器等部分组成。

其中车轮转速传感器用来检测各车轮的转速；节气门位置传感器检测主、副节气门位置；电控单元根据车轮转速信号、发动机节气门开度信号等判断汽车的行驶状况，向制动执

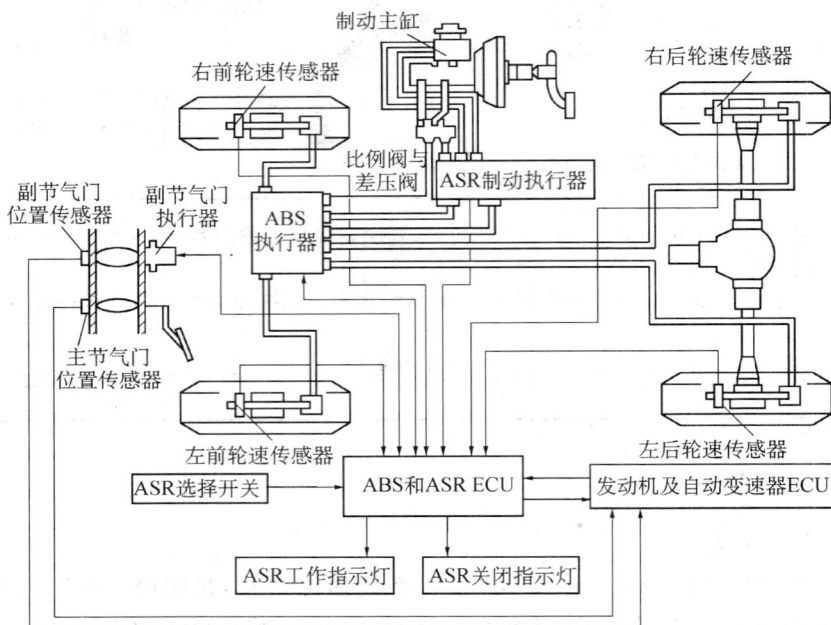

图 6-2　典型的 ASR 系统

行器和副节气门执行装置发出控制指令,并可在系统出现故障时,记录故障代码,点亮故障报警灯;制动主继电器向制动执行装置和泵电机继电器提供电流;节气门继电器向副节气门执行器提供电流;副节气门执行器接受电控单元的指令信号,控制副节气门的开启角度;液压调节装置接受电控单元的指令信号,控制各制动工作缸中的制动压力;故障报警灯指示系统装置是否工作正常,并可闪烁出故障码;空挡起动开关向防抱死制动和驱动防滑转电控单元提供变速手柄位置;液面高度、压力传感器和执行器控制调节系统油液量和压力。其中许多传感器和执行器可以与 ABS 系统共用。

3. 系统各部分的工作流程(见图 6-3)

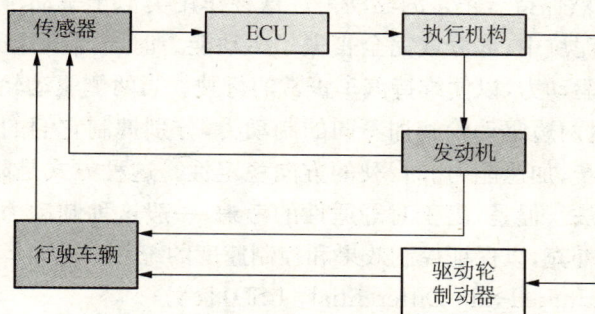

图 6-3　ASR 系统的工作流程图

车轮转速传感器将驱动轮和非驱动轮转速转变为电信号,输入给控制器,控制器根据这些信号计算出驱动轮的滑动率,当滑动率超出设定范围时,电子控制器便依据节气门开度信号。

发动机转速信号、转向盘转向信号等选定控制方式,然后向各执行器发出控制指令,最终将驱动轮的滑动率控制在目标范围内。

汽车上的 ASR 系统通常和 ABS 系统结合为一体,平时处于待命状态,不干预常规行驶,只有当驱动车轮滑转出现后才开始工作。当 ASR 系统出现故障时,以警示灯告知驾驶员,发动机和制动系统正常工作不受影响。

(二) ASR 的控制方式

为达到对汽车驱动轮运动状态的控制,汽车的驱动防滑转电子控制系统通常可以通过以下控制方式加以实现。

1. 发动机输出功率控制

当汽车起步、加速时,若加速踏板踩得过猛,时常会因驱动力超出轮胎和地面的附着极限,出现驱动轮短时间的滑转。这时,ASR 电子控制器将根据加速踏板行程大小发出控制指令既可通过发动机的副节气门驱动装置,适当调节节气门开度,也可以直接控制发动机 ECU,改变点火时刻或燃油喷射量,通过限制发动机功率输出,达到抑制驱动轮滑转的目的。

控制发动机输出转矩的方式有:控制点火时间、控制燃油供给量、控制节气门开度等。

(1) 控制点火时间(延迟点火控制)。减小汽油发动机的点火提前角或切断个别气缸的点火电流,均可微量降低发动机的输出转矩。

(2) 燃油喷射量控制(控制燃油供给量)。短时间减少或中断供油也可微量调节发动机的输出转矩,这种控制方法适用于未采用燃油喷射系统的汽油发动机或柴油发动机汽车。

(3) 辅助节气门控制(控制节气门开度)。调整节气门的开度可以控制进入气缸的进气量,从而能够显著改变发动机的输出转矩,现代汽车普遍采用这种控制方式。

2. 驱动轮制动控制

在单侧驱动轮打滑时,ASR 电子控制器将发出控制指令,通过制动系统的压力调节器,对产生滑转的车轮施加制动。随着滑转车轮被制动减速,其滑动率会逐渐下降。当滑动率降到预定范围之内以后,电子控制单元立即发出指令,减少或停止这种制动,其后,若车轮又开始滑转,则继续下一轮的控制,直至将驱动轮的滑动率控制在理想范围内。与此同时,另一侧力 F 滑转车轮仍然保持着正常的驱动力。这种作用类似于驱动桥差速器中的差速锁,即当一侧驱动轮陷入泥坑中,部分或完全丧失了驱动能力时,若制动该车轮,另一侧的驱动轮仍能够辨出足够的驱动力,以便维持汽车正常的行驶。当两侧驱动轮均出现滑转,但滑动率不同时,可以通过对两边驱动轮施加不同的制动力,分别抑制它们的滑转,从而可提高汽车在湿滑路面上的起步、加速能力和行驶的方向稳定性。这种方式是防止驱动轮滑转最迅速有效的一种控制方法。但是,出于对舒适性的考虑,一般这种制动力不可太大。因此,常常作为第一种方法的补充,以保证控制效果和控制速度的统一。

3. 防滑差速锁(Limited-Slip-Differential,LSD)控制

LSD 能对差速器锁止装置进行控制,使锁止范围从 0%～100%。当驱动轮单边滑转时,控制器输出控制信号,使差速锁和制动压力调节器动作,控制车轮的滑移率。这时非滑转车轮还有正常的驱动力,从而提高汽车在滑溜路面的起步、加速能力及行驶方向的稳定性。

(1) 控制原理:这是一种由电子控制的可锁止差速器,在差速器向车轮输出的离合器片上加压可以实现锁止功能。这种锁止方式可以使锁止程度由 0%～100%(锁止比)逐渐变化,即从无锁止状态变化到完全锁止状态。电子控制的差速器根据路面情况和控制指令(锁止比)把滑转控制在某一范围内。

(2) 控制方法:当路面两侧附着力系数差别较大时,低附着力系数差别较大时,低附着力系数一侧驱动轮发生滑转时,电子控制单元驱动锁止阀一定程度的锁止差速器,使高附着力系数一侧驱动轮的驱动力得以充分发挥。

4. 综合控制

为了达到更理想的控制效果,可采用上述各种控制相结合的控制系统。汽车在行驶过程中,路面湿滑程度各不相同,驱动力的状态也随时变化,综合控制系统将根据发动机工况和车轮滑转的实际情况采取相应的控制措施。如在发动机输出大转矩的状态下,车轮滑转的主要原因往往是因路面湿滑所致,采用对滑转车轮施加制动比较有效,而当发动机输出大功率时车轮滑转则以减小发动机输出功率的方法更有效。在更为复杂的工况下,借助综合控制的方式能够更好地达到控制驱动轮滑转的目的。

(三) ASR 与 ABS 的比较

1. ASR 和 ABS 的相同点

ASR 和 ABS 都是用来控制车轮相对路面的滑动,以使车轮与地面的附着力不下降;因此两系统采用的是相同的技术,它们密切相关,常结合在一起使用,共享许多电子组件和共

同的系统部件来控制车轮的运动,构成行驶安全系统。

2. ASR 系统与 ABS 系统的不同之处

(1) ABS 控制的是汽车制动时车轮的"拖滑",主要用来提高制动效果和确保制动安全;而 ASR 系统则是控制车轮的"滑转",用于提高汽车起步、加速及滑溜路面行驶时的牵引力和确保行驶稳定性。

(2) ABS 系统对所有车轮起作用,控制其滑移率;而 ASR 系统虽然也通过控制车轮的制动力来抑制车轮与地面的滑动,但只对驱动车轮起制动控制作用。

(3) ABS 是在制动时工作,在车轮出现抱死情况下起控制作用,在车速很低(小于 8 km/h)时不起作用;而 ASR 系统则是在整个行驶过程中都工作,在车轮出现滑转时起作用,当车速很高(80~120 km/h)时不起作用。

(四) ASR 的结构与工作原理

1. ASR 的工作原理

车速传感器将行驶汽车驱动车轮转速及非驱动车轮转速转变为电信号,输送给电控单元 ECU。ECU 根据车速传感器的信号计算驱动车轮的滑动率,若滑动率超限,控制器再综合考虑节气门开度信号、发动机转速信号、转向信号等因素确定控制方式,输出控制信号,使相应的执行器动作,使驱动车轮的滑动率控制在目标范围之内。

2. ASR 的输入元件

ASR 系统的传感器主要有车轮转速传感器和节气门开度传感器,车轮转速传感器与 ABS 系统共用,而节气门开度传感器则与发动机电子控制系统共用,其结构不再赘述。用于 ASR 系统的信号元件有以下几种:

1) 副节气门位置传感器

副节气门位置传感器安装在副节气门轴上,作用是将副节气门开度转换为电压信号,并把这一信号经发动机 ECU 发送至 ASR - ECU。

副节气门开启/关闭的动作是由 ASR - ECU 来操作的,但副节气门的开度信号却由发动机 ECU 感知。可知在 ASR 工作期间,两个 ECU 是一起协调工作的。

2) 主节气门怠速触点信号

ASR 要起作用,主节气门的怠速触点必须断开,也就是说加速踏板必须踩下,汽车处于加速状态。

3) 压力开关或压力传感器

压力开关或压力传感器安装在蓄压器或其油路中,如图 6 - 4 所示,它的作用是检测蓄压器中的压力,将这一消息发送至 ASR - ECU。点火开关打开后,ECU 控制 ASR 电动机工作,给蓄压器加压,直到储存的高压制动液压力恢复正常。

4) ASR 选择开关

ASR 选择开关是 ASR 系统专用的信号输入装置,如将 ASR 选择开关切断(处于 OFF 位置),

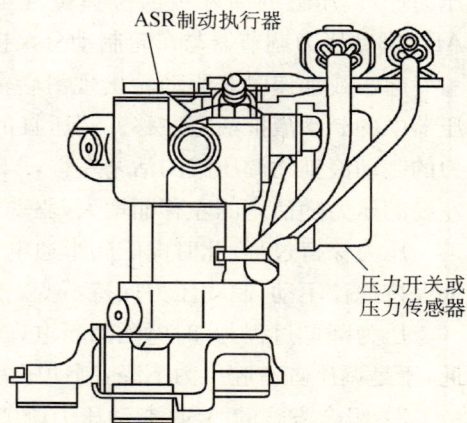

图 6 - 4 压力开关(或压力传感器)安装位置

(图中标注:ASR制动执行器；压力开关或压力传感器)

系统可以靠人为因素使系统退出工作状态,以便适应某些特殊的需要。如为了检查汽车传动系统或其他系统故障时,让系统停止工作,可以避免因驱动轮悬空,ASR对驱动轮施加制动而影响故障检查。

3. ASR系统的ECU

ASR电子控制器以微处理器为核心,配以输入、输出电路及电源电路等。为了减少电子元器件的数目,简化和紧凑结构,ASR控制器通常均与ABS控制器组合为一体,ASR-ECU的输入信号来自ABS-ECU、发动机控制ECU和几个选择控制开关等。根据上述输入信号,ASR-ECU通过计算后向制动器与发动机节气门发出工作指令,并通过指示灯显示当前的工作状态。一旦ASR-ECU检测到任何故障,则立即停止ASR调节,此时,车辆仍可以保持常规方式行驶,同时系统会将检测出的故障信息存入计算机的RAM,所诊断的故障码输出到多路显示ECU,并让报警指示灯闪烁。

4. ASR系统的执行机构

ASR制动压力调节器执行ASR控制器的指令,对滑转车轮施加制动力,并控制制动力的大小,以使驱动轮的滑移率处于目标范围内。高压储能器是ASR的制动压力源,而经过制动压力调节电磁间可以调节驱动轮制动压力的大小。ASR制动压力调节器有独立和组合两种结构型式,前者指ASR与ABS制动压力调节器彼此分立的结构型式,它比较适合将ASR作为选装系统的车辆,布置较灵活,但结构不紧凑,连接点较多,易泄漏。后者是将两套压力调节装置合二为一的结构型式,特点与独立式结构相反。

1) 单独方式ASR制动压力调节器

与ABS制动压力调节器在结构上各自分开,型式如图6-5所示。由两个调压缸、两个三位三通电磁阀、一个高压蓄压器、一个增压泵、一个压力控制开关和储液器等组成。

ASR-ECU通过电磁阀的控制实现对驱动轮制动力的控制。

控制过程:

在驱动车轮出现滑转时,ASR-ECU通过对电磁阀的控制,实现对驱动轮制动力的控制,将车轮的滑动率控制在目标范围内。

正常制动时,ASR不起作用,电磁阀不通电,阀在左位,调压缸的右腔与储液室相通而压力低,调压缸的活塞被回位弹簧推至右边极限位置。调压缸活塞左端中央的通液孔将ABS制动压力调节器与车轮制动分泵接通;此时对ABS无影响。

起步或加速时若驱动轮出现滑转需要实施制动时,ASR使电磁阀通电,阀至右位。蓄压器中的制动液推活塞左移。调压缸的右腔与储液室隔断而与蓄能器接通,蓄能器具有压力的制动液推动调压缸的活塞左移,ABS制动压力调节器与车轮分泵的通道被切断,调压缸左腔的压力随活塞的左移而增大,驱动轮制动分泵的制动压力上升。

压力保持过程:此时电磁阀半通电,阀在中位,调压缸与储液室和蓄压器都隔断,于是活塞保持原位不动,制动压力保持不变。

压力降低过程:此时电磁阀断电,阀回左位,使调压腔右腔与蓄压器隔断而与储液室接通,于是调压缸右腔压力下降,制动压力下降。

2) 组合方式的ASR制动压力调节器(见图6-6)

组成:三位三通电磁阀Ⅰ、蓄压器、增压泵、压力控制开关和单向阀等。

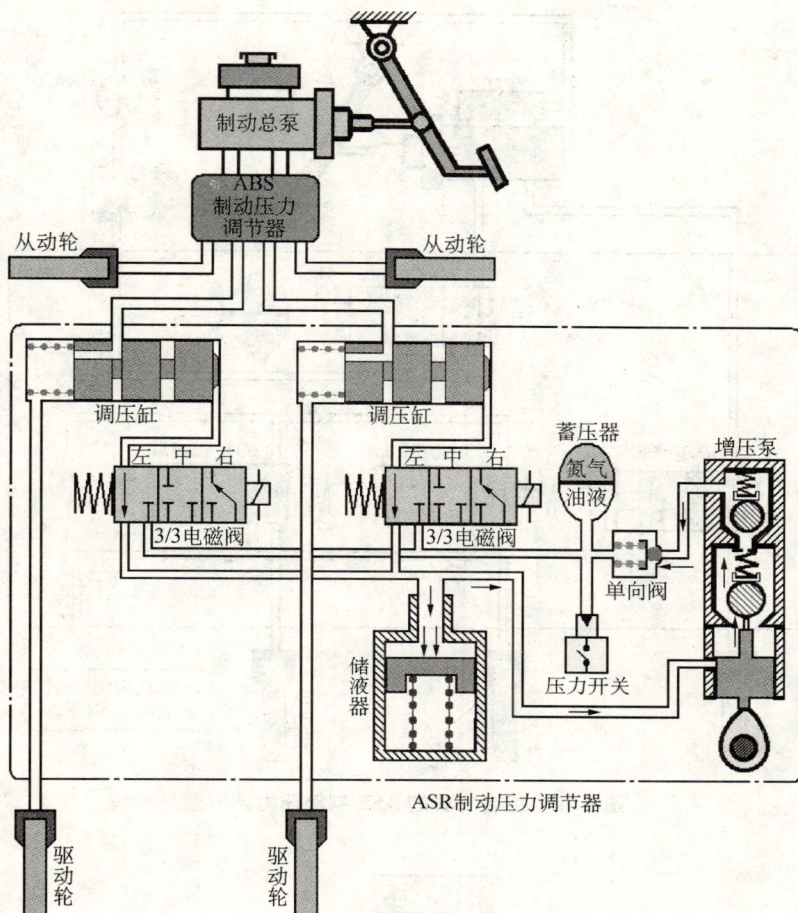

图 6‑5　单独方式 ASR 制动压力调节器

控制过程：

　　ASR 不起作用时,电磁阀Ⅰ不通电,ABS 起制动作用并通过电磁阀Ⅱ和电磁阀Ⅲ来调节制动压力。

　　驱动轮滑转时,ASR 控制器使电磁阀Ⅰ通电,阀移至右位,电磁阀Ⅱ和电磁阀Ⅲ不通电,阀仍在左位,于是,蓄压器的压力油通入驱动轮制动泵,制动压力增大。

　　需要保持驱动轮制动压力时,ASR 控制器使电磁阀Ⅰ半通电,阀至中位,隔断蓄压器及制动总泵的通路,驱动轮制动分泵压力保持不变。

　　需要减小驱动轮制动压力时,ASR 控制器使电磁阀Ⅱ和电磁阀Ⅲ通电,阀移至右位,接通驱动车轮制动分泵与储液室的通道,制动压力下降。

　　如果需要对左右驱动轮的制动压力实施不同的控制,ASR 控制器则分别对电磁阀Ⅱ和电磁阀Ⅲ实行不同的控制。

　　3）副节气门执行器

　　ASR 控制系统通过改变发动机辅助节气门的开度来控制发动机的输出功率。如图 6‑7 所示。

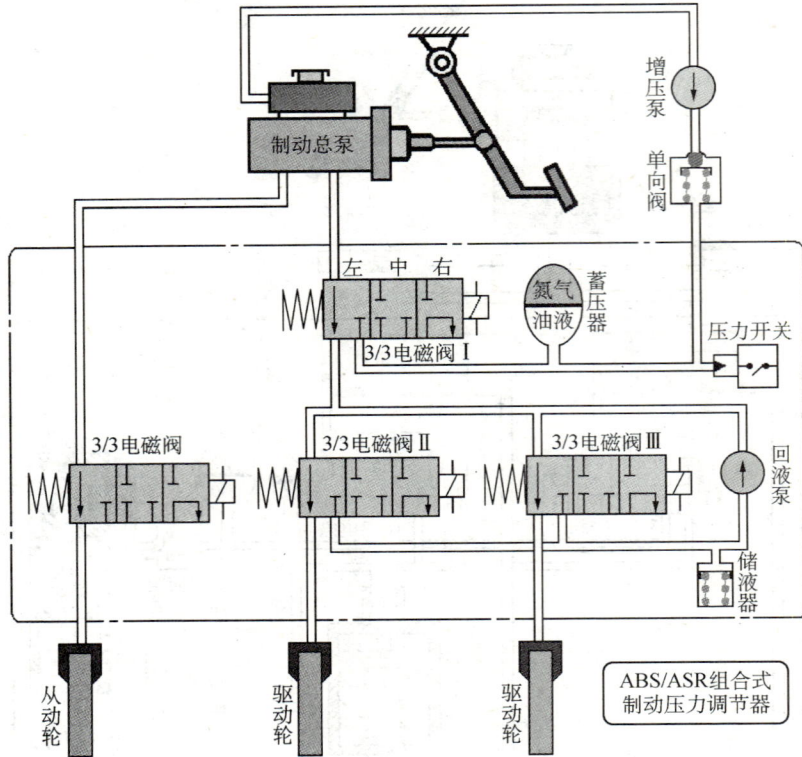

图 6 - 6　组合方式的 ASR 制动压力调节器

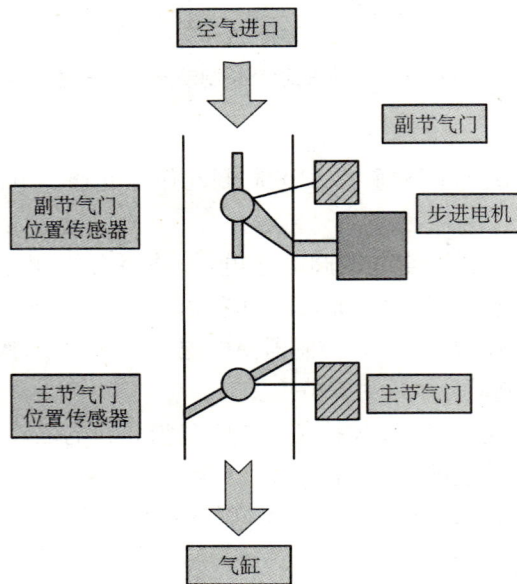

图 6 - 7　辅助节气门进行防滑控制的示意图

节气门驱动装置由步进电机和传动机构组成。步进电机根据 ASR 控制器输出的控制脉冲转动规定的转角,通过传动机构带动辅助节气门转动。控制过程如下:

ASR 不起作用时,辅助节气门处于全开位置,当需要减少发动机驱动力来控制车轮滑转时,ASR 控制器输出信号使辅助节气门驱动机构工作,改变辅助节气门开度。

(五) 电控 ASR 系统故障检修步骤

1. 初步检查

在 ABS/ASR 系统出现故障而不能正常工作时,首先应进行初步检查。检查内容如下:

(1) 检查蓄电池的电压和容量是否在规定范围内,蓄电池正、负极柱的导线连接是否牢固可靠。如图 6-8 所示为用 VTA-40 进行容量检测的连接法。

(2) 检查与电控系统相接的熔断器和继电器是否正常,插接是否牢固。

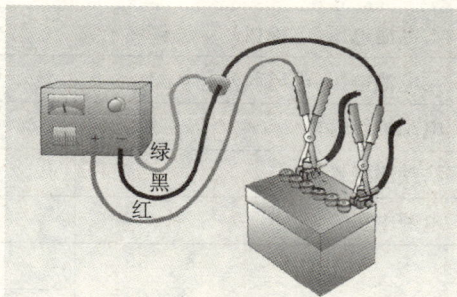

图 6-8 用 VTA-40 进行容量检测的连接法

(3) 检查驻车制动是否完全释放。

(4) 检查制动主缸液面高度是否符合规定。

(5) 检查电控单元的插脚与插座是否有松动或接触不良现象。

(6) 检查下列导线和连接器连接和接触是否良好:

① 液压调节器上的电磁阀连接器。

② 液压调节器主控制阀连接器。

③ 压力警告开关和压力控制开关的连接器。

④ 制动液面高度指示开关的连接器。

⑤ 所有车轮速度传感器的连接器;对于四轮驱动汽车还有横向加速传感器连接器。

⑥ 电动油泵连接器。

(7) 检查电控单元、液压控制装置的搭铁端是否良好。

(8) 检查汽车轮胎花纹深度是否符合规定。

通过初步检查不能确定装置故障,需进行其他诊断和检查。

2. 系统故障自诊断

现代汽车电控系统都有故障自诊断功能,可以把系统电控装置出现的故障用故障码的形式存储在电控单元的存储器中,维修人员可以通过仪表板上的故障指示灯、专用的检测设备或其他方法把故障码调出,以确定故障的原因和部位。

3. 系统各装置的测试、检修

当根据故障码确定故障部位后,或出现故障自诊断系统并不能检测出的故障时,需要维修人员使用专用万用表和其他检测设备进行各部件的电阻、电压等参数的检测,以确定故障的最终部位和原因。

(六) 电控 ASR 系统故障检修

下面以桑塔纳 2000GSi 轿车为例介绍 ASR 系统故障的检修。

1. 电控装置的检修

桑塔纳 2000GSi ABS 系统电控装置的检查内容如下表所示,如果检测结果与标准值不相符合,则需要修理或更换相关部件,如表 6-2 所示。

表 6-2   桑塔纳 2000GSi ABS 系统故障检测表

检查项目	点火开关位置	端子	标准值
蓄电池电压(电动机)	OFF	25—8	10.1～14.5 V
蓄电池电压(电磁阀)	OFF	9—24	10.1～14.5 V
电源绝缘性能	OFF	8—23	0～0.5 V
搭铁绝缘性能	OFF	8—24	0～0.5 V
电源电压	ON	8—23	10.0～14.5 V
ABS 故障警示灯	OFF	ECU 未连接	警示灯熄灭
	ON		警示灯亮
	OFF	连接 ECU	警示灯熄灭
	ON		警示灯亮约 1.7 s 后熄灭
制动灯开关功能(踏板未踩下)	ON	8—12	0～0.5 V
制动灯开关功能(踏板踩下)	ON	8—12	10.0～14.5 V
诊断接头	OFF	K—13	0～0.5 Ω
左前轮转速传感器电阻值	OFF	11—4	1.0～1.3 kΩ
右前轮转速传感器电阻值	OFF	18—3	1.0～1.3 kΩ
左后轮转速传感器电阻值	OFF	2—10	1.0～1.3 kΩ
右后轮转速传感器电阻值	OFF	1—17	1.0～1.3 kΩ
左前轮转速传感器输出电压	OFF	11—4	3.4～14.8 mV
右前轮转速传感器输出电压	OFF	18—3	3.4～14.8 mV
左后轮转速传感器输出电压	OFF	2—10	>12.2 mV
右后轮转速传感器输出电压	OFF	1—17	>12.2 mV
传感器输出电压比	(最高峰值电压/最低峰值电压)≤2		
车型识别	OFF	6—22	0～1.0 Ω

2. 压力开关的检修

进行本项检测时,应断开点火开关,并将线束插头插接到电控单元插座上。

(1)制动系统泄压:踩下、放松制动踏板 25 次以上,使系统中的液压降低。

(2)从压力开关上拆下电缆插头。

(3)用欧姆表测量插座上各端子间的电阻值。端子 3 与 5 之间的电阻应为无穷大;端子 1 与 4 之间的电阻应为 0 Ω。否则,更换压力开关。

（4）将压力开关配线插头接到插座上，关闭点火开关，油泵会工作，待油泵停止后，再断开点火开关。

（5）按步骤（3）的方法，检测三处的电阻值。端子 3 与 5 电阻应为 0 Ω；端子 1 与 4，端子 1 与 2 之间的电阻应为无穷大。否则，更换压力开关。

（6）闭合点开关，拆下压力开关配线插头。用电压表测试插头各端子与地之间的电压值，电压表负极表笔搭铁。端子 1 与地，端子 3 与地之间的电压应为 0 V；端子 2 与地，端子 4 与地之间的电压应为蓄电池电压；端子 5 与地之间的电压应在 4 V 以上。如果正极表笔与端子 5 搭接时电压表读数是 0 V，表明电控单元已判定 ABS 系统存在故障。当 ABS 系统正常时，闭合点火开关，控制器将向端子 5 供给蓄电池电压，而系统存在故障时不再供给蓄电池电压。

（7）断开点火开关，测试端子 1 与地之间的电阻值，欧姆表读数应为 0 Ω，否则表明压力开关配线接地不良，应检修。

3. 液位开关检测

检查主缸储液罐的制动液量。然后进行下述检测：

（1）断开点火开关，给制动系泄压。

（2）从液位开关配线插座上拆下配线插头。使用欧姆表在插座上测量两端子之间的电阻值。将液位开关浸入制动液时，欧姆表读数为无穷大；将液位开关移出制动液时，欧姆表读数还为无穷大。否则应更换液位开关。

（3）闭合点火开关，解除驻车制动，用电压表测试配线插头。端子 1 与地之间的电压应为 4 V；端子 2 与地之间电压应为 0 V。如电压不正常，则表明配线发生断路现象应更换。

4. 主继电器检测

（1）将点火开关断开。

（2）在保持主继电器线束插头与主继电器插接的情况下，将测试灯的线夹搭铁，将测试灯的探头从主继电器线束插头后部与其端子 1 搭接。

（3）接通点火开关，主继电器应当发出"咔嗒"声，测试灯也应点亮。

（4）将点火开关断开。

（5）仍然保持主继电器线束插头与主继电器插接。将欧姆表的一个表笔搭铁，将另一个表笔搭接在主继电器插头中的端子 1，将点火开关断开，主继电器将处于非激励状态，端子 1 应该接地，欧姆表的读数应该是 0 Ω。

（6）将点火开关接通。

（7）仍然保持线束接头与主继电器插接，将电压表的负极表笔搭铁，将电压表的正极表笔分别与继电器的 5 个端子搭接。

（8）断开点火开关，将欧姆表的一个表笔搭铁，另一个表笔分别搭接在线束插头端子 3 和 2，由于这两个端子都应该接地，因此欧姆表的读数应该是 0 Ω。

5. 电磁阀密封性的检测

对各车轮电磁阀密封性的检查如表 6 - 3 所示，如结构与标准值不符，则应进行更换。

表 6-3　电磁阀密封性的检测

检查项目	点火开关位置	操作	标准值	备　注
左前轮进油阀及出油阀的密封性	ON	踩踏板	左前轮无法转动时,踏板不下沉	出油阀检查
	ON（两阀和液压泵同时通电）	踩踏板	左前轮可自由转动时,踏板不下沉	进油阀检查
右前轮进油阀及出油阀的密封性	ON	踩踏板	右前轮可自由转动时,踏板不下沉	出油阀检查
	ON（两阀和液压泵同时通电）	踩踏板	右前轮可自由转动时,踏板不下沉	进油阀检查
左后轮进油阀及出油阀的密封性	ON	踩踏板	左后轮无法转动时,踏板不下沉	出油阀检查
	ON（两阀和液压泵同时通电）	踩踏板	左后轮可自由转动时,踏板不下沉	进油阀检查
右后轮进油阀及出油阀的密封性	ON	踩踏板	右后轮无法转动时,踏板不下沉	出油阀检查
	ON（两阀和液压泵同时通电）	踩踏板	右后轮可自由转动时,踏板不下沉	进油阀检查

三、制订检修计划

制订 ASR 系统检修计划如表 6-4 所示。

表 6-4　制订检修计划

1. 了解 ASR 正确的使用方法 2. 查阅相关使用技巧与安全事项 3. 了解 ASR 系统的结构、功能等 4. 日常维护作业规范	
一辆 2007 款上海大众帕萨特汽车在正常行驶过程中仪表板上的 ASR 灯突然亮起(按 ASR 开关无效,只有关闭点火开关重新启动发动机后,ASR 灯才能恢复正常),进入维修厂进行维修。查阅车辆 ASR 类型信息描述、ASR 功能、ASR 结构组成等,制订检修计划	
1. ASR 类型信息描述	车辆描述	
	ASR 控制方式描述	
2. ASR 工作原理描述	

续 表

3. ASR 结构描述	 基本构成：_____ _____
4. ASR 系统的执行机构描述	 副节气门工作过程：_____ _____ 制动压力调节器工作过程：_____ _____ _____ _____
5. ASR 检修计划	➢ ASR 系统初步检查 ➢ ASR 系统自诊断 ➢ ASR 系统各部件的测试与检修

四、实施维修作业

根据 ASR 检修作业计划实施检修，如表 6−5 所示。

表 6−5　实施维修作业

对 ASR 系统进行检修			
1. 了解 ASR 维修安全事项 2. 会正确对 ASR 系统故障进行诊断和排除			
1. 车辆信息描述	车辆描述		
	车辆 ASR 类型描述		
2. 汽车 ASR 故障维修描述			
	检修项目	作业要领	检查记录
3. ASR系统检修	ASR 系统初步检查	(1) 检查蓄电池的电压和容量是否在规定范围内，蓄电池正、负极柱的导线连接是否牢固可靠 (2) 检查与电控系统相接的熔断器和继电器是否正常，插接是否牢固 (3) 检查驻车制动是否完全释放 (4) 检查制动主缸液面高度是否符合规定 (5) 检查电控单元的插脚与插座是否有松动或接触不良现象	1. 蓄电池电压：＿＿＿＿ 　　导线是否可靠：＿＿＿＿ 2. 熔断器和继电器是否正常：＿＿＿＿ 3. 驻车制动是否完全释放：＿＿＿＿ 4. 制动主缸液面高度是否符合规定：＿＿＿＿ 5. ECU 的插脚与插座是否有松动或接触不良：＿＿＿＿
	ASR 系统自诊断	通过仪表板上的故障指示灯、专用的检测设备或其他方法把故障码调出，以确定故障的原因和部位	有无故障码：＿＿＿＿ 若有，故障是：＿＿＿＿ ＿＿＿＿＿＿＿＿＿＿＿ ＿＿＿＿＿＿＿＿＿＿＿
	ASR 系统各部件的测试与检修	根据故障码确定故障部位，使用专用万用表和其他检测设备进行各部件的电阻、电压等参数的检测，以确定故障的最终部位和原因	
		检修输入信号元件	轮速传感器	左前轮：＿＿＿＿Ω
			右前轮：＿＿＿＿Ω
			左后轮：＿＿＿＿Ω
			右后轮：＿＿＿＿Ω
			制动开关	是否正常：＿＿＿＿
			ASR 控制开关	是否正常：＿＿＿＿
		检修输出执行元件	进油阀	是否正常：＿＿＿＿
			继电器	是否正常：＿＿＿＿
			油泵	是否正常：＿＿＿＿
诊断结论			

五、检验评估

（1）检查训练任务：真实、完整、有效。

（2）按各学习活动进行自评或互评。

检验评估如表 6-6 所示。

表 6-6　检验评估

评价指标	检验说明	检验记录
检修项目	➤ ASR 系统初步检查 ➤ ASR 系统自诊断 ➤ ASR 系统各部件的测试与检修	
汽车 ASR 系统运行情况		

评价内容	检验指标	权重	自评	互评	总评
检查任务完成情况	1. 完成任务过程情况				
	2. 任务完成质量				
	3. 在小组完成任务过程中所起作用				
专业知识	1. 能描述 ASR 系统的组成				
	2. 能描述 ASR 系统的功能				
	3. 会描述 ASR 系统检修作业范围				
	4. 会描述 ASR 系统检修作业安全事项				
职业素养	1. 学习态度：积极主动参与学习				
	2. 团队合作：与小组成员一起分工合作，不影响学习进度				
	3. 现场管理：服从工位安排、执行实训室"5S"管理规定				
综合评议与建议					

项目拓展

想一想：

ASR 故障指示灯偶尔点亮是否正常？

练 习

1. ASR 的作用是＿＿＿＿＿＿＿＿＿＿＿＿＿＿＿＿＿＿＿＿＿＿＿＿＿＿＿＿＿

＿＿＿＿＿＿＿＿＿＿＿＿＿＿＿＿＿＿＿＿＿＿＿＿＿＿＿＿＿＿＿＿＿＿＿＿。

2. ASR 系统主要由＿＿＿＿＿＿、＿＿＿＿＿＿和＿＿＿＿＿＿＿组成。

3. 防滑转控制的方式有＿＿＿＿＿＿＿＿＿、＿＿＿＿＿＿＿、＿＿＿＿＿和

＿＿＿＿＿＿＿＿等。

4. ASR 与 ABS 比较有何异同点?

＿＿＿＿＿＿＿＿＿＿＿＿＿＿＿＿＿＿＿＿＿＿＿＿＿＿＿＿＿＿＿＿＿＿＿＿＿

＿＿＿＿＿＿＿＿＿＿＿＿＿＿＿＿＿＿＿＿＿＿＿＿＿＿＿＿＿＿＿＿＿＿＿＿＿

＿＿＿＿＿＿＿＿＿＿＿＿＿＿＿＿＿＿＿＿＿＿＿＿＿＿＿＿＿＿＿＿＿＿＿＿＿

5. ASR 的信号输入元件有哪些?

＿＿＿＿＿＿＿＿＿＿＿＿＿＿＿＿＿＿＿＿＿＿＿＿＿＿＿＿＿＿＿＿＿＿＿＿＿

＿＿＿＿＿＿＿＿＿＿＿＿＿＿＿＿＿＿＿＿＿＿＿＿＿＿＿＿＿＿＿＿＿＿＿＿＿

＿＿＿＿＿＿＿＿＿＿＿＿＿＿＿＿＿＿＿＿＿＿＿＿＿＿＿＿＿＿＿＿＿＿＿＿＿

任务 6.2   诊断与排除 ESP 系统故障

一、维修接待

一辆奥迪 A4 汽车在正常行驶过程中车身突然出现抖动,车速减慢,仪表板上的 ESP 灯突然亮起(按 ESP 开关无效,只有关闭点火开关重新起动发动机后,ESP 灯才能恢复正常),进入维修厂进行检修,现进行维修接待,并填写接车问诊表,如图 6-7 所示。

表 6-7   维修接待与接车问诊表

1. 通过询问客户了解车辆 ESP 系统出现的异常情况,填写接车问诊表
2. 车间检测初步确认结果:需进行常规检查

接 车 问 诊 表

车牌号:＿＿＿＿＿   车架号:＿＿＿＿＿＿＿＿   行驶里程:＿＿＿＿＿(km)

用户名:＿＿＿＿＿   电话:＿＿＿＿＿＿＿＿＿   来店时间:＿＿＿/＿＿＿＿

用户陈述及故障发生时的状况:
故障发生状况提示:**行驶速度、发动机状态、发生频度、发生时间、部位、天气、路面状况、声音描述**
接车员检测确认建议:**需对 ESP 系统进行综合检修**
车间检测确认结果及主要故障零部件:**需对 ESP 系统进行综合检修,必要时还需更换相关部件**
车间检查确认者:＿＿＿＿＿＿＿＿＿

续　表

外观确认：

（请在有缺陷部位作标识）

功能确认：（工作正常√　不正常×）
□音响系统　　□门锁（防盗器）　　□全车灯光
□工具　　　　□后视镜　　　　　□天窗　　□座椅
□点烟器　　　□玻璃升降器　　　　□玻璃

物品确认：（有√　无×）

□贵重物品提示
□工具　　□备胎　　□灭火器
□其他（　　　　　　　　　　）
旧件是否交还用户　　□是　　□否
用户是否需要洗车　　□是　　□否

F

E

● 检测费说明：本次检测的故障如用户在本店维修，检测费包含在修理费用内；如用户不在本店维修，请您支付检测费。本次检测费：¥　　　　　元。
● 贵重物品：在将车辆交给我店检查修理前，已提示将车内贵重物品自行收起并保存好，如有遗失恕不负责。

接车员：_____　　　　用户确认：_____

二、信息收集与处理

（一）ESP 系统概述

1. 概述

汽车电子稳定程序控制系统，英文缩写为 ESP（Electronic Stability Program）。从名字来看，与其说 ESP 是一套系统，倒不如说它是一组程序。ESP 以 ABS 防抱死制动系统为基础，通过外围的传感器收集方向盘的转动角度、侧向加速度等信息，这些信息经过微处理器加工，再由液压调节器向车轮制动器发出制动指令，来实现对侧滑的纠正。因此，ESP 整合了 ABS 和 ASR 牵引力控制系统，不仅能防止车轮在制动时抱死和启动时打滑，还能防止车辆侧滑。

2. 基本理论知识

驾驶员的错误操作往往会导致发生道路交通事故。高速行驶的车辆在遇到外部意外情况时（如汽车前方突然出现障碍物等），将使汽车处于危险境界，这就无法保证汽车的安全性。

施加在汽车上的横向加速度作用力对驾驶员的操作提出了更高的要求。

好的稳定性取决于汽车能否沿着车道行驶（即汽车转向角的变化尽可能与车道一致）和汽车在转向时能否稳定而不滑移。转向时汽车的操纵稳定性至关重要。

下面让我们分析一下汽车轮胎所受到的力和力矩，如图 6-9 所示：

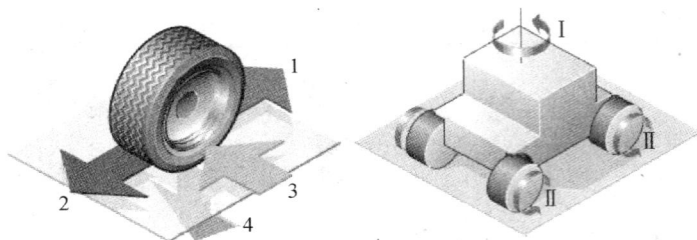

图 6-9　作用在车上的力与力矩

1—驱动力；2—克服驱动力的制动力；3—保持车辆转向性能的侧向力；
4—由摩擦力和重力产生的附着力　Ⅰ—偏转力矩；Ⅱ—车轮转矩及惯性矩

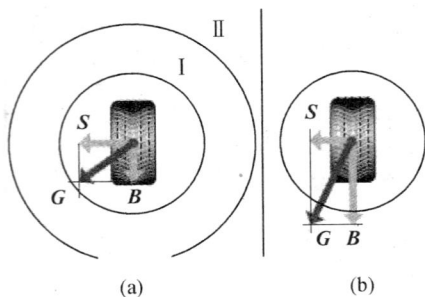

图 6-10　摩擦圆原理示意图

1）作用在车上的力与力矩

除重力外,作用在车上的力和力矩有:驱动力 1、克服驱动力的制动力 2、保持车辆转向性能的侧向力 3、由摩擦力和重力产生的附着力 4、偏转力矩Ⅰ(该力矩试图使车沿垂直轴线转动)、车轮转矩及惯性矩Ⅱ(该力矩试图使车保持原来的运动方向)、其他的力(如空气阻力)。

用摩擦圆能清楚地说明这几个力共同作用的情况。这个摩擦圆的半径大小由路面与轮胎之间的附着力决定,即附着力小,半径就小,如图 6-10(a)的Ⅰ所示;附着力大,半径就大,如图 6-10(a)所示。

2）作用在车上这些力之间的关系

如图 6-11 所示,作用在车上的力变化,可导致车有不同运动状态。如果制动力和侧向力的合力处于圆内,如图 6-11(a)所示,这时车辆可自由转向。制动力增大时,侧向力就变小了,如图 6-11(b)所示。

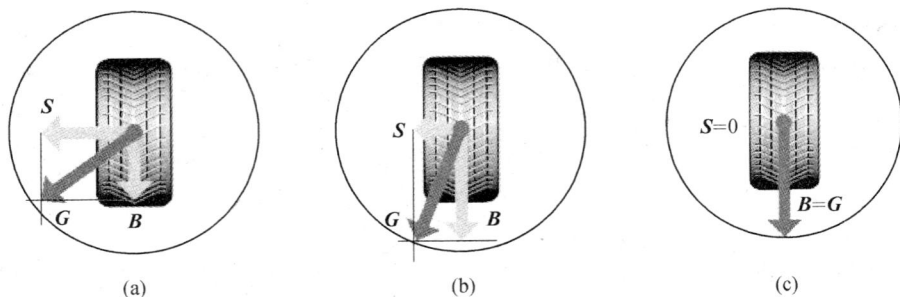

图 6-11　作用在车上的力之间的关系

(二) ESP 的作用

ESP 综合了 ABS 和 ASR 两大系统,功能更强大。

ESP 可以使车辆在各种状况下保持最佳的稳定性,尤其在转向过度或转向不足的情形下效果更加明显。

1. ESP 系统有以下三个特点

（1）实时监控：ESP 是一个实时监控系统，它每时每刻都在处理监控驾驶者的操控、路面反应、汽车运动状态，并不断向发动机和制动系统发出指令。

（2）主动干预：ABS 等产品在起作用时，系统对驾驶者的动作起干预作用，但它不能调控发动机，而 ESP 则是主动调控发动机的转速并可调整每个轮子的驱动力和制动力，以修正汽车的过度转向和转向不足。

（3）事先提醒：ESP 还有一个实时警示功能，当驾驶者操作不当和路面异常时，它会用警告灯警示驾驶者。在三个系统的共同作用下，最大限度地保证汽车不跑偏、不甩尾、不侧翻和方向盘在任何状态下能操纵自如。

2. ESP 的作用在以下三种工况体现出来

（1）在多变的路面上行驶（如图 6-12 所示）。

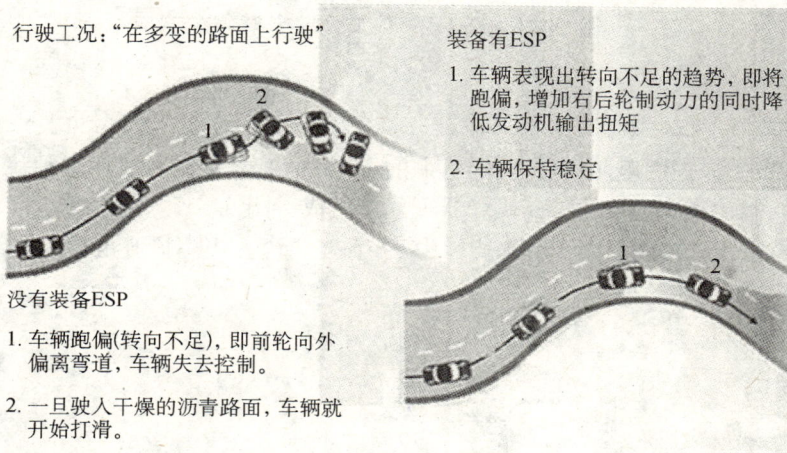

行驶工况："在多变的路面上行驶"

没有装备ESP
1. 车辆跑偏（转向不足），即前轮向外偏离弯道，车辆失去控制。
2. 一旦驶入干燥的沥青路面，车辆就开始打滑。

装备有ESP
1. 车辆表现出转向不足的趋势，即将跑偏，增加右后轮制动力的同时降低发动机输出扭矩
2. 车辆保持稳定

图 6-12　ESP 的行使工况：在多变的路面上行驶

（2）驾驶员转弯过快（如图 6-13 所示）。

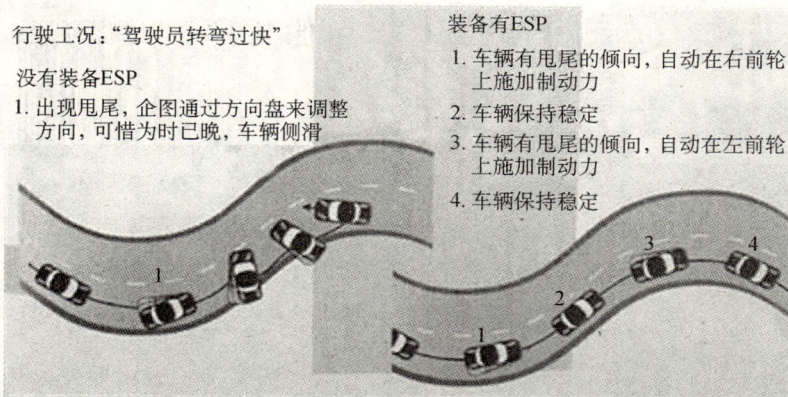

行驶工况："驾驶员转弯过快"

没有装备ESP
1. 出现甩尾，企图通过方向盘来调整方向，可惜为时已晚，车辆侧滑

装备有ESP
1. 车辆有甩尾的倾向，自动在右前轮上施加制动力
2. 车辆保持稳定
3. 车辆有甩尾的倾向，自动在左前轮上施加制动力
4. 车辆保持稳定

图 6-13　ESP 的行使工况：驾驶员转弯过快

（3）避让障碍物（如图 6-14 所示）。

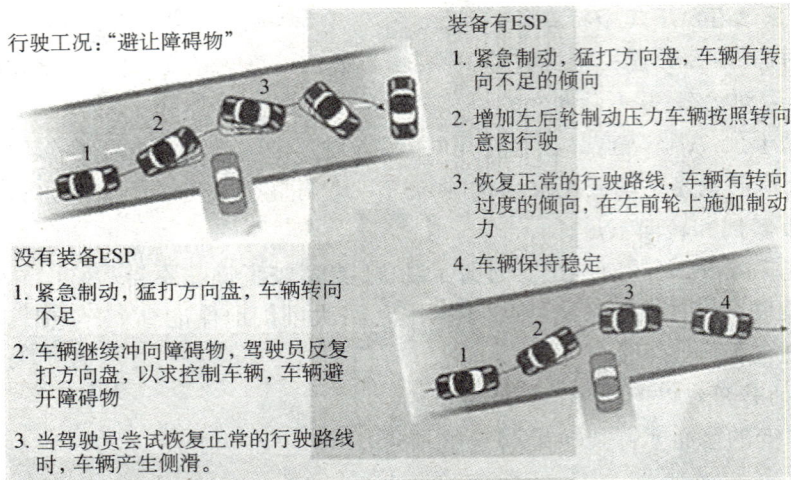

行驶工况:"避让障碍物"

没有装备ESP

1. 紧急制动,猛打方向盘,车辆转向不足

2. 车辆继续冲向障碍物,驾驶员反复打方向盘,以求控制车辆,车辆避开障碍物

3. 当驾驶员尝试恢复正常的行驶路线时,车辆产生侧滑。

装备有ESP

1. 紧急制动,猛打方向盘,车辆有转向不足的倾向

2. 增加左右后轮制动压力车辆按照转向意图行驶

3. 恢复正常的行驶路线,车辆有转向过度的倾向,在左前轮上施加制动力

4. 车辆保持稳定

图 6 - 14　ESP 的行使工况:避让障碍物

(三) ESP 的组成

ESP 是建立在 ASR 系统之上的一个非独立的系统。系统的大部分元件与 ASR 系统共用。ESP 系统由中央控制单元(ECU)及转向角传感器、轮速传感器、侧向加速度传感器、横摆角速度传感器、制动液压力传感器和执行器等部件组成。图 6 - 15 所示为奥迪 A4 轿车 ABS/ASR/ESP 电控系统结构图。图 6 - 16 所示为 A4 轿车 ABS/ASR/ESP 电控系统部件位置图。

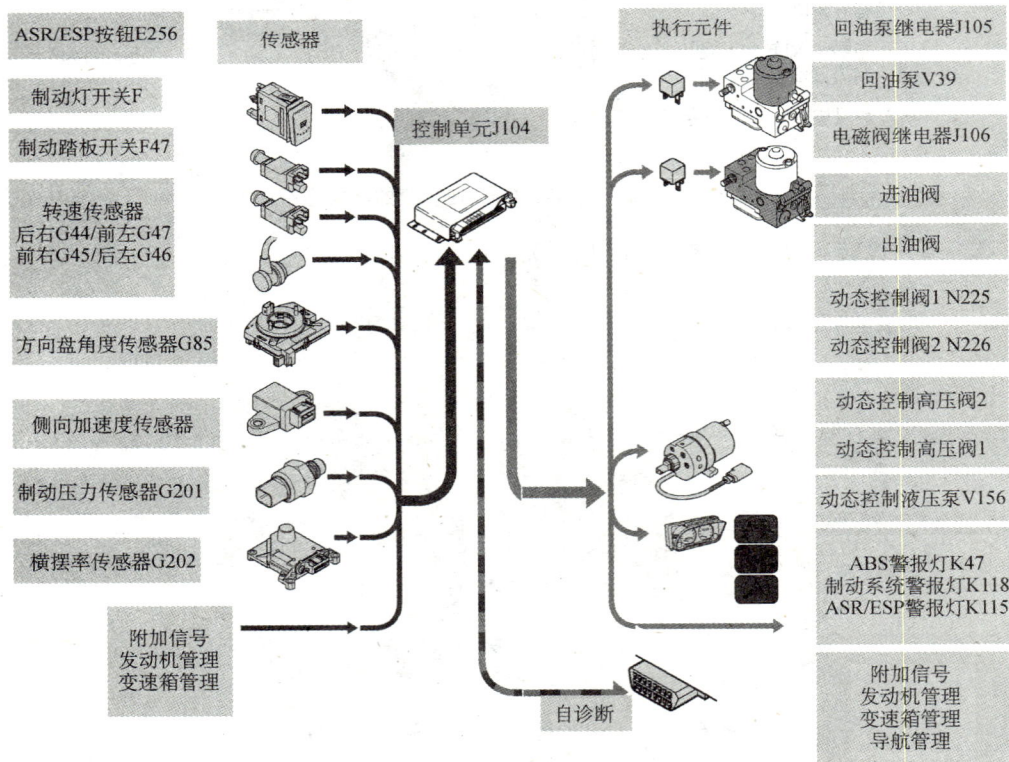

ASR/ESP按钮E256

制动灯开关F

制动踏板开关F47

转速传感器
后右G44/前左G47
前右G45/后左G46

方向盘角度传感器G85

侧向加速度传感器

制动压力传感器G201

横摆率传感器G202

附加信号
发动机管理
变速箱管理

传感器

控制单元J104

执行元件

自诊断

回油泵继电器J105

回油泵V39

电磁阀继电器J106

进油阀

出油阀

动态控制阀1 N225

动态控制阀2 N226

动态控制高压阀2

动态控制高压阀1

动态控制液压泵V156

ABS警报灯K47
制动系统警报灯K118
ASR/ESP警报灯K115

附加信号
发动机管理
变速箱管理
导航管理

图 6 - 15　奥迪 A4 轿车 ABS/ASR/ESP 电控系统结构图

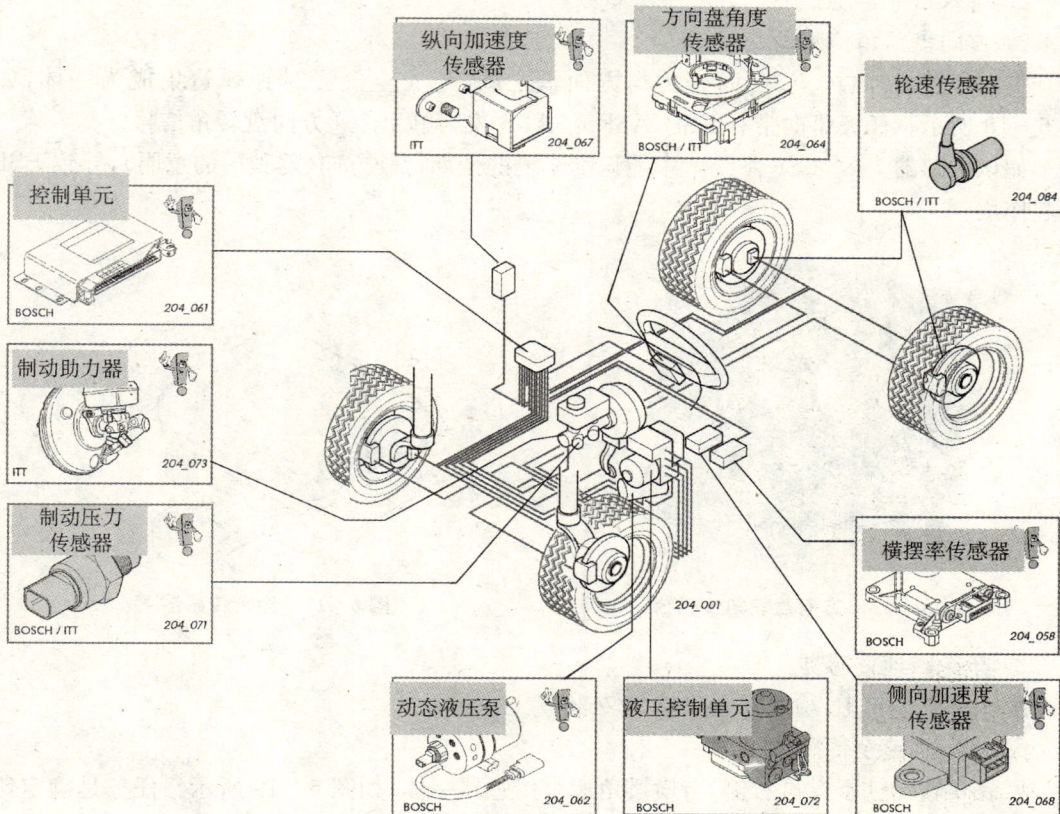

图 6-16 A4 轿车 ABS/ASR/ESP 电控系统部件位置图

1. ABS/ASR/ESP 电控单元[见图 6-17(a)]

结构和功能:为保障系统的可靠性,在系统中有两个处理器,两个处理器用同样的软件处理信号数据,并相互监控比较。

信号中断影响:控制单元出现故障,驾驶者仍可做一般的制动操作,但 ABS/EBS/ASR/ESP 功能失效。

自诊断:(1)控制单元故障;(2)供电电压故障。

电路:如图 6-17(b)所示。

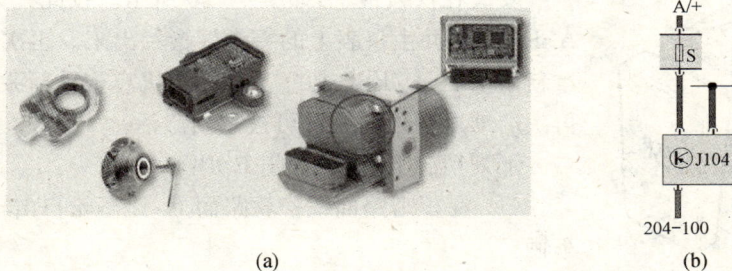

(a)

(b)

图 6-17 ESP 的 ECU

2. 输入信号单元

1）方向盘转角传感器

安装位置：转向柱上，转向开关与方向盘之间，与安全气囊时钟弹簧集成为一体，如图 6-18 所示。任务是向带有 ESP/ASR 的 ABS 控制单元传递方向盘转角信号。

如该传感器失效，ESP 系统就不能识别车辆的预期行驶方向（驾驶员的意愿），导致 ESP 不起作用。

图 6-18　方向盘转角传感器

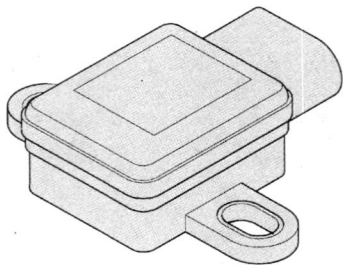

图 6-19　组合传感器

2）车轮转速传感器

装在每个车轮上，检测每个车轮的转速。

3）侧向加速度传感器

安装在转向柱下方偏右侧，与横摆角速度传感器一体，如图 6-19 所示。任务是确定侧向力。如该传感器失效，ESP 系统就不能识别车辆状态，ESP 失效。

4）横摆角速度传感器

安装在转向柱下方偏右侧，与侧向加速度传感器一体，如图 6-19 所示。任务是感知作用在车辆上的扭矩，识别车辆围绕垂直于地面轴线方向的旋转运动。

如该传感器失效，ESP 系统就不能识别车辆是否发生转向，ESP 功能失效。

5）制动液压力传感器

安装位在主缸上，作用是检测驾驶员进行制动操作时制动液压力的变化，如该传感器失效，ESP 系统就不能识别制动液压力，导致 ESP 系统不起作用。

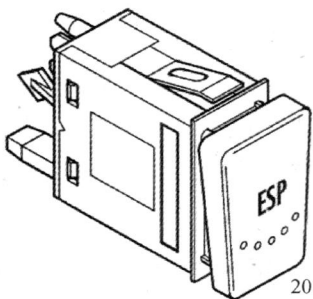

图 6-20　ASR/ESP 开关

6）ASR/ESP 开关

安装在仪表板上，如图 6-20 所示。按此开关可关闭 ESP/ASR 功能，并由仪表上的警告灯指示出来。再次按压此开关可重新激活 ASR/ESP 功能。如果司机忘记重新激活 ASR/ESP，再次启动发动机后系统可被重新激活。

下列情况下，需要关闭 ESP：

（1）在积雪路面或松软路面上，让车轮自由转动，前后移动车辆。

（2）安装了防滑链的车辆。

（3）在测功机上检测车辆。

ESP 正在工作时,系统将无法被关闭。ESP 开关失效,ESP 将不起作用。

3. 输出执行元件

1) 节气门体

装在发动机进气通道上,在 ESP 起作用期间调节发动机输出功率,由节气门体上的节气门电动机来控制发动机节气门的开度。

2) ABS、ASR&ESP 液压单元

装在发动机舱一侧,如图 6-21 所示。在正常情况下,制动时如果车轮抱死,它执行 ABS 的功能;当车轮在起步、加速下出现打滑空转时,它执行 ABS&ASR 功能;当汽车转向,出现侧滑时,它执行 ESP 功能。也就是说在电脑的控制下,控制单元把受到控制的制动液压施加到每个车轮。

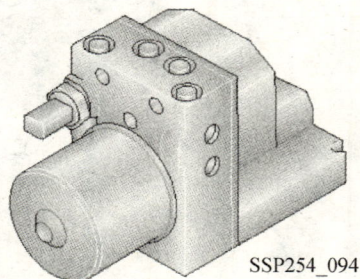

SSP254_094

图 6-21　ESP 液压单元

(四) ESP 的工作原理

ESP 的工作原理是利用汽车上的制动系统使汽车能"转向"。

车轮制动器的原本作用是使汽车减速或让汽车停下来。在允许的物理极限范围内,ESP 系统通过控制车轮制动器的工作,使汽车在各种行驶状况下都能在车道内保持稳定行驶。

1. ESP 的工作原理

在汽车行驶过程中,ECU 通过方向盘转角传感器、制动压力传感器感知驾驶员的驾驶意图,通过轮速传感器、横摆角速度传感器、横向加速度传感器时刻监测汽车的行驶状态,当发现汽车实际行驶状况与驾驶员的驾驶意图发生偏差时,根据预设的控制策略,调整发动机的输出驱动力和各车轮上的制动力,从而修正汽车的运行状态,保证汽车的行驶安全。

ESP 的干预措施包括有:

➤ 对车轮独立地施加制动力;

➤ 在特殊工况对变速箱的干预措施;

➤ 通过发动机管理系统减小发动机扭矩等。

2. ESP 控制目标

1) 转向不足

定义:当车辆行驶中,由于转弯时发动机功率过大,导致前轮打滑,冲向转弯的轨道,如图 6-22 所示。

电脑如何知道车辆现在是否转向不足呢?

ESP 电脑通过横向加速度及方向盘转向角度、车速,计算出车辆理想的转弯半径 $R_{理}$ 和车辆实际的转弯半径 $R_{实}$;当 R 大于 $R_{理}$,ESP 电脑就认为车辆处于转向不足状态,降低发动机的扭力和前轮内侧施加制动力。

2) 转向过度

定义:车辆在行驶中,由于外在意外造成转向过度,而使后轮打滑,车辆抛出车辆转弯曲线,这种现象称为转向过度,如图 6-23 所示。

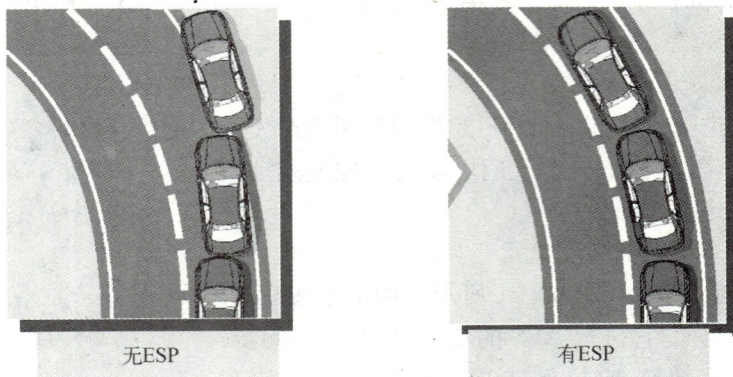

图 6 - 22 转向不足

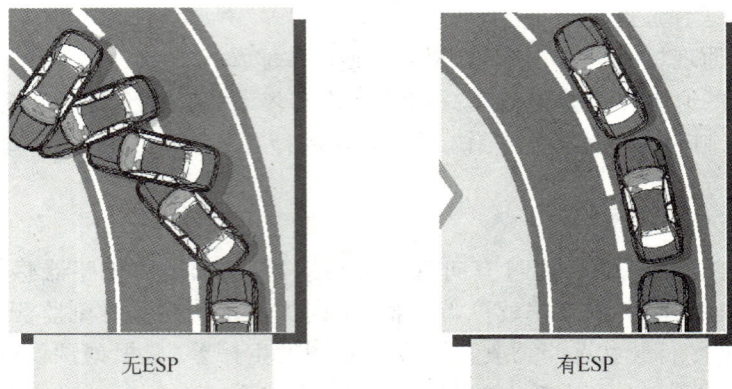

图 6 - 23 转向过度

电脑如何知道车辆现在是否转向过度呢？

ESP 电脑通过横向加速度及方向盘转向角度、车速，计算出车辆理想的转弯半径 $R_{理}$ 和车辆实际的转弯半径 $R_{实}$；当 $R_{实}$ 小于 $R_{理}$，ESP 电脑就认为车辆处于转向过度状态，给前轮外侧施加制动。

（五）ESP 系统故障检修

1）ESP 不良可能的故障现象

（1）故障警告灯异常点亮（如图 6 - 24）。

图 6 - 24 ESP 故障警告灯

（2）在制动时出现车轮抱死，因而甩尾。

（3）在加速时，驱动轮打滑，因而车身发飘。

（4）在高速变道时，车辆不能驶入预定的车道。

（5）在高速转向时，车辆冲入到其他车道。

2）ESP 故障自诊断

（1）故障诊断

若当系统正在干预时发生故障，系统将尽可能完成干预操作。之后，相关系统关闭，警告灯亮起。可通过按压 ASR/ESP 开关的方式关闭 ESP 功能（见表 6-8）。

表 6-8　警告灯

	制动系统警告灯	ABS 警告灯	TCS/ESP警告灯
点火开关打开，如果系统正常，指示灯在 3 秒后熄灭。	K118	K47	K155
系统正常			
ASR/ESP 介入			
ASR/ESP 故障或 TCS/ESP 开关关闭 ABS/EDL 及 EBD 保持有效			
ABS/EDL 故障。所有系统关闭，EBD 有效。例如：只有一个转速传感器失效			
ABS/EDL 及 EBD 失效 所有系统关闭。例如：2 个以上转速传感器失效			
制动液液位过低。所有系统有效。			

（2）故障码的读取与清除

使用诊断仪读取和清除。

（3）基本设定操作

更换了方向盘转角传感器及控制单元后，须进行标定工作。即，传感器学习方向盘正前方位置。若方向盘转角传感器底部检查孔内的黄点清晰可见，则表明传感器在零点位置。更换了压力传感器、侧向/纵向加速度传感器，也需要做调整工作。

① 方向盘角度传感器初始化标定：

连接 VAG1551 或 VAS5051 进入 03 地址；

登录 11Q,40168Q(做多项调整时,只需登录 1 次);

启动车辆,在平坦路面试车,以不超过 20 km/h 车速行驶;

如果方向盘是正中位置(若不在正中位置,调整),停车即可,不要再调整方向盘,不要关闭点火开关;

检查 08 功能下 004 通道第一显示区 0 度;

04Q,060Q,ABS 警告灯闪亮;

06 退出,ABS 和 ESP 警报灯亮约 2 秒钟;

结束。

② 侧向加速度传感器初始化标定:

将车停在水平面上;

连接 VAG1551 或 VAS5051 进入 03 地址;

登陆 11Q,40168Q;

04Q,063Q;ABS 警报灯闪亮;

结束 06 退出;

ABS 和 ESP 警报灯亮约 2 秒。

③ 制动压力传感器初始化标定:

不要踩制动踏板;

连接 VAG1551 或 VAS5051 进入 03 地址;

进入 08 阅读测量数据块 005 通道检查第一显示区＋－7bar;

登录(11Q，40168Q);

04Q,066Q;ABS 警报灯闪亮;

结束 06 退出;

ABS 和 ESP 警报灯亮约 2 秒。

三、制订检修计划

(1) 了解 ESP 正确的使用方法。

(2) 查阅相关使用技巧与安全事项。

(3) 了解 ESP 系统的结构、功能等。

(4) 日常维护作业规范。

制订检修计划如表 6-9 所示。

表 6-9　制订检修计划

一辆奥迪 A4 汽车在正常行驶过程中车身突然出现抖动,车速减慢,仪表板上的 ESP 灯突然亮起(按 ESP 开关无效,只有关闭点火开关重新起动发动机后,ESP 灯才能恢复正常),进入维修厂进行检修。查阅车辆 ESP 类型信息描述、ESP 功能、ESP 结构组成等,制订检修计划		
1. ESP 类型信息描述	车辆描述	
	车辆 ESP 系统描述	

续　表

1. ESP 结构描述	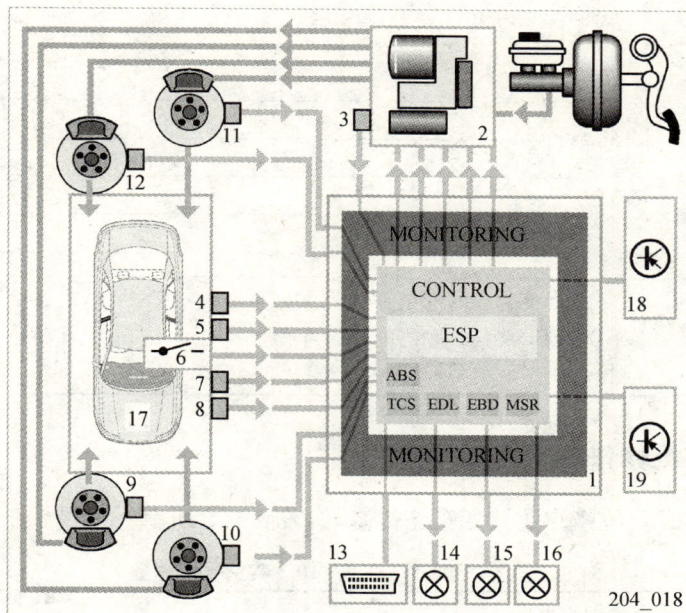204_018 1. _____ ;2. _____ ; 3. _____ ;4. _____ ; 5. _____ ;6. _____ ; 7. _____ ;8. _____ ; 9—12. _____ ;13. _____ ; 14. _____ ;15. _____ ; 16. _____ ;17. _____ ; 18. _____ ;19. _____ ;
2. ESP 工作原理描述	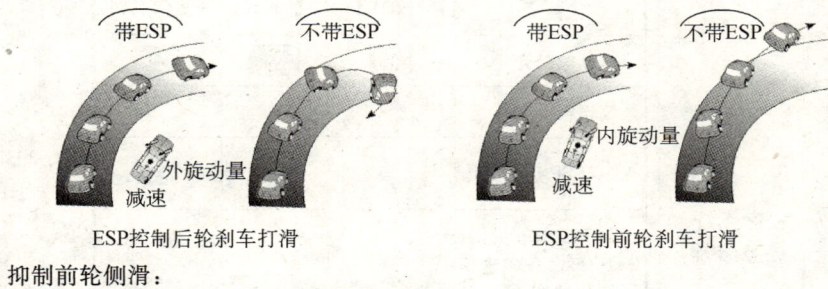 ESP控制后轮刹车打滑　　　　　ESP控制前轮刹车打滑 抑制前轮侧滑： _____ _____ _____ _____ _____ _____

续　表

2. ESP 工作原理描述	抑制前轮侧滑：
3. ESP 检修计划	➤ ESP 系统故障诊断 ➤ ESP 系统故障码的读取与清除 ➤ ESP 系统故障检修

四、实施维修作业

根据 ESP 检修作业计划实施检修，如表 6-10 所示。

表 6-10　实施维修作业

1. 了解 ESP 维修安全事项
2. 会正确对 ESP 系统故障进行诊断和排除

1. 车辆信息描述	车辆描述	
	车辆 ESP 系统描述	

2. 汽车 ESP 故障维修描述	

	检修项目	作业要领	检查记录
3. ASR 系统检修	ESP 系统故障诊断	<table><tr><td>状态</td><td>制动系统警报灯 K118</td><td>ABS 警报灯 K47</td><td>ASR/ESP 警报灯 K155</td></tr><tr><td>点火开关打开</td><td>(!)</td><td>(ABS)</td><td>(△)</td></tr><tr><td>系统正常</td><td>(!)</td><td>(ABS)</td><td>(△)</td></tr><tr><td>ASR/ESP 正在工作</td><td>(!)</td><td>(ABS)</td><td>(△)</td></tr><tr><td>ASR/ESP 按钮关闭，ABS 有效，在加速和正常行驶中 ESP 关闭，但是在 ABS 工作时 ESP 激活</td><td>(!)</td><td>(ABS)</td><td>(△)</td></tr><tr><td>ASR/ESP 失效，ABS 失效(EBV 正常)</td><td>(!)</td><td>(ABS)</td><td>(△)</td></tr><tr><td>ABS 失效，所有系统都关闭</td><td>(!)</td><td>(ABS)</td><td>(△)</td></tr></table>	1. ESP 处于什么工作状态：_____ 2. ESP 工作是否正常：_____

续　表

	检修项目	作 业 要 领	检 查 记 录
3. ASR 系统 检修	ESP 系统故障码的读取与清除	通过仪表板上的故障指示灯、专用的检测设备或其他方法把故障码调出，以确定故障的原因和部位。然后将其清除	有无故障码：_____ 若有，故障是：_____ _____ _____
	ESP 系统故障检修	根据故障码确定故障部位，使用专用万用表和其他检测设备对系统和各相关部件进行检测和标定，以排除故障	
		制动液排气	
		方向盘角度传感器初始化标定	能否设定：_____
		侧向加速度传感器初始化标定	能否设定：_____
		制动压力传感器初始化标定	能否设定：_____
		轮速传感器的检查	左前轮：_____ Ω
			右前轮：_____ Ω
			左后轮：_____ Ω
			右后轮：_____ Ω
		检测制动开关	是否正常：_____
		检测 ESP 控制开关	是否正常：_____
		ESP 路试和系统测试	ESP 灯是否点亮：_____
诊断结论			

五、检验评估

(1) 检查训练任务：真实、完整、有效。

(2) 按各学习活动进行自评或互评。如表 6-11 所示。

表 6-11　检验评估

评价指标	检验说明	检验记录
检修项目	➢ ESP 系统故障诊断 ➢ ESP 系统故障码的读取与清除 ➢ ESP 系统故障检修	
汽车 ESP 系统运行情况		

续　表

评价内容	检 验 指 标	权重	自评	互评	总评
检查任务完成情况	1. 完成任务过程情况				
	2. 任务完成质量				
	3. 在小组完成任务过程中所起作用				
专业知识	1. 能描述 ESP 系统的组成				
	2. 能描述 ESP 系统的功能				
	3. 会描述 ESP 系统检修作业范围				
	4. 会描述 ESP 系统检修作业安全事项				
职业素养	1. 学习态度:积极主动参与学习				
	2. 团队合作:与小组成员一起分工合作,不影响学习进度				
	3. 现场管理:服从工位安排、执行实训室"5S"管理规定				
综合评议与建议					

项目拓展

想一想:

ESP 故障指示灯偶尔闪烁是否正常?

练　习

1. ESP 的作用是_____
_____。

2. ESP 系统主要由_____、_____、_____、_____、_____、_____和_____组成。

3. ESP 的输出执行元件有哪些?
_____
_____

4. ESP 的信号输入元件有哪些?
_____

参考文献

[1] 丰田汽车公司.汽车维护教程[M].北京:高等教育出版社,2006.

[2] 高志胜,徐胜云.天津威驰维修手册[M].北京:人民交通出版社,2003.

[3] 林晨.桑塔纳 2000 维修手册[M].北京:机械工业出版社,2005.

[4] 皮志国.丰田凯美瑞轿车维修一本通[M].江苏:江苏科学技术出版社,2010.

[5] 潭锦金.何晶.汽车底盘构造与维修[M].大连:大连理工大学出版社,2007.

[6] 屠卫星.汽车底盘构造与维修[M].北京:人民交通出版社,2001.

全国职业教育汽车类专业高技能人才培养论坛介绍

一、论坛介绍

全国职业教育汽车类专业高技能人才培养论坛是由中国高等职业教育汽车类专业教学委员会组织，并定期举办的汽车专业职业教育论坛。论坛旨在搭建职业教育汽车类专业交流平台，促进教学研究活动的开展，提高教育教学质量，推动我国汽车类专业高技能人才培养模式改革和发展。

二、举行时间和地点

论坛年会将于每年 8 月份举行。每年更换年会地点。

三、论坛参与人员

政府相关主管部门领导；职业院校汽车类专业院长、系主任、教研室主任、学科带头人、骨干教师；职业教育专家；汽车相关企业专家及负责人。

四、主要议题

1. 教学交流：专业建设、培养方案、课程设置、教学改革、教学经验等。

2. 科研交流：科研立项、教改研究、教学资源库建设、立体化教材编写等。

3. 人才交流：高技能师资引进和储备、高技能人才就业与创业等。

4. 信息、资源交流：招生与就业信息、校际合作机制等。

5. 校企合作和国际交流：产学研合作机制、学生国外游学项目、教师海外进修等。

五、论文与出版物

被论坛年会录用的论文将正式出版，经专家评审后的部分优秀论文将推荐在核心期刊上发表。

六、秘书处联系方式

通讯地址：上海市番禺路 951 号 505 室　　邮编：200030　　传真：(021)64073126

联系人：张书君　电话：021－61675263

　　　　刘雪萍　电话：021－61675235

E-mail：qicheluntan@foxmail.com

七、论坛相关资料索取

请您认真填写以下表格的内容，并通过电子邮件、传真、信件等方式反馈给我们，我们将会定期向您寄送邀请函、出版物等相关资料。

资料索取表					
姓名		性别		职务/职称	
院系					
通信地址				邮编	
联系电话			传真		
E-mail			手机号码		
院长/系主任姓名					